T0114328

Xpert.press

Die Reihe **Xpert.press** vermittelt Professionals
in den Bereichen Softwareentwicklung,
Internettechnologie und IT-Management aktuell
und kompetent relevantes Fachwissen über
Technologien und Produkte zur Entwicklung
und Anwendung moderner Informationstechnologien.

Till Jeske

SAP für Java-Entwickler

Konzepte, Schnittstellen, Technologien

Mit 85 Abbildungen

 Springer

Till Jeske

Bibliografische Information der Deutschen Bibliothek
Die Deutsche Bibliothek verzeichnet diese Publikation in der Deutschen
Nationalbibliografie; detaillierte bibliografische Daten sind im Internet über
http://dnb.ddb.de abrufbar.

ISSN 1439-5428
ISBN-10 3-540-23787-9 Springer Berlin Heidelberg New York
ISBN-13 978-3-540-23787-7 Springer Berlin Heidelberg New York

Springer ist ein Unternehmen von Springer Science+Business Media

springer.de

© Springer-Verlag Berlin Heidelberg 2005
Printed in Germany

Satz und Herstellung: LE-TEX, Jelonek, Schmidt & Vöckler GbR, Leipzig
Umschlaggestaltung: KünkelLopka Werbeagentur, Heidelberg
Gedruckt auf säurefreiem Papier   33/3142 YL   –   5 4 3 2 1 0

Für Sonja. Danke für deine Geduld und deine Herzlichkeit.

Vorwort

Dieses Buch ist das Ergebnis unzähliger Diskussionen und Fachsimpeleien in einer Runde, die ich als Netweaver-Stammtisch bezeichnen möchte. Der Netweaver-Stammtisch ist kein Stammtisch der herkömmlichen Art. Er tagt nicht an einem festen Ort oder mit einem festen Kreis von Beteiligten. Vielmehr hat er sich häufiger spontan als geplant zusammengefunden, gelegentlich auch virtuell in Form eines regen Mail-Austauschs.

Anlass dafür war oft eine in den Raum gestellte Bemerkung wie „SAP soll ja jetzt auch mit Java laufen", und schon hatte jeder der Anwesenden etwas zu dem Thema beizutragen. Denn rund um die Begriffe SAP, Java und Netweaver bahnt sich ein spürbarer Wandel der IT-Landschaft in großen Unternehmen an.

Aus den Netweaver-Diskussionsrunden entstand die Idee für dieses Buch und auch im späteren Verlauf haben sie seine Entstehung begleitet und seinen Inhalt genährt. Das kollektive „Wir", das Sie durch das Buch führt, setzt sich aus den folgenden Personen zusammen, bei denen ich mich herzlich für ihre Unterstützung bedanken möchte:

Hans-Jürgen Forberger, Christian Jesse, Stefan Reich, Michael Schlindwein, Johann Mayer, Sven Bartelsen, Jörg Zimmermann, Thomas Harder, Elke Neuer, Oliver Kohl, Antony Schmude, Ciske Busch und Thomas Kiehl.

Ganz besonderer Dank gebührt Dieter Neuhaus, der mir mit seiner tiefen Sachkenntnis und seiner unermüdlichen Korrekturtätigkeit sehr geholfen hat. Außerdem möchte ich meinem Teamleiter Andreas Kunath dafür danken, dass er mich wann immer für die Arbeiten an diesem Buch nötig vom Projekt freigestellt hat. Und schließlich danke ich Birgit Jeske, die die Icons für die Assoziationsboxen entworfen hat.

Der Netweaver-Stammtisch soll aber auch nach der Fertigstellung des Buchs weiter Bestand haben, denn jetzt wird es gerade spannend. Immer mehr Firmen setzen die hier beschriebene Technik wirklich ein. Erst dadurch werden Problemstellungen offenbar, die wirklich anspruchsvoll sind. Da wir an Ihrer Meinung und an Ihren Erfahrungen interessiert sind, laden wir Sie herzlich ein, am Netweaver-Forum teilzuhaben.

Unter

```
http://www.nw-stammtisch.de
```

sind zunächst begleitende Materialien zum Buch verfügbar, wie Beispiel-kapitel, Code-Downloads und Errata-Listen. Bei entsprechendem Interesse wird die Seite zu einem Web-Forum zur Netweaver-Thematik ausgebaut.

München, im Juni 2005   Till Jeske

Inhaltsverzeichnis

Teil 3   Netweaver

1 Einleitung

SAP ist überall. Kaum ein großes Unternehmen kommt ohne die SAP-Standardsoftware R/3 für betriebswirtschaftliche Problemstellungen aus. Oft bildet R/3 das Rückgrat der Informationsinfrastruktur. Drumherum gruppieren sich unterschiedlichste Nischenlösungen und Eigenanfertigungen.

Auch Java ist überall. Getrieben durch das Internet, aber auch durch die Handlichkeit von Web-Systemen im Intranet, sprießen allerorten Java-Server aus dem Boden der IT-Landschaft. Wenn es keine besondere Anforderung gibt, eine spezielle andere Architektur einzusetzen, greift man eben auf die bewährte und vielseitige J2EE-Technik zurück.

Da kann es kaum ausbleiben, dass SAP und Java aufeinander treffen. Schon seit einigen Jahren gibt es Schnittstellentechnologien, mit denen der Datenaustausch zwischen SAP- und Java-Systemen möglich ist.

Doch erst vor kurzem, namentlich im Herbst 2002, fanden die beiden ungleichen Protagonisten im IT-Reigen zu neuer ungeahnter Nähe. Damals nämlich verkündete Hasso Plattner, der Mitgründer und Vorstand von SAP, eine neue Strategie, die unter dem Namen Netweaver firmiert. Kern von Netweaver ist eine auf Web Services basierende Architektur einerseits und eine Gleichstellung von Java und der SAP-eigenen Sprache ABAP andererseits. Ganz recht, SAP soll schon bald mit Java programmierbar werden. Die zuvor vollkommen gegensätzlichen Entwürfe Standardsoftware gegen individuell erstellte Software wurden mit einem Mal unter einen Hut gebracht. Die Symbiose lautet: nutze das standardisierte Grundgerüst, soweit es trägt, den Rest erledige selbst mit der Integrationssprache.

Und mit einem Mal steht die SAP-Welt all jenen Java-Entwicklern weit offen, die sie zuvor für ein Hexenwerk und außerdem für wenig zugänglich gehalten haben. Wir nehmen an, dass Sie ein Mitglied dieser Gruppe sind, und versuchen Ihnen jede erdenkliche Hilfestellung beim Aufbruch in diese Welt zu geben. Das geschieht auf dreierlei Weise.

Der erste Teil des Buches unterzieht Sie einem Crashkurs im konventionellen SAP R/3. Die Leitgedanken sind dabei, ein begriffliches Fundament zu schaffen und dann die technischen Aspekte des Systems zu erläutern. Dieser Crashkurs kann nicht mehrere Jahre SAP-Erfahrung ersetzen, aber er kann Ihnen eine solide Wissensgrundlage liefern. Um den Lernvorgang abzukürzen machen wir uns die Parallelen zwischen Java und SAP zunutze. In Boxen wie der folgenden

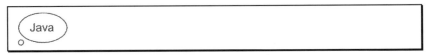

werden äquivalente Ausdrücke gegenübergestellt, bewusst ohne den Anspruch auf hundertprozentige Übereinstimmung. Wenn Sie sich auf die Assoziation einlassen, kann sie Ihnen die Lektüre langer Erklärungen ersparen.

Der zweite Teil befasst sich mit den etablierten Schnittstellentechniken zum Anbinden von Java-Code an SAP. Neben erprobten Codebeispielen wird auch das Vorgehen bei der Fehleranalyse erläutert. Mit diesem Wissen werden Sie einen Großteil der Schnittstellenprobleme auf heute installierten Systemen lösen können.

Der dritte Teil des Buches ist dem Anteil der großen Vision Netweaver gewidmet, der jetzt schon greifbar ist. Wir beschreiben die von SAP vorgesehene Java-Entwicklungsumgebung und den Entwicklungsprozess genauso wie die Oberflächentechnik Web Dynpro, den Einsatz von Web Services und die darauf basierende Exchange Infrastructure, die das Netweaver-Konzept erst vervollständigen. An dieser Stelle bedarf es großer Konzentration, um den Überblick über Produktbezeichnungen, Technologiestandards und Architekturentwürfe zu behalten. Deswegen haben wir uns zum Ziel gesetzt, Marketingbegriffe so weit zu entmystifizieren, bis sie auf ihren elementaren technischen Hintergrund zurückgeführt sind. Wo immer möglich liefern wir prägnante Codestücke, die einen komplexen Sachverhalt auf den Punkt bringen.

Diese ehrgeizige Agenda setzt beim Leser ein gewisses Grundverständnis der üblichen IT-Technologien voraus. Ob Sie es durch mehrjährige Java-Erfahrung erworben haben, wie es der Titel suggeriert, oder durch eine vergleichbare Tätigkeit, ist nicht ausschlaggebend. Bei der Lektüre des Buches werden Systemarchitekten und Entwickler gleichermaßen auf ihre Kosten kommen. Entscheidend ist lediglich das Interesse an technischen Zusammenhängen.

Teil 1
Einführung in SAP

2 Einführung in SAP – Übersicht

2.1 Was ist SAP?

In der IT-Branche und darüber hinaus hört man viel von SAP. Doch wenn man es noch nicht selbst in der Hand gehabt hat, fällt die genaue Antwort auf diese Frage schwer. Was ist SAP?

Nun, zunächst ist SAP die Firma und R/3 ihr wichtigstes Produkt, auch wenn beides oft synonym verwendet wird. R/3 bildet die typischen betriebswirtschaftlichen Vorgänge innerhalb einer Firma auf eine Software ab. Aber was macht diese Software so nützlich und dadurch erfolgreich, dass sie eine Firma von Weltgeltung tragen kann?

Ein gutes Stück des Werts von R/3 liegt im Datenmodell. Sie wissen aus Ihrer IT-Praxis, dass es lange dauert, bis eine Datenbankstruktur so weit gereift ist, dass sie die Realität zufriedenstellend abbildet. SAP hat über die Jahre ein Datenmodell entwickelt, das nicht nur eine bestimmte Firma zufrieden stellt. Es bildet vielmehr einen gemeinsamen Nenner für eine Vielzahl von Firmen. Ein neuer Kunde muss somit nicht mehr auf das Reifen des eigenen Datenmodells warten, sondern kann sofort auf einer erprobten Lösung aufbauen. So banal es auch klingen mag, dieses Datenmodell ist nicht unwesentlich für den Erfolg von R/3.

Als nächstes gehört die passende Geschäftslogik zum Datenmodell. Auch die ist über die Jahre gereift. Wiederverwendbare Software ist ein alter Hut, aber tatsächlich wiederverwendete ist selten. SAP ist das Kunststück gelungen, nicht nur ein technisches Framework wiederzuverwenden, sondern auch die Geschäftslogik. Auch die wird von vielen Kunden genutzt. In SAP-Jargon spricht man vom „Standard", wenn man die vorgegebene Funktionalität meint und betrachtet diesen als Ideal. Man versucht in der Regel nur möglichst kleine Anpassungen gegenüber diesem Standard vorzunehmen, damit die Kosten einer SAP-Einführung möglichst gering bleiben.

Dass man überhaupt Änderungen an einem standardisierten System vornehmen kann, ist jedoch Grundvoraussetzung für seine Akzeptanz. Die beste Komplettlösung ist nichts wert, wenn sie sich nicht an die jeweiligen Bedürfnisse des Nutzers anpassen lässt. R/3 trägt diesem Sachverhalt Rechnung. Das System lässt nicht nur Änderungen durch Konfiguration zu, sondern auch regelrechte Neuentwicklungen. Diese sind ebenfalls als

Teil des Systems lauffähig. Die Entwicklungs- und Ausführungsumgebung ist im Produkt R/3 gleich mit enthalten.

Da R/3 ein in sich schlüssiges und etabliertes System ist, sind keine großen Umsatzsprünge mehr mit diesem Produkt allein zu erwarten. Seit SAP das erkannt hat, sieht sich die Firma nach neuen Geschäftsfeldern um, die sich idealerweise bündig an R/3 anschließen. Als neues Ziel hat SAP nun die Entwicklung von technischer Infrastruktur für die gesamte Unternehmenslandschaft ausgemacht. Die resultierenden Produkte sind ein J2EE-Server, eine Portaltechnologie und ein EAI-Werkzeug, also ein Werkzeug, um die Kommunikation in inhomogenen IT-Landschaften in geregelte Bahnen zu leiten. Da diese Produkte noch keinesfalls etabliert, aber in schnellem Wandel begriffen sind, machen sie den interessantesten Teil des SAP-Produktspektrums aus. Zusammen tragen sie den Namen Netweaver.

Nach diesem kurzen Diskurs lässt sich die eingangs gestellte Frage „Was ist SAP?" so beantworten:

- SAP R/3 ist eine Standardlösung für betriebswirtschaftliche Probleme.
- SAP R/3 besteht aus einem ausgereiften Datenmodell und der dazugehörigen Geschäftslogik.
- SAP R/3 enthält außerdem die Entwicklungs- und Ausführungsumgebung für Änderungen und Erweiterungen des Systems.
- Seit kurzem bietet SAP auch allgemein nutzbare Infrastruktur für IT-Landschaften an.

2.2 Wo ist der Client, wo der Server?

Um Ihnen einen Überblick über die Software SAP R/3 zu vermitteln, sollen nun deren wichtigste Komponenten erläutert werden. Dabei ist der Blickwinkel ein durch und durch technischer. Schließlich interessiert Sie als Entwickler zunächst die Architektur des Systems und erst nachrangig die reine Benutzerführung oder das betriebswirtschaftliche Konzept.

2.2.1 Klassische R/3-Architektur

In Abb. 2.1 sehen Sie einen schematischen Überblick der klassischen R/3-Architektur. In drei Blöcken sind die drei Schichten Client, Applikationsserver und Datenbank übereinander dargestellt. Zu jeder der Schichten sind die wichtigsten Aufgaben aufgeführt.

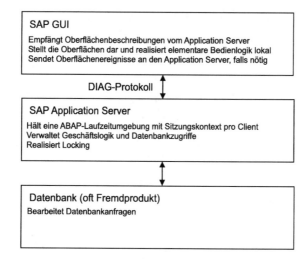

Abb. 2.1. Architekturskizze des klassischen SAP R/3-Systems

Der Client

Ein SAP-Nutzer verwendet ein Frontend, das SAP GUI genannt wird. Eventuell haben Sie es schon einmal in Aktion gesehen. Wenn es gerade gestartet wurde, erkennen Sie es an dem Wassermotiv auf der rechten Seite (s. Abb. 2.2).

Das SAP GUI ähnelt in seiner Funktionsweise einem Webbrowser, ist aber stärker spezialisiert auf die Darstellung von Inhalten im SAP-typischen Look and Feel. Im Gegensatz zu einem Browser verwaltet das SAP GUI sitzungsrelevante Daten auf dem Client. Dadurch kann der Kommunikationsbedarf mit dem Server auf ein Minimum reduziert werden. SAP-Applikationen regieren somit angenehm schnell auf Benutzereingaben.

Der funktionale Umfang des SAP GUI beschränkt sich zunächst auf einen Login-Mechanismus und die Darstellung eines Anfangsmenüs. Das Aussehen des Anfangsmenüs hängt von den Rechten und der Rolle des Benutzers ab. Es ist baumförmig strukturiert und nimmt den linken Teil des Bildschirms und die Kopfzeile ein. Sobald Sie tiefer in das Menü einsteigen, wird die entsprechende Funktionalität vom Server zur Verfügung gestellt, das SAP GUI ist dann nur noch für die Darstellung zuständig.

Auf diese Weise bildet das SAP GUI einen einheitlichen Zugangspunkt zu sämtlichen SAP-Funktionen und ist dennoch schlank. Darüber hinaus ermöglicht es, das vorgegebene System durch Programmierung zu erweitern. Und auch die Entwicklungsumgebung selbst ist über das SAP GUI zu erreichen.

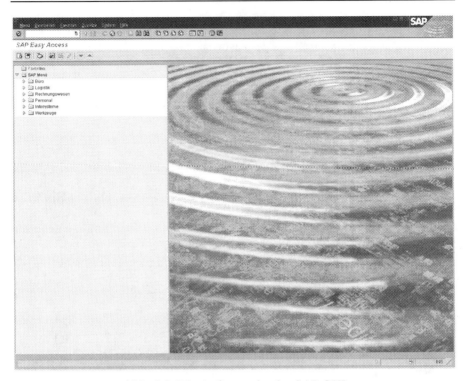

Abb. 2.2. Die Anfangsseite des SAP GUI

Das Miteinander von vorgegebener Funktionalität und Erweiterbarkeit ist ein Leitmotiv der Produktphilosophie von SAP. Es wird unter anderem in Kapitel 4.4 vertieft.

Das klassische SAP GUI ist in C implementiert und macht intensiven Gebrauch von Microsofts Bibliotheken für graphische Benutzeroberflächen. Daher wird es nur für Windows-Betriebssysteme ausgeliefert. Daneben existiert eine weniger verbreitete Java-Variante, die auf beliebigen Rechnern lauffähig ist, vorausgesetzt sie verfügen über eine Java-Laufzeitumgebung.

Obwohl das SAP GUI eigentlich ein Client ist, wird es oft auch als Presentation Server bezeichnet. In diesem Buch werden wir meist den ersteren Ausdruck verwenden.

Der Applikationsserver

Das Gegenstück zum SAP GUI bildet der Applikationsserver, offiziell SAP Application Server genannt. Dieser enthält die gesamte Geschäftslogik, also den Code der betriebswirtschaftlichen Module. Außerdem verwaltet er eine Hälfte einer jeden Benutzersitzung.

Das Wort Applikationsserver hat in der Java-Welt eine sehr eng umrissene Bedeutung. Dort wird Applikationsserver gleichgesetzt mit J2EE-Server, also einem Server, der Enterprise Java Beans, Servlets und JSPs ausführt. Der SAP Application Server verwendet eine durchaus vergleichbare Technik, allerdings nicht auf Basis der Sprache Java, sondern auf Basis von SAPs hauseigener Sprache ABAP (Advanced Business Application Programming). In Kapitel 3 findet sich ein kurzer Überblick über die Ausdrucksmöglichkeiten von ABAP. Das Protokoll, das zur Kommunikation zwischen SAP GUI und Applikationsserver herangezogen wird, ist ebenfalls proprietär und nennt sich DIAG (Dynamic Information and Action Gateway).

Zurück zur Benutzersitzung. Sie besteht wie bereits angedeutet aus einem Anteil, der im SAP GUI gehalten wird – dies sind die jeweils angezeigten Daten und die Oberflächenelemente, in die sie gebettet sind – und einem Anteil auf dem Applikationsserver. Dieser zweite Anteil umfasst den für die Sitzung auszuführenden ABAP-Code, wobei für jede Sitzung eine eigene Laufzeitumgebung bereitgehalten wird. Eine ABAP-Laufzeitumgebung entspricht etwa einer Instanz einer Java-VM. Auch ABAP wird interpretiert und jede ABAP-Laufzeitumgebung verfügt über einen eigenen Adressraum im Hauptspeicher. Zu den Aufgaben des serverseitigen Teils einer Benutzersitzung gehört typischerweise Datenbankabfragen durchzuführen, die Ergebnisse zu verdichten und sie zur Darstellung durch das SAP GUI vorzubereiten.

Insbesondere bei den Datenbankabfragen ermöglicht der Einsatz des Applikationsservers Effizienzgewinne durch Bündelung und Caching. Und da die serverseitige Sitzung bestehen bleibt, solange das SAP GUI am System angemeldet ist, findet diese bei jedem Serverzugriff einen passenden Kontext vor. Außerdem werden Datenbanklocks von dem Applikationsserver und nicht von der Datenbank selbst realisiert. Dadurch lässt sich eine recht effiziente Locking-Strategie einsetzen, die die Sperren auf der Ebene der logischen Objekte setzt. Diese Aufteilung ist präziser als die Aufteilung in Datenbanktabellen und -spalten und verursacht entsprechend weniger Konkurrenzsituationen.

Ursprünglich wurde der Applikationsserver auf Hewlett Packards Unix HPUX entwickelt. Er wird auch heute noch meist auf Unix-Betriebssystemen installiert, aber auch für Windows NT und XP existieren Implementierungen. Eine SAP Basis genannte Schicht im Applikationsserver hat die Aufgabe, die Eigenheiten des Betriebssystems vor den im Applikationsserver laufenden Programmen zu verbergen. Durch diese Abstraktionsschicht ist R/3 relativ flexibel gegenüber der jeweils eingesetzten Plattform.

Die Datenbank

Der Applikationsserver bündelt die Zugriffe auf eine darunter liegende Datenbank. SAP R/3 verfügt somit über eine dreischichtige Architektur, wie sie im Lehrbuch steht. Da SAP sich nicht in erster Linie als Datenbankhersteller versteht, kann die Rolle der dritten Backend-Schicht von unterschiedlichen Datenbankprodukten eingenommen werden.

Ein einheitlicher Zugriff ist durch die Sprachdefinition Open SQL gegeben, die den gemeinsamen Befehlssatz der genutzten SQL-Dialekte festlegt. Open SQL wird ebenfalls im Kapitel 3 näher beschrieben.

Üblicherweise wird SAP mit einer Oracle-Datenbank oder der SAP-eigenen Datenbank Max DB betrieben. Die meisten etablierten Datenbanken werden aber unterstützt. Um die Abhängigkeit vom jeweiligen Produkt gering zu halten, ist jedoch der Applikationsserver bereits so implementiert, dass er viele Aufgaben der Datenbank selbst wahrnimmt.

Die Architektur eines klassischen SAP-Systems ist hiermit umrissen.

2.2.2 Weboberflächen

Das beschriebene herkömmliche SAP-System bildet ein in sich schlüssiges Architekturkonzept für betriebswirtschaftliche Anwendungen. Es birgt dennoch den Makel, dass es keine Möglichkeit bietet, vom Web aus auf das System zuzugreifen. Natürlich hat SAP in dieser Hinsicht Abhilfe geschaffen. Aus historischen Gründen existieren mehrere unterschiedliche Ansätze für Web-Oberflächen für SAP nebeneinander. Wir bemühen uns hier um eine knappe Erläuterung der zu den Schlagworten gehörigen Konzepte. Diejenigen Varianten, die ganz oder teilweise auf Java basieren, werden in einem späteren Kapitel ausgiebig beleuchtet.

Weboberfläche I: ITS und SAP Web GUI

SAPs ersten Ansatz für ein Web-Frontend bildet der Internet Transaction Server (ITS). Er ist ebenso simpel wie effektiv. Der ITS ist einerseits ein HTTP-Server, andererseits verhält er sich gegenüber dem SAP-Applikationsserver wie ein SAP GUI, also ein Client. Seine Hauptaufgabe besteht darin, die Oberflächen, die er vom Server in SAPs proprietärer Beschreibungssprache geschickt bekommt, in HTML-Oberflächen umzuwandeln. In der entgegengesetzten Richtung muss er Oberflächenereignisse wie etwa das Drücken von Buttons in die entsprechenden Aufrufe an den Applikationsserver umsetzen. Wegen der engen Kopplung mit dem normalen SAP GUI nennt man diese Technik auch SAP Web GUI.

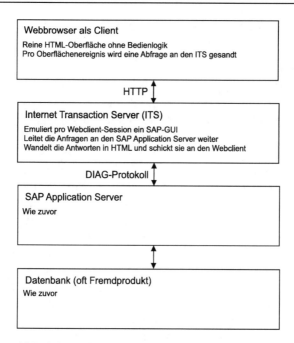

Abb. 2.3. Architektur von ITS und SAP Web GUI

Abb. 2.3 zeigt die Architektur einer ITS-basierten Lösung noch einmal im Überblick. Zu den drei Schichten des klassischen R/3-Systems hat sich eine vierte in Form des Browsers gesellt. Die dritte Schicht erhält dadurch eine rein weiterleitende Funktion.

Dieser Ansatz bringt zwei Nachteile mit sich. Da der ITS für jeden Benutzer eine eigene SAP GUI-Sitzung emulieren muss, verbraucht er relativ viele Ressourcen. Gemeinhin erwartet man von Web-Frontends, dass sie bis zu wesentlich größeren Benutzerzahlen skalieren als vorinstallierte Clients. Diese Erwartungen erfüllt der ITS nicht. Der zweite Nachteil des SAP Web GUI-Ansatzes liegt in den beschränkten Möglichkeiten von reinem HTML. Nicht jedes Oberflächenelement aus dem herkömmlichen SAP GUI findet dort seine Entsprechung. Daher sind nicht alle SAP GUI-Applikationen auch gleich SAP Web GUI-fähig.

Nichtsdestoweniger bietet SAP mit Erfolg eine Reihe von vollständig ITS-fähigen Applikationen an. Weiterhin lassen sich auch eigene SAP-Oberflächen leicht über das SAP Web GUI verfügbar machen, vorausgesetzt man hält sich an den eingeschränkten Satz von Web-fähigen Oberflächenelementen.

Weboberfläche II: SAP Web AS und BSP

Da sich der ITS als zu wenig flexibel erwies, entwickelte SAP einen eigenständigen Applikationsserver, der dynamische Inhalte im Web verfügbar macht: den SAP Web Application Server, auch Web AS genannt. In seiner ersten Implementierung war der Web AS ein eigenständiges Produkt, das dem SAP Application Server zur Seite stand. Zu jenem Zeitpunkt war nur zu vermuten, dass beide Server einmal zu einem einzigen verschmelzen würden.

Die Einsatzmöglichkeiten des Web AS sind so vielfältig, dass ihnen dieser kurze Absatz sicher nicht gerecht werden kann. Außerdem erweitert sich das Spektrum der Funktionen, die unter der Überschrift Web AS gebündelt werden, von Release zu Release. Daher verzichten wir an dieser Stelle auf die obligatorische Aufzählung von unterstützten Protokollen.

Stattdessen wollen wir eine Technologie hervorheben, die den zweiten Evolutionsschritt in SAPs Bemühungen um das Webfrontend darstellt. Business Server Pages, kurz BSP, ermöglichen es, beliebige Webinhalte auf dem Web AS zur Laufzeit zu erzeugen und mit Daten vom SAP-Applikationsserver anzureichern. Das Kürzel BSP ähnelt aus gutem Grund der Bezeichnung JSP, die man aus der Java-Welt kennt. Während JSPs HTML-Code mit Einschüben aus Java-Code versehen, bestehen die Einschübe bei BSPs aus ABAP-Code. In beiden Fällen ist der Zweck der Einschübe, dynamisch HTML-Code zu erzeugen und somit die umgebende HTML-Seite zu vervollständigen.

Abb. 2.4 zeigt schematisch ein System auf Basis des SAP Web AS mit BSP. Auf dem Client laufen Web-Applikationen ab, die die volle Ausdrucksvielfalt von HTML, JavaScript, etc. nutzen. Da sie direkt für das

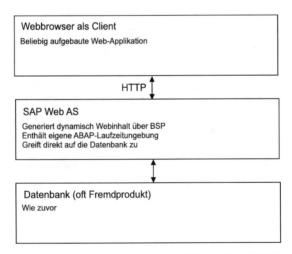

Abb. 2.4. Architektur von SAP Web AS und BSP

Web entworfen werden, können sie dessen Möglichkeiten besser ausnutzen als der starre ITS. Der Web AS fungiert als Web- und Applikationsserver in einem. Er enhält eine eigene ABAP-Laufzeitumgebung. Unter Umgehung des eigentlichen SAP Application Servers greift der Web AS direkt auf die Datenbank zu.

Dieser Ansatz räumt mit den Nachteilen des SAP Web GUI auf, er ist skalierbar und in den Gestaltungsmöglichkeiten von Oberflächen nicht eingeschränkt. BSP dienen in erster Linie dazu, selbst Applikationen zu entwickeln, während die ITS-Technologie bestehende R/3-Applikationen möglichst einfach ins Web bringen sollte. Als einziges Manko bleibt, dass BSPs keinen offenen Industriestandard bilden und daher nicht auf andere Applikationsserver portierbar sind.

Weboberfläche III: Netweaver und Web Dynpro

Der gesamte dritte Teil dieses Buches befasst sich mit der Netweaver-Technologie, die SAPs endgültigen Schritt in Richtung Webarchitektur darstellt. SAP hat diesen Schritt noch nicht ganz vollzogen, es handelt sich daher um eine Technologie, die sich noch im Entstehungsprozess befindet. Die Grundzüge sind klar vorgegeben und es liegen erste Implementierungen vor. Doch erst in ein paar Jahren wird man die Technologie als ein abgeschlossenes Ganzes betrachten können. Diese Zeit wollen wir uns nicht nehmen. Sie sollen die Gelegenheit bekommen, als Früheinsteiger auf diesen technologischen Zug aufzuspringen. Wir bemühen uns so oder so, ausschließlich vollständige Sinnzusammenhänge wiederzugeben.

Es wäre stark untertrieben, Netweaver als eine weitere Variante der SAP-Weboberfläche zu beschreiben. Vielmehr handelt es sich um ein Gesamtkonzept, das als vollwertiger webbasierter Gegenentwurf zu R/3 dient. Um nicht auf die Ausführungen in Teil 3 vorzugreifen, führen wir hier nur die wichtigsten Komponenten der Netweaver-Produktgruppe auf.

Aber ja, Netweaver umfasst mit Web Dynpro auch eine Technologie für Weboberflächen. Diese folgt dem Rich-Client-Ansatz. Dazu nutzt sie auf dem Browser eine mächtige JavaScript-Bibliothek, die eine Lastverteilung ganz ähnlich dem SAP GUI ermöglicht. Die Geschäftslogik wird wiederum durch Java-Code auf dem Web AS implementiert, der zum vollwertigen J2EE-Server gereift ist und gleichzeitig mit dem SAP Application Server zu einer Einheit verschmolzen ist.

Die Komponenten von Netweaver sind diese:

- Ein Webportal, das den Rahmen für SAP-eigene Applikationen und portalfähige Fremdentwicklungen bildet.
- Die erwähnte Web Dynpro-Technologie, mit der Sie selbst Portalinhalte erstellen können, samt dazugehöriger Entwicklungsumgebung.

- Eine Reihe von portalfähigen Applikationen, die SAP selbst zur Verfügung stellt.
- Eine Technologie für abgespeckte Applikationen, die auf mobilen Endgeräten lauffähig sind.
- Ein Enterprise Application Integration (EAI)-Produkt, mit dessen Hilfe sich unternehmensweite Datenströme auf Basis von Web Services an zentraler Stelle verwalten lassen.
- Ein Data Warehouse-Produkt.

Nicht jedes dieser Produkte ist für Netweaver neu entwickelt worden. Manche existierten schon vorher und werden erst ab einer bestimmten Version zur Netweaver-Produktgruppe dazugerechnet. Nichtsdestoweniger ist der technische Paradigmenwechsel, den Netweaver als Ganzes für SAP-Kunden einleitet, enorm.

Es ist allerdings davon auszugehen, dass für eine lange Übergangszeit klassische R/3-Systeme und Netweaver-Systeme koexistieren werden. Die bestehenden betriebswirtschaflichen Module von R/3 werden kaum durch Neuimplementierungen ersetzt werden. Hingegen wird SAP neue Module ausschließlich auf der Basis der neuen Architektur anbieten.

2.2.3 Produkt- und Versionsbezeichnungen

Zum Abschluss dieser kurzen Architekturübersicht wollen wir Sie noch mit den am häufigsten im SAP-Umfeld anzutreffenden Produkt- und Versionsbezeichnungen vertraut machen.

Das erste SAP-Produkt, das sich weiter Verbreitung erfreute, war das seit 1979 verfügbare R/2, das auf Mainframes lief. Es ist heute kaum noch im Einsatz.

Seit 1992 ist das Nachfolgeprodukt R/3 auf dem Markt, das erstmalig wie beschrieben die Client/Server-Architektur nutzt. Nach einer längeren Evolution hat es 2000 mit der Version 4.0 einen Stand erreicht, der sich nicht mehr auffällig von der zurzeit aktuellen Version 4.71 unterscheidet.

Parallel zur Versionszählung des Gesamtsystems R/3 ist oft von den Versionsnummern des Kernels die Rede. Der Kernel des Systems 4.71 wird intern auf einem Web AS mit der Version 6.20 ausgeführt.

Seit 1999 wird das R/3-System durch eine Produktgruppe ergänzt, die in unterschiedlichen Varianten den Ausdruck mySAP enthält. Allen diesen Varianten ist gemeinsam, dass sie R/3 als Backend-Server verwenden und über ein Web-Frontend verfügen, anfangs auf Basis des ITS, später über den Web AS.

Mit dem Netweaver 04 ist im Jahr 2004 erstmalig ein vollständiges Produktbündel unter der Bezeichnung Netweaver erschienen. Der Netweaver 04 basiert auf der Web AS Version 6.40.

Für die Untersuchungen für dieses Buch wurde ein R/3-System mit der Version 4.6C herangezogen. Außerdem wurde ein MiniSAP-System der Version 4.6D verwendet. MiniSAP ist eine frei verfügbare Variante des R/3, die keine betriebswirtschaftlichen Inhalte enthält, sondern lediglich zum Erproben der Technik dient. Außerdem wurde eine Demoversion des Netweaver 04 genutzt.

2.3 Terminologie

Jede Technologie hat ihre eigene Begriffswelt, bei SAP ist das nicht anders. Da R/3 für viele Belange eine Komplettlösung darstellt, sind die Kontaktstellen zu anderen Technologien schmal. Umso eigenständiger ist die Terminologie, die in SAP-Projekten vorherrscht. Im Vorgriff auf die ausführlichen Erläuterungen in den folgenden Kapiteln wollen wir Sie jetzt schon mit den wichtigsten Begriffen bekannt machen. Ihre Auswahl ist keiner strukturierten Systematik unterworfen. Wir haben einfach die häufigsten 20 Ausdrücke herausgesucht, die nicht dem allgemeinen IT-Vokabular entstammen, sondern SAP-spezifisch sind. Allerdings wurden Termini bevorzugt, die technischer Natur sind, aus dem konventionellen SAP-Umfeld stammen oder sich auf Schnittstellentechnologien beziehen.

Dieses kleine Glossar soll Ihnen helfen, auf dem ersten Meeting in einem SAP-Projekt den Diskussionen zu folgen.

ABAP

ABAP ist die SAP-eigene Programmiersprache, die eng an R/3 gekoppelt ist. Große Teile von R/3 sind in ABAP programmiert. Erweiterungen durch den Benutzer geschehen ebenfalls auf ABAP-Basis. ABAP ist eine 4 GL-Sprache. Sie besteht in erster Linie aus Elementen zum Datenbankzugriff und zur Oberflächenprogrammierung. Die Abkürzung steht für Advanced Business Application Programming.

ABAP Dictionary

Das ABAP Dictionary ist die zentrale Anlaufstelle für die Datenmodellierung. Dies betrifft in erster Linie Datenbanktabellen. Sämtliche Datenbanktabellen, auf die R/3 zugreift, sind im ABAP Dictionary verzeichnet. Es ist aber auch üblich, Datentypen im ABAP Dictionary zu definieren, die nur im Hauptspeicher verwendet werden. Dieses Vorgehen hilft, die Systemweite Datenkonsistenz zu sichern.

BAPI

Business Application Programming Interface. Hinter BAPIs steckt die Intention, standardisierte Schnittstellen für Fremdsysteme zur Verfügung zu stellen. BAPIs sind technische Schnittstellen, haben also keinerlei Benutzeroberfläche. Im Gegensatz zu einem vom Benutzer definierten Funktionsbaustein (s.u.) liegt die besondere Bedeutung von BAPIs darin, dass sie standardisiert sind.

Customizing

SAP-Systeme müssen an die Bedürfnisse des Kunden angepasst werden, bevor sie wirklich nutzbar sind. Die sanfte Variante der Anpassung wird als Customizing bezeichnet, im Gegensatz zu Erweiterungen, die als eigenständige ABAP-Programme implementiert werden. Customizing bedeutet, Konfigurationseinstellungen vorzunehmen und bei Bedarf vom System vorgegebene Ereignisschnittstellen mit Code zu füllen.

Dynpro

Eine Seite einer Modulpool-Applikation (s.u.). Gelegentlich wird Dynpro auch gleichgesetzt mit Modulpool. Gemeint ist dann ein Programm mit Benutzeroberfläche. Die Abkürzung steht schlicht für Dynamisches Programm.

Entwicklungsklasse

Sämtliche änderbaren Objekte wie Programme oder auch Datendefinitionen im ABAP Dictionary sind einer Entwicklungsklasse zugeordnet. Die Entwicklungsklasse bündelt alle Objekte aus einem funktionalen Zusammenhang. Das dient zunächst der Übersichtlichkeit. Darüber hinaus beschreibt die Entwicklungsklasse eine Deployment-Einheit. Man kann pro Entwicklungsklasse konfigurieren, auf welches System sie deployt werden soll (s. Transport, System).

Form

Oberflächenloses ABAP-Unterprogramm. Eine Form ist immer Teil eines eigenständig lauffähigen Programms. Sie kann nur in diesem Programm verwendet werden.

Funktionsbaustein

Ein Funktionsbaustein ist ein oberflächenloses ABAP-Programm, das systemweit zugänglich ist. Es kann also von unterschiedlichen anderen ABAP-

Programmen genutzt werden und ist selbst keinem ausführbaren Programm zugeordnet. Funktionsbausteine können auch als Schnittstellen zu Fremdsystemen eingesetzt werden. Dazu genügt es, sie als remote-fähig zu markieren. Der Zugriff kann dann von außen über das RFC-Protokoll erfolgen.

IDoc

Datenformat zum asynchronen Datenaustausch mit Fremdsystemen. IDocs können über einen beliebigen Kommunikationsmechanismus an das Fremdsystem weitergeleitet werden. Üblich ist ein Austausch über das Filesystem, Mails oder Message Queues. IDocs sind baumartig strukturiert und können Listenfelder oder auch optionale Felder enthalten. Es gibt eine große Menge von standardisierten IDocs für die häufigsten betriebswirtschaflichen Aufgaben. IDoc steht für Intermediate Document.

Mandant

Ein Mandant steht im SAP-Datenmodell für einen handelsrechtlich selbstständigen Teil eines Unternehmens. Als technische Konsequenz werden Benutzerrechte separat pro Mandant erteilt. Fast alle Datenbanktabellen in einem SAP-System enthalten einen versteckten Mandantenschlüssel, so dass alle Datenbestände separat je Mandant gepflegt werden. Zur Entwicklungszeit werden Mandanten als Hilfsmittel eingesetzt, um denselben Code, d.h. dieselbe Geschäftslogik, auf separaten Datenbeständen zu testen.

Modulpool

ABAP-Programm mit Benutzeroberfläche. Im Gegensatz zum Report hat man beim Entwickeln eines Modulpools große Freiheiten. Man kann die einzelnen Seiten der Applikation – auch Dynpros genannt – beliebig gestalten. Außerdem lässt sich zur Laufzeit festlegen, in welcher Reihenfolge die Dynpros durchlaufen werden sollen. Ein Modulpool ist immer an einen Transaktionscode gekoppelt, s. Transaktion.

Partner

Im SAP-Datenmodell taucht in den unterschiedlichsten Zusammenhängen der Partner als Parameter auf. Ein Partner kann beispielsweise ein Kunde oder ein Lieferant oder ein Ansprechpartner in einer anderen Firma sein. Er wird durch eine Person oder eine Abteilung oder auch nur eine Mailadresse spezifiziert. Gerade bei der Implementierung von Schnittstellen ist es hilfreich, wenn man sich vorstellen kann, was ein Partner und eine Partnerrolle (Lieferant, Kunde, etc.) ist.

Report

Ein Report ist die einfachste Form eines ABAP-Programms. Er hat eine vom System generierte Oberfläche, die es ermöglicht, vom Benutzer Parameter entgegenzunehmen. Die Parameter werden typischerweise für eine Datenbankabfrage verwendet, deren Ergebnis dem Benutzer wiederum in wohldefinierter Form als Liste angezeigt wird.

RFC

RFC steht für Remote Function Call und bezeichnet eine Technologie, über die von Fremdsystemen auf ein SAP-System zugegriffen werden kann. Auf SAP-Seite steht dabei ein Funktionsbaustein oder BAPI, auf der externen Seite wird eine C-Bibliothek eingesetzt. Gelegentlich spricht man auch von einer RFC-Schnittstelle, wenn man die externe Seite nicht direkt in C implementiert, sondern eine Java-Bibliothek verwendet, die den darunterliegenden RFC-Mechanismus nutzt.

SAP Basis

Dieses Schlagwort hat zwei Ausprägungen. Einerseits bezeichnet man die Schicht des SAP Application Servers, die die Eigenheiten des darunter liegenden Betriebssystems zu einer einheitlichen Abstraktion kapselt, als SAP Basis. Andererseits hat es sich eingebürgert, die Systemadministration des SAP Application Servers als SAP Basis-Administration zu bezeichnen. Dies erfolgt in Abgrenzung zur Applikationsentwicklung oder fachlichen Beratung.

System

Eine technische SAP-Installation wird als System bezeichnet. Es läuft typischerweise auf einem eigenen Server und einer eigenen Datenbankinstanz. Aus Sicht des Datenmodells umfasst ein System mehrere Mandanten. Der ABAP-Entwicklungsprozess sieht vor, dass SAP-Projekte auf drei separaten Systemen umgesetzt werden: dem Testsystem, dem Qualitätssicherungssystem und dem Produktivsystem.

Transaktion

In SAP ist eine Transaktion ein betriebswirtschaftlich zusammenhängender Ablauf. Er besteht typischerweise aus einer Folge von Bildschirmmasken. In der Regel bezeichnet man die vom System vorgegebenen Programmteile als Transaktionen. Jeder Transaktion ist ein eindeutiger Transaktionscode zugeordnet, der meist aus vier Buchstaben besteht. Dieser Code dient

ähnlich einer systeminternen URL zum Auffinden der Applikation innerhalb des SAP GUIs. Man hat auch die Möglichkeit, Transaktionen mit
Hilfe der Modulpool-Technik selbst zu implementieren.

Transport

Das Deployment in R/3 läuft in SAP über einen Mechanismus, der sich
Transport nennt. Man entwickelt neuen Code auf dem Testsystem (s. auch
System). Dieser Code muss nicht transportiert werden, er ist sofort ausführbar. Damit einmal getesteter Code vom Testsystem auf eines der Fol-
gesysteme gelangt, muss er transportiert werden.

User Exit

User Exits sind eine bestimmte Customizing-Technik. Es handelt sich dabei um vom System vorgesehene Event-Schnittstellen, die man bei Bedarf
den Kundenwünschen anpasst. User Exits werden in ABAP implementiert.
Von der Funktionsweise her ähneln User Exits entfernt dem Trigger-
Mechanismus in Datenbanken.

Workbench

Die Workbench oder auch ABAP-Workbench ist die Entwicklungsumgebung für ABAP-Programme.

2.4 Bedienhinweise für R/3

Zum Abschluss unserer kurzen Übersicht wollen wir Ihnen noch ein paar
Tipps für die Benutzung des SAP GUI geben. SAP hat bei der Benutzerführung einen eigenen Stil gefunden. Er wird konsequent in allen Teilen von
R/3 befolgt. Ein paar grundlegende Hilfestellungen genügen daher, und
schon werden Sie sich wesentlich sicherer in diesem Umfeld bewegen. Die
folgenden unreflektierten Bedienhinweise enthalten die wichtigsten Informationen, die Sie in zehn Minuten verinnerlichen können. Die späteren
Kapitel sind dann sauber schematisch aufgebaut und ausführlicher gehalten.
   Sobald Sie das SAP GUI von Ihrem Windows-System aus gestartet haben, gelangen Sie zur Anmeldemaske. Ihre Eintrittskarte in die SAP-Welt
besteht aus vier Werten: Benutzer, Passwort, System und Mandant. Den
Benutzernamen und das initiale Passwort bekommen Sie von Ihrem SAP-
Administrator mitgeteilt. System und Mandant beschreiben vereinfacht
gesagt den Server, mit dem Sie sich verbinden wollen. Aber Vorsicht, Ihr
Passwort ist in jedem System und Mandanten unterschiedlich.

Wenn Sie sich eingeloggt haben, erscheint die zu Anfang dieses Kapitels gezeigte Maske. Sie enthält ein baumartig strukturiertes Menü auf der linken Seite und wenigstens anfangs das Wasserbild auf der rechten Seite. Der Aufbau des linken Menüs ist benutzerspezifisch. Er unterscheidet sich danach, welche Rolle der SAP-Administrator Ihnen zugewiesen hat. In jedem Fall besteht das Menü aber aus drei Ebenen: SAP-Ebene, Arbeitsgebietebene und Anwendungsebene lauten deren offizielle Namen. Doch wie oft bei solchen Menühierarchien ist der Pfad zur jeweils benötigten Teilapplikation nicht immer intuitiv zu finden und schwer zu merken.

Zum Glück gibt es eine handliche Alternative zu den Menüpfaden: die Transaktionscodes. Im Glossar wurden Transaktionscodes ja bereits als Mini-URLs beschrieben, mit denen Sie direkt an die gewünschte Stelle im SAP-System gelangen. Sie geben sie oben links in der Menüzeile ein und bestätigen mit Return.

Abb. 2.5. Menüleiste mit Eingabefeld für die Transaktion

Manchmal ist das Eingabefeld für den Transaktionscode zugeklappt. Dann müssen Sie auf den nach rechts weisenden weißen Pfeil klicken, um es zu öffnen.

Abb. 2.6. Menüleiste mit geschlossenem Transaktionsfeld

Jeder erfahrene SAP-Benutzer kennt eine Reihe von Transaktionscodes auswendig. Sie führen jeweils zu der Anfangsseite einer Teilapplikation, die unter Umständen aus mehreren Bildschirmseiten besteht. Sämtliche Programmteile von R/3 sind über Transaktionscodes erreichbar. Wenn Sie über das Menü zu einer bestimmten Seite navigiert sind, können Sie unten rechts in der Fußleiste auf das Anzeigesymbol klicken und dann ablesen, wie der zugehörige Transaktionscode lautet.

✓ System	MBS (1) (000)
Mandant	000
Benutzer	BCUSER
Programm	SAPLSETB
Transaktion	SE16
Antwortzeit	0.01
Rückverbindungen/Flushes	1/0

Abb. 2.7. Ermitteln des Codes für die gegenwärtig geöffnete Transaktion

Befinden Sie sich gerade in einer Transaktion und wollen zu einer anderen navigieren, dann müssen Sie dem Transaktionscode der Zieltransaktion die Zeichen /n voranstellen. Dadurch wird die laufende Transaktion beendet, bevor die neue aufgerufen wird. Wenn Sie parallel in unterschiedlichen Fenstern in mehreren Transaktionen arbeiten wollen, rufen Sie diese über /o gefolgt vom Transaktionscode auf.

Die Benutzeroberflächen der unterschiedlichen Transaktionen sind alle mit Hilfe derselben Oberflächenelemente aufgebaut. Häufig treffen Sie Eingabefelder mit einem Suchhilfesymbol am rechten Rand an.

Abb. 2.8. Eingabefeld mit Suchhilfesymbol

Über dieses Symbol können Sie sich die Liste der erlaubten Werte für das Feld in einem Hilfsfenster anzeigen lassen. Da gelegentlich sehr viele Werte zulässig sind, können Sie diese auch über die Eingabe von Wildcards einschränken, bevor Sie den Button betätigen.

Abb. 2.9. Eingabefeld vor der Suche über einen Wildcard-Ausdruck

Wenn Sie mit der Funktionsweise der Suchhilfefelder nicht vertraut sind, kann deren Benutzung frustrierend sein. Denn in der Regel sind nur solche Felder mit einer Suchhilfe versehen, deren Wertebereich auf einige erlaubte Werte beschränkt ist.

Um mit größeren Eingabemasken gut zurechtzukommen, sollten Sie auch Pflichtfelder von optional auszufüllenden Feldern unterscheiden können. Im SAP GUI sind Pflichtfelder durch ein Rechteck mit Haken gekennzeichnet, zumindest solange Sie nicht mit dem Cursor in dem Feld stehen.

Programm	☑	
Dynpronummer	☑	
Berechtigungsobjekt		🎹 Werte

Abb. 2.10. Maskenausschnitt mit zwei Pflichtfeldern

Die meisten anderen Oberflächenelemente sind einigermaßen intuitiv bedienbar und durch Tooltips dokumentiert. Neben dem in das SAP GUI integrierte Hilfesystem können wir Ihnen auch SAPs offizielle Hilfeseite im Internet empfehlen. Unter

```
http://help.sap.com
```

finden Sie eine Vielzahl wohl gegliederter Bedieninformationen.

3 ABAP

Die Sprache ABAP ist integraler Bestandteil von SAP R/3. Sie ermöglicht es Ihnen, die durch SAP vorgegebenen Lösungen für typische betriebswirtschaftliche Probleme an Ihre Bedürfnisse anzupassen und zu erweitern.

Gute Lehrbücher zur ABAP-Programmierung gibt es zuhauf. Wenn Sie als ABAP-Entwickler in einem Projekt bestehen wollen, müssen Sie sicher mehr als nur diese Einführung lesen. Was wir an dieser Stelle liefern, ist lediglich ein Grundgerüst an Sprachverständnis. Es versetzt Sie in die Lage mitzuverfolgen, worüber sich Ihre Kollegen in einem gemischten Java- und ABAP-Projekt unterhalten. Sie werden deren Code lesen können, Fehler suchen können und kleinere Änderungen durchführen können.

Außerdem gehen wir davon aus, dass Sie ABAP mit dem Ziel erlernen wollen, Brücken zwischen SAP und Java zu bauen. Daher konzentrieren wir uns thematisch mehr auf Datenbankzugriffe und Schnittstellenprogrammierung als auf Benutzeroberflächen, die vollständig im SAP-System laufen.

Um dieses Kapitel möglichst kompakt zu halten, beschreiben wir die reine Sprache ohne zunächst auf die Bedienung von SAP einzugehen. Wo immer es sinnvoll erscheint, verweisen wir aber auf die passende Bediensequenz in Kapitel 4. Denn dort werden Entwicklungsumgebung und Entwicklungsprozess in einem zusammenhängenden Gedankengang erläutert. Als Bediensequenz bezeichnen wir eine Reihe von Screenshots und Anleitungen, mit deren Hilfe Sie die zugehörige Aktion auf der R/3-Oberfläche wiederfinden und durchführen können.

Da wir annehmen, dass Sie möglichst schnell zu den wesentlichen Aspekten der Sprache vorstoßen möchten, beginnen wir mit diesen. Damit das möglich ist, beschreiben wir sie so, wie sie normalerweise eingesetzt werden. Sonderfälle und alternative Verwendungsmöglichkeiten, die im R/3 zur Genüge existieren, werden oft zugunsten einer griffigen Darstellung geopfert. Außerdem konfrontieren wir Sie zuweilen mit Konstrukten, die noch nicht ausführlich erläutert wurden, von denen wir aber annehmen können, dass Sie sie auch so verstehen. Sobald Sie das Ende des ABAP-Kapitels erreicht haben, sollte jedoch kein unvollendeter Gedankengang mehr übrig sein.

3.1 Einleitung

ABAP ist eine 4GL-Sprache, das bedeutet, sie enthält Elemente zum Lesen und Manipulieren von Datenbankinhalten genauso wie Ausdrucksmittel zum Erstellen von Benutzeroberflächen. Obwohl es auch einen objektorientierten Dialekt namens ABAP Objects gibt, ist der Großteil des in der Praxis vorzufindenden Codes prozedural geschrieben.

In vielerlei Hinsicht mag ABAP Ihnen antiquiert vorkommen. Mit der Zeit werden Sie allerdings erkennen, dass die Sprache oft recht handlich ist und von sich aus das Schreiben von homogenem Code erleichtert. ABAP ist maßgeschneidert für Verwaltungsprogramme und dadurch wesentlich weniger allgemeingültig als Java. Auf der anderen Seite bewirkt die Einschränkung der Möglichkeiten, dass der resultierende Code weniger fehleranfällig ist.

ABAP ist eine interpretierte Sprache. Wenn Sie neuen Code geschrieben haben, müssen Sie ihn dennoch zunächst in ein internes Byteformat übersetzen, den so genannten Zwischencode. Dieser wird dann von einer Virtuellen Maschine ausgeführt, ganz ähnlich der Ausführung von Java-Programmen. Allerdings erhält jede Benutzersitzung aus Stabilitätsgründen eine eigene VM. Lediglich der Zwischencode wird von den VMs gemeinsam genutzt.

Sie müssen sich auf zweierlei technische Fehlerquellen gefasst machen, die die Programmausführung verhindern können: Syntaxfehler beim Erzeugen des Byteformats und nicht behandelbare Laufzeitfehler. Letztere werden auch als Kurzdumps bezeichnet, da sie eine Ausgabe des Aufrufstacks und Speicherinhalts zu Analysezwecken nach sich ziehen. Die Ausführung des Programms bricht nach einem Kurzdump ab.

3.2 Struktur eines ABAP-Programms

3.2.1 Reports

Die einfachste Form des ABAP-Programms ist der Report. Typischerweise wird er dazu eingesetzt, ein paar Parameter vom Benutzer zu erfragen, eine Datenbankabfrage in Abhängigkeit von diesen Parametern durchzuführen und anschließend die Ergebnisliste anzuzeigen.

Der Report verfügt über eine vom System vorgegebene Oberfläche, die Sie nur indirekt beeinflussen. Sie können die Parameter festlegen, mit denen der Report versorgt werden soll. Sie müssen die Aktion programmieren, die im Hintergrund durchgeführt wird, sobald die Parameter vollständig eingegeben sind. Diese muss keine Datenbankabfrage enthalten, kann

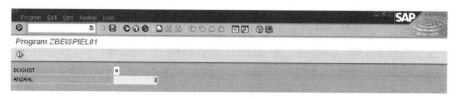

Abb. 3.1. Eingabemaske eines Reports mit zwei Parametern

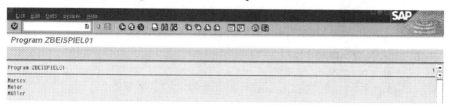

Abb. 3.2. Ausgabeliste des Reports

aber falls nötig sogar Datenbankinhalte modifizieren. Das Aussehen der Ergebnisliste wiederum ist vom System vorgegeben und lässt sich nur in geringem Maße vom Entwickler beeinflussen. Die Abb. 3.1 und 3.2 zeigen die Ein- und Ausgabeseiten eines Reports.

Durch den Report-Mechanismus erhalten Sie eine standardisierte Basisfunktionalität, die Sie nicht jedes Mal neu implementieren müssen, und ersparen sich dadurch viel Entwicklungsaufwand. Die Freiheiten, die Ihnen Java für vergleichbare Lösungen bietet, schaffen bei so eng umrissenen Aufgabenstellungen keinen Mehrwert.

Die Definition eines Reports beginnt so:

```
REPORT zreportname.
```

Der Name des Reports muss mit einem y oder einem z beginnen. Dadurch wird sichergestellt, dass die von Ihnen definierten Reports nicht mit solchen kollidieren, die von SAP selbst ausgeliefert werden. SAP behält sich vor, alle übrigen Anfangsbuchstaben zu verwenden. Das Ende des Reports muss nicht markiert werden, da der ABAP-Editor jeden Report in einem eigenen Eingabebereich darstellt.

Wie Sie einen Report im SAP GUI anlegen, wird in Bediensequenz 11 in Kapitel 4 beschrieben.

Ein Report kann die folgenden Deklarationsabschnitte enthalten:

```
REPORT ztestreport.
TYPES prozentsatz TYPE i.
PARAMETERS:
   betraga TYPE p DECIMALS 2,
   betragb TYPE p DECIMALS 2.
DATA zaehler TYPE i.
CONSTANTS mwst TYPE prozentsatz VALUE 16.
```

Das Schlüsselwort TYPES leitet Typdefinitionen ein. Hier wird der Typ prozentsatz definiert, es handelt sich dabei um eine Ganzzahl. Zum Verständnis genügt es vorerst zu wissen, dass Ausdrücke wie TYPE i oder TYPE p DECIMALS 2 unterschiedliche Variablentypen bezeichnen. Die einzelnen Typen werden im Absatz 3.3 ausführlicher erläutert.

Parameter für den Report werden im PARAMETERS-Abschnitt angegeben, lokale Variablen unter DATA, lokale Konstanten im CONSTANTS-Abschnitt. Jeder der Abschnitte kann mehrere Einzeldeklarationen enthalten, die durch Kommata getrennt werden. Die letzte wird jeweils durch einen Punkt abgeschlossen.

Ist Ihnen aufgefallen, dass nur nach PARAMETERS ein Doppelpunkt auftaucht? Dieser ist immer dann notwendig, wenn Sie mehr als einen Parameter in einer Deklaration angeben. Sie müssten den Doppelpunkt auch bei TYPES, DATA, usw. hinschreiben, wenn mehr als eine Deklaration folgte. Mehrere Deklarationen derselben Art werden mit Kommas getrennt.

Wie Sie einen Report aufrufen, können Sie Bediensequenz 12 entnehmen.

3.2.2 Forms

Ein Unterprogramm wird als Form bezeichnet. Eine Form ist im Code des übergeordneten Reports enthalten. Sie wird begrenzt durch

```
FORM formname.
...
ENDFORM.
```

Auch Forms können Parameter entgegennehmen. Außerdem kann sich der Code innerhalb der Form auf die globalen Variablen des umschließenden Reports beziehen. Die Parameter einer Form werden folgendermaßen angegeben:

```
FORM wette USING
    VALUE(einsatz) TYPE i
    VALUE(tip) TYPE i
    CHANGING
      VALUE(gewinn) TYPE i.
ENDFORM.
```

Wie bei vielen Programmiersprachen liegt der Teufel bei der Parameterübergabe im Detail. Einerseits müssen Ein- und Ausgabeparameter unterschieden werden, zum anderen hat man die Wahl zwischen Wert- und Referenzübergabe.

Die erste Unterscheidung lässt sich leicht an obigem Beispiel festmachen. USING-Parameter werden nur an die aufgerufene Form übergeben,

CHANGING-Parameter werden zusätzlich wieder an das aufrufende Programm zurückgegeben. USING-Parameter sind also in-Parameter, CHANGING-Parameter sind inout-Parameter.

Diese klare Definition gilt nur, solange man den Zusatz VALUE vor den Variablennamen schreibt, wie oben im Beispiel geschehen. Der VALUE-Zusatz legt fest, dass die Variable als Wert übergeben wird, dass also im Unterprogramm mit einer Kopie der Variable gearbeitet wird. Lässt man den VALUE-Zusatz weg und schreibt etwa dies:

```
FORM zzufallsgenerator USING zufallszahl TYPE i.
ENDFORM.
```

so wird die Variable als Referenz übergeben. Das bewirkt zunächst nur, dass bei der Übergabe an das Unterprogramm keine Kopie von zufallszahl angelegt wird, sondern dieselbe Instanz wie im Hauptprogramm verwendet wird. Als Konsequenz bewirkt aber jede Veränderung von zufallszahl innerhalb der Form zzufallsgenerator, dass auch die zugehörige Variable im Hauptprogramm geändert wird. Somit funktioniert in diesem Fall ein USING-Parameter dennoch wie ein inout-Parameter.

Der Aufruf einer Form wird mit PERFORM eingeleitet, die Parameter werden in derselben Reihenfolge wie bei der Form-Deklaration angegeben. Allerdings wird der VALUE-Zusatz nicht mit angegeben.

```
PERFORM wette USING 10 30 CHANGING gewinn.
```

Bei der Entscheidung, ob Sie einen Parameter per Wert oder per Referenz übergeben sollen, helfen zwei Kriterien. Die Referenzübergabe ist schneller, die Wertübergabe sicherer.

3.2.3 Ereignisblöcke im Report

Lange Reports wirken auf den ersten Blick oft unstrukturiert. Es bedarf einiger Erfahrung, um die teilweise impliziten Strukturen zu erkennen. Wenn man ein paar Grundregeln verinnerlicht, findet man sich schneller in fremden Reports zurecht und kann auch selbst besser lesbaren Code produzieren.

Das Geheimnis der Report-Struktur liegt darin, dass dieser von Natur aus ereignisbasiert ist. Ein Report kann nicht nur zu einem Parametersatz eine Ergebnisliste ausgeben. Er reagiert auch auf Ereignisse zum Aufbereiten und Greifbarmachen der Ergebnisliste. Der Satz möglicher Ereignisse ist vom System vorgegeben und an Schlüsselwörter gekoppelt.

Typische Ereignisse sind beispielsweise AT LINE-SELECTION, END-OF-PAGE oder START-OF-SELECTION. Sie werden in dieser

Reihenfolge hervorgerufen durch einen Klick auf eine Zeile der Ausgabeliste, das Erreichen eines Seitenumbruchs in der Ausgabeliste und den
Programmstart.

Im Code eines Reports notiert man den Block zu einem bestimmten Ereignis einfach durch dessen Namen gefolgt von einem Punkt. Die darauf
folgenden Zeilen werden dann ausgeführt, wenn das System erkennt, dass
das entsprechende Ereignis eingetreten ist. Leider ist die Syntax von Reports so einfach gehalten, dass es kein explizites Ende des Ereigniscodes
gibt. Stattdessen beendet der nächste Ereignisblock oder alternativ eine
Form-Definition den vorhergehenden Ereignisblock. Schematisch sieht die
Grobstruktur eines Reports also so aus:

```
REPORT ... .
Ereignis1.
...
Ereignis2.
...
FORM ... .
ENDFORM.
```

Wobei `Ereignis1` und `Ereignis2` zu den Schlüsselwörtern für die
vordefinierten Ereignisse gehören. Neben dem fehlenden expliziten Ereig-
nisende sorgt eine zweite Vereinfachung für Verwirrung. Jede Codezeile,
die nicht in einem der Ereignis- oder Form-Blöcke enthalten ist, wird per
Definition dem Ereignis `START-OF-SELECTION` zugerechnet. Dadurch
ist sichergestellt, dass Sie auch einen minimalen Report wie

```
REPORT zhallo.
WRITE / 'Hallo!'.
```

ausführen können. Wenn Sie sich jedoch auf die implizite Deklaration von
`START-OF-SELECTION` verlassen, können sich seltsame Seiteneffekte
durch versprengte Codestücke ergeben. Daher empfiehlt es sich für einen
Report, der mehr als ein Testprogramm sein soll, zumindest die folgenden
Abschnitte in dieser Reihenfolge explizit zu deklarieren:

```
AT SELECTION-SCREEN.
TOP-OF-PAGE.
START-OF-SELECTION.
END-OF-SELECTION.
```

Das erste Ereignis behandelt Benutzeraktionen auf der Eingabemaske
des Reports wie etwa das Bestätigen der eingegebenen Parameter. Das
zweite bereitet den Kopf der Ausgabeliste vor, das dritte fungiert als
Hauptprogramm, das letzte wird ausgeführt, sobald die Datenselektion
beendet ist.

3.2.4 Includes

Zum Vereinfachen Ihres Codes haben Sie die Möglichkeit, beliebige Teile des Programmrumpfes in eine separate Einheit auszulagern. An der Stelle, an der der ursprüngliche Code stand, fügen Sie dann die Anweisung

```
INCLUDE zprogrammteil1.
```

ein. Der ausgelagerte Teil muss in diesem Beispiel in einer Einheit namens `zprogrammteil1` abgelegt sein. Der Ersetzungsvorgang erfolgt auf rein textueller Basis. Das Include `programmteil1` muss also keinen vollständigen Programmcode enthalten. Vielmehr kann ein Include gar nicht allein ausgeführt werden. Der Inhalt eines Includes wird nicht durch etwaige Schlüsselwörter gekapselt, wie dies beispielsweise bei einem Funktionsbaustein der Fall ist. In Bediensequenz 17 wird das Anlegen eines Includes beschrieben.

Mit der Include-Technik kann man dasselbe Codestück an mehreren unterschiedlichen Stellen in ein Programm einbinden und so doppelten Code vermeiden.

Es hat sich eingebürgert, den Block von globalen Variablen- und Typdefinitionen eines jeden ABAP-Programms in eine eigene Include-Datei auszulagern. Da diese Definitionen ganz oben im Code stehen, wird das Include als Top-Include bezeichnet. Für den Report `ztestreport` von oben bestünde sie aus diesen Zeilen:

```
REPORT ztestreport.
TYPES prozentsatz TYPE i.
PARAMETERS:
   betraga TYPE p DECIMALS 2,
   betragb TYPE p DECIMALS 2.
DATA zaehler TYPE i.
CONSTANTS mwst TYPE prozentsatz VALUE 16.
```

Dass Sie die REPORT-Zeile einschließlich ihrer Parameter, wie hier gezeigt, auslagern, ist nicht zwingend aber üblich. An ihrem ursprünglichen Ort wird das Top-Include mit

```
INCLUDE ztesttop.
```

eingebunden. Auch wenn Sie bei der Gruppierung Ihres Codes in Include-Dateien alle Freiheiten haben, empfiehlt es sich, diese Konvention einzuhalten. Sie wird auch von der Entwicklungsumgebung unterstützt, nicht aber erzwungen. In den folgenden Abschnitten werden Sie noch weitere Includes kennen lernen, deren Verwendung zum Quasi-Standard geworden ist.

3.2.5 Funktionsbausteine

Ein Funktionsbaustein enthält eine Funktion, die in mehreren unterschiedlichen Programmen verwendet werden kann. Daher hat er wenige Abhängigkeiten vom aufrufenden Programm und behandelt in der Regel einen
fachlich eigenständigen Aspekt.

Anders als Forms können Funktionsbausteine nicht auf die Variablen
des aufrufenden Programms zugreifen. Sämtliche vom Funktionsbaustein
benötigten Parameter müssen explizit übergeben werden.

 Ein Funktionsbaustein ähnelt einer `public static`-
Methode im Gegensatz zu einer Form, die eher einer
`private`-Methode entspricht.

Die Definition eines Funktionsbausteins hat folgende Gestalt:

```
FUNCTION z_name.
...
ENDFUNCTION.
```

Der Name eines benutzerdefinierten Funktionsbausteins muss mit z
oder y beginnen. Funktionsbausteine, die anders beginnen, wurden von
SAP mit dem System ausgeliefert.

Ein Funktionsbaustein kann Parameter verwenden, die er vom aufrufenden Programm übergeben bekommt. Da Funktionsbausteine von ganz unterschiedlichen Programmen aus aufgerufen werden können, dürfen die
Parameter keinen Typ haben, der erst innerhalb des Funktionsbausteins
definiert wird. Dieser wäre naturgemäß dem anderen Programm nicht bekannt. Stattdessen müssen alle Parameter von global bekanntem Typ sein.
Sie kommen allerdings gar nicht in die Verlegenheit, unpassende Typen zu
verwenden, denn die Parameter des Funktionsbausteins werden nicht manuell im Code angegeben. Sie werden über eine maßgeschneiderte Be-
dienoberfläche zusammengestellt. Siehe dazu Bediensequenz 22. Sobald
dies geschehen ist, erscheint im Code rein informativ die Schnittstellendefinition als Kommentar.

```
FUNCTION z_beispielfunktion .
*"----------------------------------------
*"*"Lokale Schnittstelle
*"    IMPORTING
*"       REFERENCE(EINGABEA) TYPE i,
*"       REFERENCE(EINGABEB) TYPE i.
*"    EXPORTING
*"       REFERENCE(AUSGABE) TYPE i.
*"    CHANGING
*"       REFERENCE(AENDERBARX) TYPE i,
*"       REFERENCE(AENDERBARY) TYPE i.
```

```
*"      TABLES
*"        ...
*"      EXCEPTIONS
*"        INVALID_PARAM
*"--------------------------------------------
...
ausgabe = 123.
IF eingabea = 3.
  RAISE invalid_param.
ENDIF.
ENDFUNCTION.
```

Sie erkennen wiederum mehrere Abschnitte ähnlich der Deklaration einer Form. Die unter IMPORTING aufgezählten Parameter werden an den Funktionsbaustein übergeben (in-Parameter). Die unter EXPORTING aufgeführten Parameter werden von dem Funktionsbaustein an das aufrufende Programm zurückgegeben (out-Parameter). Die unter CHANGING aufgeführten Parameter werden an den Funktionsbaustein übergeben und wieder an das aufrufende Programm zurückgegeben (inout-Parameter). Zumindest den EXPORTING-Parametern müssen Sie im Inneren des Funktionsbausteins einen Wert zuweisen. Im Beispiel wird dem Parameter ausgabe der Wert 123 zugewiesen. Alle Parameter sind im Beispiel über REFERENCE (. . .) als Referenzen deklariert. Alternativ können Sie die Parameterübergabe auch über VALUE (. . .) wertbasiert vonstatten gehen lassen. Die dahinterstehende Logik ist dieselbe wie bei der Parameterübergabe an Forms.

Der TABLES-Abschnitt definiert inout-Parameter, die komplexer strukturiert sind. Im Abschnitt über Datentypen erfahren Sie, weshalb man den TABLES-Abschnitt in den meisten Fällen durch einen CHANGING-Eintrag mit dem passenden Variablentyp ersetzen kann und daher der Übersichtlichkeit halber nicht mehr verwenden sollte. In Kapitel 6 über Remote Function Calls und remote-fähige Funktionsbausteine wiederum erfahren Sie, weshalb man den TABLES-Abschnitt dennoch manchmal benötigt. Um keine unnötige Verwirrung zu stiften, ist der TABLES-Abschnitt im Beispiel nur angedeutet.

Als EXCEPTIONS definiert man Bezeichnungen für Fehlercodes. Stellt der Funktionsbaustein eine Fehlersituation fest, bricht er die Ausführung ab, füllt die EXPORTING-Parameter nicht und gibt dafür eine Exception zurück. Dies geschieht durch den RAISE-Aufruf, der im Beispiel INVALID_PARAM wirft. INVALID_PARAM ist weder ein Typ noch eine Variable, sondern lediglich eine Arbeitsbezeichnung für einen Zahlwert.

Anhand der Aufrufsyntax eines Funktionsbausteins wird dies gleich klarer.

 Die Exceptions eines Funktionsbausteins sind durchaus mit den Exceptions im Java-Sinne vergleichbar. Wenn man sie nicht behandelt, beendet sich das Programm.

Der gerade definierte Funktionsbaustein lässt sich durch den folgenden Code aufrufen. Da auch diese Notation ihre Besonderheiten und Tücken hat, empfiehlt es sich, den Aufruf generieren zu lassen. Dies geschieht über die Bediensequenz 24.

```
DATA ausgabe_lokal TYPE i.
DATA einausgabex_lokal TYPE i.
DATA einausgabey_lokal TYPE i.
...

CALL FUNCTION 'Z_BEISPIELFUNKTION'
  EXPORTING
    eingabea = 3
    eingabeb = 1
  IMPORTING
    ausgabe = ausgabe_lokal
  CHANGING
    aenderbarx = einausgabex_lokal
    aenderbary = einausgabey_lokal
  EXCEPTIONS
    INVALID_PARAM = 1
    OTHERS = 2.

IF sy-subrc = 0.
  WRITE / 'Aufruf OK'.
ELSE.
  WRITE / 'Fehler beim Aufruf'.
ENDIF.
```

Bleiben wir zunächst bei der Fehlerbehandlung. Im EXCEPTIONS-Abschnitt des Aufrufs wird die Fehlerbezeichnung invalid_param auf den Wert 1 abgebildet und dabei implizit an die globale Systemvariable sy-subrc zugewiesen. Direkt nach dem Aufruf können Sie den Wert von sy-subrc auswerten und entsprechend reagieren. Hier wird einfach ein Text mit dem Befehl WRITE ausgegeben. Wenn Sie die EXCEPTIONS-Klausel weglassen, bricht das Gesamtprogramm ab, falls der Funktionsbaustein eine Exception wirft. Der Vergleich mit Java-Exceptions ist also berechtigt, wenn auch die ABAP-Exception keine Kenntnisse um ihren Stack hat und eher ein Fehlercode ist als ein Objekt. Weiter unten im Abschnitt über unscharfe Zuweisungen werden Sie noch mehr über Exceptions in ABAP erfahren.

Aber auch die Übergabe der Parameter selbst ist erklärungsbedürftig. Sie erkennen zum einen, dass die Reihenfolge und die Parameternamen der EXPORTING- und IMPORTING-Abschnitte vertauscht wurden. Das liegt daran, dass aufrufendes und aufgerufenes Programm gerade entgegenge-setzte Ansichten darüber haben, was innen und was außen ist. Außerdem kommt Ihnen wahrscheinlich die Zuweisung des IMPORTING-Parameters seltsam vor. Mit der Zeile

```
ausgabe = ausgabe_lokal.
```

wird ausgesagt, dass der Rückgabewert `ausgabe` des Funktionsbausteins der lokalen Variable `ausgabe_lokal` im aufrufenden Programm zugewiesen werden soll. Diese umgekehrte Zuweisungsrichtung wird nur im IMPORTING-Abschnitt des Aufrufs genutzt.

Jeder Funktionsbaustein ist einer Funktionsgruppe zugeordnet. Der Hintergrund dieser Zuordnung ist der, dass Funktionsgruppen als Ganzes zur Laufzeit in den Speicher nachgeladen werden. Man sollte daher bestrebt sein, die benötigten Funktionen in einer Weise in Funktionsgruppen aufzuteilen, dass sich der Speicherbedarf in Grenzen hält. Eine Funktionsgruppe wird mit

```
FUNCTION-POOL name.
```

eingeleitet. Meist bündelt man diese Zeile mit Datendeklarationen, die für alle Funktionsbausteine der Gruppe sichtbar sein sollen, zu einem Top-Include.

Bediensequenz 23 beschreibt, wie Sie einen Funktionsbaustein testweise ausführen. Bediensequenz 21 entnehmen Sie, wie Sie eine Funktionsgruppe über die Entwicklungsumgebung anlegen.

3.2.6 Modulpools und Dynpros

Sie haben bisher Funktionsbausteine als Programme ohne Oberfläche und Reports als Programme mit vorgegebener Oberfläche kennen gelernt. Nun darf nicht der Eindruck entstehen, dass ein ABAP-Programmierer vom System so weit entmündigt wird, dass er gar keine eigenen Oberflächen programmieren kann.

Modulpool-Konzept

ABAP-Programme mit selbstdefinierter Oberfläche heißen Modulpool. Modulpools können aus mehr als einer Maske bestehen, wobei die einzelne Maske zusammen mit der dahinter liegenden Ablauflogik als Dynpro bezeichnet wird. Die Masken selbst lassen sich mit Hilfe eines GUI-Builders definieren, ähnlich wie Sie es auch von Java-Entwicklungsumgebungen wie JBuilder oder Eclipse her kennen. Die Bediensequenz für das Starten des GUI-Builders für Dynpros finden Sie zusammen mit der Beschreibung für das Anlegen des Dynpros unter Bediensequenz 14.

Es genügt aber nicht, die einzelnen Masken eines Programms zu definieren, sie müssen auch in einen Zusammenhang gestellt werden. Ähnlich wie das Struts-Framework für Web-Applikationen definiert auch der Modulpool einen Zustandsautomaten. In diesem ist festgelegt, welche Folgemaske man erreicht, wenn auf der Ursprungsmaske ein bestimmtes Ereignis ausgelöst wurde, z.B. ein Button gedrückt wurde. Anders als bei Struts ist der Zustandsautomat des Modulpools allerdings verteilt über die unterschiedlichen Dynpros.

Jedes Dynpro definiert ein Ereignis, das vor Anzeigen der Maske ausgeführt wird, und eines, das nach Ausfüllen der Maske ausgeführt wird. Ersteres wird als Process Before Output (PBO) bezeichnet, letzteres als Process After Input (PAI). Die Schlüsselausdrücke für die beiden Ereignisse lauten PROCESS BEFORE OUTPUT und PROCESS AFTER INPUT. Der zu diesen Ereignissen gehörende Code ist in speziellen Unterprogrammen vom Typ Modul untergebracht. Daher rührt auch der Ausdruck Modulpool. In dem PAI-Modul wird unter anderem die Folgeseite bestimmt. Die einzelnen Masken sind über vierstellige Nummern innerhalb des Modulpools eindeutig bezeichnet.

Aufbau eines Modulpools

Die Erstellung von Modulpools ist stark mit der ABAP-Entwicklungsumgebung und den zugehörigen Editoren verwoben. Die Funktionalität lässt sich nur teilweise anhand des Programmcodes erklären. Daher wird in der folgenden Skizze in Abb. 3.3 unterschieden zwischen grafisch definierten Elementen und durch Code definierten Elementen eines Modulpools. Die grafisch editierten werden in gestrichelten Rahmen dargestellt, während die codierten durchgehende Rahmenlinien haben. Wie man erstere genau erzeugt, wird im Detail in den Bediensequenzen 14 und 15 beschrieben.

Die Skizze stellt den Kontrollfluss innerhalb eines Modulpools dar.

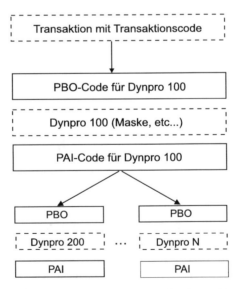

Abb. 3.3. Schema des Kontrollflusses in einem Modulpool

Um einen Modulpool auszuführen, gibt man den zugehörigen Transaktionscode ein, ganz so als handle es sich um eine vom System bereitgestellte Transaktion. Angelegt wurde die Transaktion zuvor über ein Benutzermenü, in das der Entwickler den Transaktionscode und die Nummer des zuerst auszuführenden Dynpros eingeben konnte. Dies ist meist das Dynpro mit der Nummer 9100 oder wie im Beispiel mit der Nummer 100.

Bevor das Dynpro 100 angezeigt wird, wird sein PBO-Modul durchlaufen. Dieses setzt neben programmspezifischen Aufgaben typischerweise auch die Überschriftzeile des Dynpros und aktiviert einzelne Buttons in der Statusleiste. Das Dynpro selbst besteht in erster Linie aus einer Bildschirmmaske, die mit einem grafischen Editor erzeugt wird. Hier eine minimale Dynpro-Maske, an der man die Überschrift, die eigentliche Seite und einen aktiven Button in der Statusleiste erkennen kann:

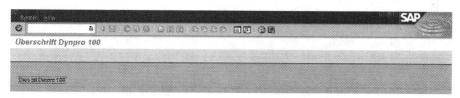

Abb. 3.4. Minimales Dynpro

Außerdem enthält das Dynpro ein kleines Stück programmierte Ablauflogik, die meist so aussieht:

```
PROCESS BEFORE OUTPUT.
  MODULE status_0100.

PROCESS AFTER INPUT.
  MODULE user_command_0100.
```

Es delegiert die PBO- und PAI-Aktionen also durch Aufrufe an die Module STATUS_XXXX und USER_COMMAND_XXXX. Module werden nämlich mit MODULE, gefolgt vom Modulnamen, aufgerufen.

Sobald der Benutzer die Bearbeitung der Seite mit Return beendet, wird der PAI-Code ausgeführt. Die Aufgabe des PAI-Moduls ist, neben applikationsspezifischen Aufgaben, die Folgeseite dynamisch festzulegen. In Abb. 3.3 wird dieser Sachverhalt durch Pfeile dargestellt, die auf unterschiedliche angedeutete Folgeseiten zeigen. Welche wirklich angezeigt wird, entscheidet sich erst zur Laufzeit.

Wir haben hier den eigentlichen Programmcode eines minimalen Modulpools aufgelistet. Der Modulpool besteht aus den beiden Dynpros 100 und 200. Dynpro 100 soll so aufgebaut sein wie zuvor im Bildschirmabzug dargestellt. Dynpro 200 sieht genauso aus, nur mit unterschiedlicher Beschriftung.

```
PROGRAM SAPMZBSP.

MODULE status_0100 OUTPUT.
   SET PF-STATUS '0100'.
   SET TITLEBAR '0100'.
ENDMODULE.

MODULE user_command_0100 INPUT.
   SET SCREEN '0200'.
ENDMODULE.

MODULE status_0200 OUTPUT.
   SET PF-STATUS '0200'.
   SET TITLEBAR '0200'.
ENDMODULE.

MODULE user_command_0200 INPUT.
   SET SCREEN '0100'.
ENDMODULE.
```

Das Programm wird mit dem Schlüsselwort PROGRAM eingeleitet. Der Modulpoolname beginnt entgegen den ansonsten üblichen Namenskonventionen mit SAPMZ. In der Erläuterung zu Bediensequenz 13 werden die Regeln für die Benennung von Modulpools näher beleuchtet.

Die Module tragen die Namen, die auch in den Dynpros aufgerufen wurden. So wird das Modul STATUS_0100 zum PAI von Dynpro 100 ausgeführt. Im Beispiel setzt STATUS_0100 lediglich über SET PF-STATUS den Namen der Statuszeile. Diese wurde wiederum zuvor mit einem grafischen Editor angelegt. Außerdem setzt STAUS_0100 mit SET TITLEBAR die Überschriftzeile für Dynpro 100. Auch diese wird über einen eigenen Editor erzeugt.

Das Modul USER COMMAND 0100 wird analog zu PBO von Dynpro 100 ausgeführt, also beim Verlassen der Seite. Es legt über SET SCREEN die Folgeseite fest. In realen Programmen wird man in Abhängigkeit von den zuvor auf dem Dynpro ausgeführten Benutzeraktionen auf unterschiedliche Seiten verzweigen. Unser Beispiel jedoch beschreibt eine endlose Abfolge der Dynpros 100 und 200, da der Code für Dynpro 200 symmetrisch zu Dynpro 100 aufgebaut ist.

Modulpools in der Praxis

Wir enthalten Ihnen hier eine Reihe von Mechanismen vor, die zum Entwickeln von realen Modulpools unerlässlich sind. So können Sie Eingabefelder in der Oberfläche an bestimmte Datenbankfelder koppeln. Sie haben die Möglichkeit, Felder zwischen der Oberfläche und den Modulen auszutauschen, denn nur so können Sie die Eingaben des Benutzers auswerten. Außerdem können Sie die Buttons auf der Oberfläche und in der Funktionsleiste an Ereigniscodes koppeln, die wiederum zur Auswertung im PAI-Modul dienen.

In der Praxis werden Modulpools meist in vier Includes gebündelt: das Top-Include, das PBO-Include, das PAI-Include und ein Form-Include. Im Top-Include sind alle globalen Daten- und Typdefinitionen und gelegentlich auch der Programmanfang PROGRAM ... enthalten. In den PBO- und PAI-Includes sind alle PBO- bzw. PAI-Module zusammengefasst. Im Form-Include liegen alle von dem Modulpool genutzten Forms. Dadurch kann man sich leichter einen Überblick über das Gesamtprogramm verschaffen.

Die Dynpro-Technik lässt sich übrigens auch in Funktionsbausteinen einsetzen, auch wenn dies nicht deren primärer Verwendungszweck ist. Auf diese Weise kann man einen vereinheitlichten Applikationsteil, der in einem Funktionsbaustein liegt, von unterschiedlichen Rahmenapplikationen aus aufrufen. Insofern ist es nicht ganz korrekt zu sagen, Funktionsbausteine seien oberflächenlos.

Theoretisch können Sie sogar von einem Report aus ein Dynpro aufrufen, aber auch dies war ursprünglich so nicht gedacht. Wir haben uns hier darauf beschränkt, die Techniken Report, Funktionsbaustein und Modulpool in ihrer typischen Ausprägung zu beschreiben, damit Sie sich eine griffige Anschauung bilden können.

3.3 Datentypen

Im vorhergehenden Kapitel haben wir Sie ohne ausreichende Erläuterung mit Variablen- und Typdefinitionen konfrontiert. Dies wird nun nachgeholt.

Der größte Teil der folgenden Ausführungen wird Ihnen vertraut vorkommen, wenn Sie bereits mit der einen oder anderen Sprache programmiert haben. Doch auch hier werden Sie erkennen, wie zweckgerichtet und pragmatisch ABAP aufgebaut ist. Zweckgerichtet deswegen, weil das Typsystem von vornherein auch auf Verwaltungssoftware zugeschnitten wurde. Pragmatisch, weil das ABAP-Typsystem einen nahtlosen Übergang zwischen Hauptspeichervariablen und Datenbankinhalten ermöglicht.

Doch beginnen wir von vorne. ABAP umfasst zunächst eine Reihe von elementaren Datentypen für Ganzzahlen, Strings und Ähnliches. Aus diesen elementaren Typen lassen sich durch Schachtelung komplexere Typen definieren.

3.3.1 Elementare Datentypen

Sie wissen bereits, wie eine Variable von einem elementaren Typ deklariert wird. Hier zum Beispiel die ganzzahlige Variable anzahl und die Dezimalzahl prozentsatz mit zwei Nachkommastellen.

```
DATA anzahl TYPE i.
DATA prozentsatz TYPE p DECIMALS 2.
```

Außerdem gibt es eine Schreibweise, die für Typen mit festzulegender Länge genutzt wird. Diese wird hier beispielhaft für die Deklaration der Variable name mit einer Länge von 30 Zeichen verwendet. Durch die Definition entsteht genau genommen ein neuer Typ, der nur für die Variable name genutzt wird. Da ein solcher Typ keinen eigenen Namen hat, wird er auch als anonymer Typ bezeichnet.

```
DATA name(30) TYPE c.
```

Variablennamen dürfen Buchstaben, Ziffern und Unterstriche enthalten, müssen mit einem Buchstaben beginnen und dürfen maximal 30 Zeichen lang sein. Alle Nicht-Schlüsselwörter werden per Konvention klein geschrieben. Allerdings unterscheidet das System nicht zwischen Groß- und Kleinschreibung. Die Variablen name, Name und nAmE werden also als identisch betrachtet.

Damit Sie einen schnellen Überblick über die elementaren Typen bekommen, führen wir sie in einer Tabelle auf, in der soweit möglich ein vergleichbarer Java-Typ angegeben wird. Wie immer sind die Java-Analogien nicht als 1:1-Entsprechung zu verstehen. Bei Typen, die wie TYPE p eine Längenangabe erlauben, geben wir stellvertretend für eine feste Länge ein n an. Daher erscheint anstelle von x(30) TYPE c dieses: x(n) TYPE c.

Tabelle 3.1. Elementare ABAP-Typen im Vergleich mit Java-Typen

ABAP-Typ	Eigenschaft	vergleichbarer Java-Typ
TYPE i	Ganzzahl	int
TYPE f	Fließkommazahl	double
TYPE p DECIMALS n	Festkommazahl	–
x(n) TYPE c	Zeichenkette mit fester Länge	char[n]
x(n) TYPE n	Zeichenkette fester Länge mit rein numerischem Inhalt	–
TYPE d	Datumsfeld	Date (nur semantisch vergleichbar)
TYPE t	Uhrzeit	–
x(n) TYPE x	Hexadezimale Zahl fester Länge	–
string	Zeichenkette variabler Länge	String
xstring	Hexadezimalzahl variabler Länge	–

Bei der Verwendung der elementaren Datentypen sind einige Besonderheiten zu beachten. Zum einen gibt es für die Wertzuweisung an Variablen mit fester Länge eine Kurzschreibweise, die handlicher ist als die Wertzuweisung an ein Java-Array.

```
DATA name(10) TYPE c VALUE 'Ronald'.
DATA gelb_hex(6) TYPE x VALUE 'FFFF00'.
```

Zum anderen haben Sie sich vielleicht gefragt, wie Wahrheitswerte abgelegt werden sollen, wenn es schon keinen dedizierten elementaren Typ dafür gibt. Dies wird in ABAP traditionell mit TYPE c mit Länge eins gelöst. Die Werte für wahr und falsch sind in dieser Notation 'X' und das Leerzeichen ' '. Anstelle des Leerzeichens können Sie auch die vom System vorgegebene Variable space verwenden. Beides hat die Bedeutung falsch.

In Variablen vom Typ d wird das Datum im Format JJJJMMTT abgelegt. Ein sinnvolles Datum wäre beispielsweise '19970321'.

Sie haben auch schon gesehen, wie Sie selbst benannte Typen definieren können, die auf elementare Typen zurückzuführen sind. Dabei lässt sich zwar als einziger Freiheitsgrad die Länge des Typs festlegen, dies aber programmweit. Eine Definition wie

```
TYPES plz(5) TYPE n.
```

erlaubt es im Gegensatz zu anonymen Typdefinitionen, überall im Programm Variablen dieses Typs zu deklarieren.

```
DATA plzmuenchen TYPE plz VALUE '80000'.
```

Sollte die Post eines Tages auch sechsstellige Postleitzahlen einführen, können Sie das durch Anpassen der Typdefinition von plz zentral ändern. Eine solche Schreibweise können Sie für beliebige Typen nutzen, nicht nur für die in diesem Abschnitt besprochenen elementaren. Im Folgenden werden anonyme Typdefinitionen und benannte Typdefinitionen je nach Bedarf verwendet ohne dass auf den Unterschied erneut eingegangen wird.

Sie erkennen nebenbei, dass der Zweck der Typen c, n und x der ist, Eingaben aus einer Benutzeroberfläche textuell zu übernehmen. Dabei werden Längenbegrenzungen vorgegeben und die zur Eingabe zugelassenen Zeichen eingeschränkt. Insbesondere der Typ n wird nie ohne vorherige Konversion als Zahl gedeutet. Bei der Eingabe von Postleitzahlen oder Telefonnummern ist er dennoch nützlich.

Als besonders nützlich wird sich eine Schreibweise herausstellen, die auf den ersten Blick nur wie eine Erleichterung beim Tippen wirkt.

```
DATA plzhamburg LIKE plzmuenchen VALUE '20000'.
```

Hier wird der Typ von `plzhamburg` gar nicht explizit angegeben. Stattdessen wird nur festgelegt, dass er derselbe sein soll wie der der Variable `plzMuenchen`. Das ermöglicht Ihnen eine Variable zu definieren, ohne deren Typ wirklich zu wissen. Dennoch können Sie sicher sein, dass eine Zuweisung von `plzhamburg` an `plzmuenchen` syntaktisch korrekt ist. So etwas ist besonders bei komplexen Typen hilfreich. Dies ist ein erster Mosaikstein für den Zugriff auf Datenbanktabellen.

Schließlich birgt die in der SAP-Welt übliche Terminologie noch einen Fallstrick für Java-Entwickler.

In ABAP wird eine Instanz eines beliebigen Typs als Objekt oder Datenobjekt bezeichnet. Das ist auch dann der Fall, wenn es sich um einen elementaren Typ handelt. Dies entspricht nicht dem Sprachgebrauch, den Sie von Java her gewohnt sind.

3.3.2 Strukturierte Datentypen

Mit Hilfe der elementaren Datentypen lassen sich auch zusammengesetzte Datentypen − sogenannte strukturierte Datentypen − definieren. Dies kann so aussehen:

```
TYPES: BEGIN OF fahrzeugdaten,
   erstzulassung TYPE d,
   hubraum(5) TYPE  n,
   ps(4) TYPE n,
   kfz_kennzeichen TYPE string,
END OF fahrzeugdaten.
```

Deklariert man nun eine Instanz vom Typ `fahrzeugdaten`, so geschieht dies auf dieselbe Weise wie bei elementaren Typen.

```
DATA meinezulassungsdaten TYPE fahrzeugdaten.
```

Eine solche Instanz von einem strukturierten Typ nennt man auch kurz Struktur. Die Zuweisung von Werten an die einzelnen Komponenten erfolgt über den Namen der Instanz gefolgt von einem Minuszeichen und dem Komponentennamen.

```
meinezulassungsdaten-erstzulassung = '19980318'.
meinezulassungsdaten-hubraum = '2100'.
```

Es ist auch möglich, einen strukturierten Typ mit Hilfe anderer strukturierter Typen zu definieren.

```
TYPES: BEGIN OF person,
  vorname TYPE string,
  nachname TYPE string,
  geburtsdatum TYPE d,
END OF person.
TYPES: BEGIN OF fahrzeugschein,
  halter TYPE person,
  fahrzeug TYPE fahrzeugdaten,
END OF fahrzeugschein.
```

Ein Zugriff erfolgt dann durch mehrfach verkettete Minuszeichen:

```
DATA meinfahrzeugschein TYPE fahrzeugschein.
meinfahrzeugschein-halter-vorname = 'Thomas'.
```

Sicher erinnern Sie sich an die Systemvariable `sy-subrc`, die wir in Abschnitt 3.2 zum Auswerten von Fehlercodes nach dem Aufruf eines Funktionsbausteins genutzt haben. Inzwischen erkennen Sie, dass es sich dabei eigentlich um eine Komponente einer Struktur gehandelt hat, nämlich um die Komponente `subrc` der Struktur `sy`. Folgerichtig verfügt `sy` noch über weitere Komponenten, da andernfalls eine einfache Variable genügt hätte. Beispielsweise können Sie mit

```
DATA heute TYPE sydatum.
heute = sy-datum.
```

eine Variable definieren, die das heutige Datum enthält. Sie werden später noch weitere Komponenten der systemweit verfügbaren Variable `sy` kennenlernen.

Strukturierte Datentypen werden übrigens in der Literatur auch oft als Feldleistentypen bezeichnet. Wir ziehen aber den Ausdruck strukturierte Datentypen vor, da er uns anschaulicher erscheint.

3.3.3 Zuweisungen, Referenztypen und Feldsymbole

Viele Programmiersprachen offenbaren eine Reihe von Interna, wenn man die Funktion des Zuweisungsoperators = genau unter die Lupe nimmt. Denn eine Zuweisung kann bedeuten, dass der zuzuweisende Inhalt kopiert wird oder aber dass lediglich ein Zeiger anders gerichtet wird. Manchmal ist Typgleichheit der Operanden Voraussetzung für die Zuweisung. Manchmal ist das Typsystem tolerant gegenüber ausreichend ähnlichen Typen.

Auch in ABAP führt eine Untersuchung des Zuweisungsoperators zu weiteren Einblicken in das Typsystem. Beginnen wir mit einer Gegenüberstellung von Java- und ABAP-Codefragmenten.

Zwei Java-Zuweisungen

In Java bringt die Unterscheidung von elementaren Typen wie int und Klassen wie Object mit sich, dass sich die Bedeutung des Zuweisungsoperators ändert. So wird hier

```
int a = 3;
int b;
b = a;
```

eine Kopie des Werts von a nach b vorgenommen. Das können Sie etwa dadurch überprüfen, dass Sie b erneut ändern und dann a ausgeben.

```
b=4;
System.out.println(""+a);
```

Die Ausgabe ist immer noch 3, nicht 4. Ganz anders verhält sich diese Zuweisung:

```
KlasseA x = new KlasseA();
KlasseA y;
y = x;
```

In diesem Fall wird der Objektreferenz y das Objekt zugewiesen, auf das auch die Objektreferenz x verweist. Nach der Zuweisung zeigen sowohl x als auch y auf dasselbe Objekt. Wenn Sie eine set-Methode von x aufrufen, wirkt sich dies auch auf den Wert aus, den die entsprechende get-Methode von y zurückliefert.

Als Java-Programmierer stehen Sie ständig vor dem Dilemma: soll ich mit mehreren Referenzen auf das Objekt arbeiten? Dann spare ich mir einen Kopiervorgang, laufe aber Gefahr unerwartete Seiteneffekte und schwer zu findende Fehler zu produzieren. Oder soll ich das Objekt mit clone duplizieren? Dann vermeide ich die erwähnten Fehler, zahle aber dafür mit einem teuren Kopiervorgang.

Der Java-Code zum Duplizieren von x sieht so aus:

```
y = (KlasseA)x.clone();
```

Zuweisungen in ABAP

ABAP nimmt Ihnen die Entscheidung ab. Zuweisungen sind immer tief, werden also durch Kopieren bewerkstelligt. Dadurch ist Ihr Code vor unerwarteten Seiteneffekten gefeit, bei den heutigen Rechengeschwindigkeiten sind die Kosten von Kopiervorgängen zu verschmerzen.

Zur Verdeutlichung hier ein Codefragment, das zwei Strukturen vom Typ person anlegt. Die erste von beiden wird mit einem Wert belegt.

Anschließend wird sie der zweiten Struktur zugewiesen. Die Ausgaben zeigen, dass die Zuweisung erfolgreich war. Wenn man aber die erste Struktur abändert, wirkt sich dies nicht auf den Inhalt der zweiten aus.

```
DATA:
   person1 TYPE person,
   person2 TYPE person.

person1-vorname = 'William'.
person2 = person1.
WRITE / person1-vorname.    " Ausgabe: William
WRITE / person2-vorname.    " Ausgabe: William

person1-vorname = 'Harold'.
WRITE / person1-vorname.    " Ausgabe: Harold
WRITE / person2-vorname.    " Ausgabe: William
```

Man kann die Regel „Zuweisung = Kopie" umgehen, wenn man explizit mit Referenzen arbeitet. Doch das passiert nicht aus Versehen und man weiß in diesem Fall vermutlich, mit welchen Effekten man zu rechnen hat.

Unscharfe Zuweisungen

Und was macht der Zuweisungsoperator, wenn Quell- und Zieltyp nicht übereinstimmen? Nun, ABAP versucht bei Zuweisungen zwischen unterschiedlichen Typen so tolerant wie möglich zu sein. Ein explizites Casten, wie es in Java notwendig ist, gibt es in ABAP nicht. Alles was halbwegs sinnvoll zuweisbar ist, wird auch zugewiesen. Das klingt zunächst praktisch. Man muss sich aber auch auf die Konsequenzen einstellen und sie bei der Fehlersuche ständig im Hinterkopf behalten. In ABAP wird in folgendem kurzen Beispiel nämlich nicht immer das Innere des IF-Zweiges erreicht.

```
a = b.
IF a = b.
   ...
ENDIF.
```

Das widerspricht Ihren Erwartungen aus der Java-Welt. Dort ist die eingebaute Typprüfung bei Zuweisungen wesentlich restriktiver. Außerdem ist es ein ungeschriebenes Gesetz, die clone- und equals-Methoden so homogen zu schreiben, dass eine Kopie als gleich zum Original eingestuft wird.

In der folgenden Tabelle ist aufgeführt, welche ABAP-Typen sich wann als Ziel für eine Zuweisung eignen und was für Abstriche man bei der Genauigkeit hinnehmen muss. Zuweisungen zwischen identischen Typen funktionieren natürlich immer. Sie werden daher nicht extra aufgeführt.

Bei identischen Typen ist auch die oben genannte Homogenitätsbedingung zwischen Zuweisungs- und Vergleichsoperator immer gewährleistet. Die Tabelle erhebt keinen Anspruch auf Vollständigkeit, sondern soll Ihnen nur ein Gefühl für die Typphilosophie vermitteln.

Tabelle 3.2. Übersicht über die Typwandlung bei Zuweisung

Zieltyp	Quelltyp	Strategie
n	c, string	Nur Zifferzeichen werden übernommen, die resultierende Zahl wird links abgeschnitten, falls sie zu lang ist.
n	x, xstring	Die letzten vier Byte werden zu Dezimalzahlen gewandelt und übernommen.
n	i, f, p	Der Inhalt wird ohne Dezimalpunkt und Vorzeichen übernommen.
c	c, string	Der Inhalt wird linksbündig eingefügt und bei Bedarf rechts abgeschnitten bzw. mit Leerzeichen aufgefüllt.
string	c	Der Inhalt wird unverändert übernommen.
c, string	i, f, p	Der Inhalt wird als Zahldarstellung rechtsbündig eingefügt.
c, string	x, xstring	Der Inhalt wird im Hex-Wertebereich 0-F übernommen.
I, f, p	c, string	Der Text wird als Zahl gedeutet und übernommen.
d, t	c, string	Die rechten acht Zeichen werden ohne Prüfung übernommen.
d, t	n, i, p, f	Die letzten vier Bytes werden als Tage seit 1.1.001 bzw. Sekunden seit 00:00:00 Uhr gedeutet.
x	c, string	Es werden von links beginnend so lange Zeichen übernommen, wie diese aus dem Wertebereich 0-F sind.
strukturierter Datentyp	anderer strukturierter Datentyp	Es wird eine byteweise Kopie ohne Rücksicht auf die Zielstruktur angefertigt, aber gegebenenfalls an deren Ende abgeschnitten.

Sie sehen, dass Sie fast nicht die Möglichkeit haben, durch Zuweisungen einen Übersetzungsfehler zu provozieren. Dafür bezahlen Sie durch eine umso höhere Wahrscheinlichkeit von Laufzeitfehlern. Im schlimmsten Fall sind dies rein inhaltliche Fehler, die durch keinen Automatismus aufzuspüren sind. Die müssen Sie durch sorgfältiges Testen und Debuggen selbst finden.

Zumindest aber die Fehler, die das ABAP-Laufzeitsystem erkennt, können Sie durch Code behandeln lassen. Solch ein Fehler tritt unter anderem auf, wenn eine Zeichenkette in eine Zahl gewandelt wird, der Inhalt aber nicht als Zahl zu deuten ist. Der Code zur Fehlererkennung in diesem Fall sieht so aus:

```
DATA zeichenkette TYPE namenstyp VALUE 'Sonnenuntergang'.
DATA zahl TYPE i.

CATCH SYSTEM-EXCEPTIONS conversion_errors = 4.
   zahl = zeichenkette.
ENDCATCH.
IF sy-subrc = 4.
   WRITE / 'Konvertierungsfehler aufgetreten'.
ENDIF.
```

Dabei bezeichnet `conversion_errors` eine vom System vorgegebene Fehlerklasse, die durch die Zuweisung auf den Fehlercode 4 abgebildet wird. Sollte in diesem Codeabschnitt ein anderer Systemfehler auftreten, führte dieser zu einem Programmabbruch mit Kurzdump.

Bei Aufrufen von Funktionsbausteinen war es die EXCEPTIONS-Klausel, die sicherstellt, dass die Exception gestoppt und an die Variable `sy-subrc` zugewiesen wird. Bei anderem Code, der Exceptions werfen kann, geschieht die Behandlung wie hier gezeigt über CATCH ... ENDCATCH.

Unscharfe Zuweisung soweit sinnvoll

Abschließend können wir Ihnen noch eine sehr praktische Schreibweise empfehlen, mit deren Hilfe Sie Zuweisungen zwischen unterschiedlichen strukturierten Datentypen vornehmen können. Gehen wir von diesen beiden Typdefinitionen aus:

```
TYPES: BEGIN OF structa,
   feldx TYPE string,
   feldy TYPE string,
END OF structa.

TYPES: BEGIN OF structb,
   feldy TYPE string,
   feldz TYPE string,
END OF structb.
```

Beide Strukturen haben nur die Komponente `feldy` gemeinsam. Dennoch kann man Objekte dieser beiden Typen einander sinnvoll zuweisen und dabei die riskante Methode der direkten Zuweisung umgehen.

```
DATA: a TYPE structA,
   b TYPE structB.
MOVE-CORRESPONDING b TO a.
```

Mit diesem Aufruf werden alle Felder aus b, die in a eine gleichnamige Entsprechung finden, von b nach a kopiert. In unserem Beispiel wird somit `feldy` kopiert, die anderen Felder werden unberührt gelassen.

3.3.4 Tabellentypen, interne Tabellen

Tabellentypen bilden einen weiteren Mosaikstein auf dem Weg zum Zugriff auf die Datenbank. Tabellentypen funktionieren wie eine Liste, deren Elemente alle denselben Typ haben. Die Bezeichnung Tabellentyp suggeriert zwar berechtigterweise eine Nähe zu Datenbanktabellen. Trotzdem ist ein Tabellentyp zunächst ein Typ, der nur im Hauptspeicher angelegt wird.

Tabellentypen

Dies ist die Definition einer Tabelle, die eine Liste der Dateien in einem Verzeichnis darstellt. Zuerst wird der Zeilentyp definiert. Dieser ist in der Regel ein strukturierter Typ. Anschließend wird die eigentliche Tabelle definiert.

```
TYPES BEGIN OF datei,
   dateiname TYPE string,
   erstellungsdatum TYPE d,
   aenderungsdatum TYPE d,
END OF datei.

DATA verzeichnis
TYPE SORTED TABLE OF datei
WITH NON-UNIQUE KEY dateiname.
```

Dies ist eine Übersicht über die unterschiedlichen Tabellentypen.

Tabelle 3.3. Übersicht über die Tabellentypen

Tabellentyp	Bedeutung
SORTED TABLE	Tabelle, die automatisch nach der Schlüsselspalte sortiert wird, die nach WITH angegeben wird.
STANDARD TABLE	Tabelle ohne automatische Sortierung
HASHED TABLE	wie Hashtable in Java

In der ABAP-Sprechweise wird eine Instanz von einem Tabellentyp als interne Tabelle bezeichnet und nicht als Tabellenobjekt, wie man vermuten könnte.

In dem Beispiel mit der Tabelle `verzeichnis` ist es möglich, die Eindeutigkeit der Dateinamen in dem Verzeichnis zu erzwingen. Dazu muss die WITH-Klausel durch WITH UNIQUE KEY dateiname ersetzt werden.

Arbeitsbereich

Interne Tabellen werden meist in Zusammenhang mit einem so genannten Arbeitsbereich verwendet. Das ist nichts anderes als eine Struktur für die eine Tabellenzeile, die sich gerade in Bearbeitung befindet. Der Arbeitsbereich muss denselben Typ haben wie eine Tabellenzeile. Es ist eine Konvention unter ABAP-Programmierern, den Arbeitsbereich mit dem Präfix wa_ und dem Namen der zugehörigen internen Tabelle zu bezeichnen. Das Präfix steht für *work area* – Arbeitsbereich. Diese Regel wird nicht von dem ABAP-Interpreter überprüft. Die Definition der oben erwähnten internen Tabelle kann also folgendermaßen um einen Arbeitsbereich ergänzt werden:

```
DATA:
  verzeichnis
    TYPE SORTED TABLE OF datei
    WITH NON-UNIQUE KEY dateiname,
  wa_verzeichnis TYPE datei.
```

Bisher besteht außer der Typgleichheit noch keine Beziehung zwischen verzeichnis und wa_verzeichnis. Die Verbindung zwischen beiden wird erst durch Befehle wie LOOP AT hergestellt. LOOP AT durchläuft die Tabelle verzeichnis, kopiert jeden Datensatz einzeln in wa_verzeichnis und führt dann den Schleifenrumpf aus, der durch ENDLOOP abgeschlossen wird.

```
LOOP AT verzeichnis INTO wa_verzeichnis.
  WRITE / wa_verzeichnis-dateiname.
ENDLOOP.
```

Datensätze einfügen und entfernen

Doch wie sind die Einträge in die interne Tabelle gelangt? Eine Möglichkeit, eine interne Tabelle zu füllen, besteht darin, sukzessive einzelne Zeilen mit Hilfe des Arbeitsbereichs hinzuzufügen:

```
CLEAR verzeichnis.
wa_verzeichnis-dateiname =
  'Brief-vom-03-04.doc'.
wa_verzeichnis-erstellungsdatum = '20020403'.
wa_verzeichnis-aenderungsdatum = '20020403'.
APPEND wa_verzeichnis TO verzeichnis.
wa_verzeichnis-dateiname = 'Einladung.doc'.
...
APPEND wa_verzeichnis TO verzeichnis.
```

Mit CLEAR sorgen wir dafür, dass die Tabelle zu Beginn leer ist. In der Praxis sollten Sie anstelle von CLEAR die Schreibweise CLEAR [] benutzen, da sie auch für so genannte Tabellen mit Kopfzeile den gewünschten Effekt hat. Tabellen mit Kopfzeile sind ein älteres ABAP-Konstrukt, das zuweilen noch implizit zur Anwendung kommt und bewirkt, dass sich Befehle zur Tabellenmanipulation nur auf eine hervorgehobene Zeile auswirken.

Weiterhin ist es wichtig zu wissen, dass durch die APPEND-Anweisung eine Kopie der Struktur wa_verzeichnis-dateiname in die Tabelle eingefügt wird. Dieses Verhalten ist konsistent zu der Grundphilosophie „Zuweisung = Kopie".

Um einen bestimmten Datensatz in der Tabelle wiederzufinden, nutzen Sie die READ-Anweisung:

```
READ TABLE verzeichnis INTO wa_verzeichnis
  WITH KEY dateiname = 'Einladung.doc'.
```

Mit DELETE entfernen Sie eine Zeile aus einer internen Tabelle. DELETE kann auf zwei unterschiedliche Weisen aufgerufen werden. Dieser Aufruf entfernt die dritte Zeile aus der Tabelle verzeichnis.

```
DELETE verzeichnis INDEX 3.
```

Zugriffe über den Zeilenindex sind allerdings nur für Tabellen vom Typ SORTED und STANDARD, nicht aber für HASHED möglich, da diese nicht linear angeordnet sind. Generell enthält die Systemvariable sy-tabix nach einem Indexzugriff die Nummer der aktuellen Zeile, auch innerhalb einer LOOP-Schleife. Aber Vorsicht, sy-tabix beginnt bei 1 zu zählen und nicht 0, wie es in Java üblich ist, außerdem bezieht es sich auch bei geschachtelten Schleifen auf die jeweils aktuelle.

Um eine Zeile aus einer HASHED TABLE zu entfernen, können Sie den nächsten Aufruf nutzen. Er entfernt die erste Zeile, die hinsichtlich des Schlüsselfeldes mit der übergebenen Struktur identisch ist.

```
wa_verzeichnis-dateiname = 'Mietvertrag.doc'.
DELETE TABLE verzeichnis
FROM wa_verzeichnis.
```

Sie können aber auch den Wert des Schlüsselfelds direkt angeben.

```
DELETE TABLE verzeichnis
WITH TABLE KEY dateiname = 'Mietvertrag.doc'.
```

Datensätze ändern

Um eine Zeile der Tabelle zu ändern, müssen Sie den MODIFY-Befehl verwenden. MODIFY setzt die Werte derjenigen Zeile, die Sie durch den Primärschlüssel des zuzuweisenden Zeilenwerts implizit angeben.

```
MODIFY verzeichnis FROM wa_verzeichnis.
```

Sie können die zu ändernde Zeile auch implizit durch die Zeilennummer identifizieren. Wie zuvor bei DELETE ist auch hier der Indexzugriff nicht für HASHED-Tabellen möglich.

```
MODIFY verzeichnis FROM wa_verzeichnis INDEX 2.
```

Tabellen, die nicht von Anfang an sortiert sind, kann man bei Bedarf nachträglich sortieren. SORTED-Tabellen befinden sich ja automatisch jederzeit in der richtigen Reihenfolge. Ein Aufruf zum nachträglichen Sortieren sieht so aus:

```
DATA telefonliste TYPE TABLE OF ...
...
SORT telefonliste ASCENDING.
```

Sie dürfen den Zusatz ASCENDING für aufsteigend auch weglassen oder durch DESCENDING für eine absteigende Sortierung ersetzen. Sobald Sie eine STANDARD-Tabelle auf diese Weise sortiert haben, verändert sich die Bedeutung der Zeilenindizes entsprechend der neuen Reihenfolge. Bei HASHED-Tabellen hat die Sortierung nur eine Auswirkung auf die Reihenfolge innerhalb einer LOOP-Schleife, denn die HASHED-Tabelle ist ja nicht über Zeilenindizes zugreifbar. Aus diesem Grund sehen Sie bei HASHED-Tabellen meist den SORT-Aufruf nur in Zusammenhang mit einem anschließenden LOOP.

Zuweisung und Vergleich

Zwei unterschiedliche interne Tabellen können einander zugewiesen werden. Eine solche Zeile

```
tabelle1 = tabelle2.
```

bewirkt wie zu erwarten eine tiefe Zuweisung. Die Tabelle tabelle1 enthält eine Kopie von tabelle2. Grundvoraussetzung für die Zuweisung ist, dass die Zeilentypen beider Tabellen übereinstimmen. Die Tabellenart (SORTED, etc.) und der Tabellenschlüssel dürfen unterschiedlich sein.

Auch die Vergleichsoperatoren für Tabellen sind tief definiert. Diese Zeilen

```
IF tabelle1 = tabelle2.
...
ENDIF.
```

prüfen also nicht, ob es sich bei beiden Tabellen um dasselbe Objekt handelt. Vielmehr findet der Vergleich zeilenweise statt. Bei Prüfungen auf

Ungleichheit über < oder > wird diejenige Tabelle als kleiner betrachtet, deren erstes von der anderen unterschiedliches Zeichen kleiner ist.

Wie zuvor beim CLEAR-Befehl können auch bei Zuweisung oder Vergleich unerwünschte Effekte auftreten, falls es sich bei einer der beteiligten Tabellen um eine Tabelle mit Kopfzeile handelt. Daher sollten Sie sich auch hier angewöhnen, eckige Klammern zu verwenden:

```
tabelle1[] = tabelle2[].
```

bzw.

```
IF tabelle1[] = tabelle2[].
```

Fehlerbehandlung

Wenn Sie ABAP-Code schreiben, der zu mehr als nur zum Üben dient, sollten Sie gerade bei Tabellenoperationen große Sorgfalt walten lassen. Die Befehle zum Manipulieren von Tabellen sind mächtig, aber entsprechend genau muss man sich die Konsequenzen vor Augen halten und mögliche Fehlersituationen abprüfen.

Meist lassen sich die fehleranfälligen Konstellationen aus der Logik des Vorgangs erschließen. Wenn Sie über einen Index auf eine Zeile einer internen Tabelle zugreifen, dann müssen Sie darauf gefasst sein, dass diese Zeile nicht existiert. Oder wenn Sie in eine Tabelle mit UNIQUE-Restriktion auf dem Schlüsselfeld einen Datensatz einfügen, müssen Sie in Betracht ziehen, dass das Eindeutigkeitskriterium verletzt wird.

Generell empfiehlt es sich daher, nach potentiell fehlerbehafteten Tabellenoperationen zu prüfen, ob sy-subrc gleich 0 ist. Falls nicht, sollten Sie entsprechende Aktionen wie Abbruch des Unterprogramms vornehmen.

3.3.5 Unvollständige Typen

Neben den vollständig definierten Typen, die wir bisher eingesetzt haben, gibt es noch eine Reihe schwach definierter Typen. Dies sind Typen, die ganz unterschiedliche andere Typen aufnehmen können. Sie treten in erster Linie als Parameter in Forms auf. An diesem Beispiel wird es klarer:

```
FORM anytest
  USING VALUE a TYPE any.
  DATA:
    text10(10) TYPE c VALUE 'Testtext',
    ganzzahl TYPE i VALUE 123.
  a = text10.
  a = ganzzahl.
  ...
ENDFORM.
```

Sie können der ANY-Variable also beliebige Typen zuweisen. Wenn Sie den Inhalt einer ANY-Variable zurückgewinnen wollen, brauchen Sie sie nur an eine Variable von vollständig definiertem Typ zuzuweisen. Dabei gelten dieselben Wandlungsregeln, die auch für die Zuweisung von elementaren Typen untereinander gelten.

```
text10 = a.
ganzzahl = a.
```

In diesem Fall klappt die Zuweisung problemlos, text10 enthält ".......123", wobei die Punkte Leerzeichen darstellen sollen, ganzzahl hat den Wert 123.

ANY ist der allgemeinste der unvollständigen Typen. Viel enger definiert sind elementare Typen, bei denen lediglich die Längenangabe fehlt. Dies kann so aussehen:

```
FORM unvollsttest
   USING VALUE m TYPE c.
   DATA n(4) TYPE c VALUE 'abcd'.
   m = n.
...
ENDFORM.
```

Außerdem erweist sich der Typ ANY TABLE als recht nützlich. Er kann beliebige Tabellen aufnehmen.

3.3.6 Das ABAP Dictionary

Auf einem SAP-System, das von vielen Anwendern benutzt wird, werden in der Regel ganz unterschiedliche Programme nebeneinander ausgeführt. Ein Programm ist in dieser Sichtweise ein Report oder ein Modulpool, also ein Teilprozess innerhalb des SAP-Systems. Typischerweise müssen auch unterschiedliche Programme gelegentlich auf dieselben Daten zugreifen oder wenigstens auf Daten vom selben Typ.

Die Typen, die Sie bisher kennen gelernt haben, sind aber nur innerhalb desjenigen Programms bekannt, in dem sie definiert wurden. Aus Konsistenzgründen wäre es schöner, überall auf dieselben Typdefinitionen zurückgreifen zu können. Denken Sie nur an einen Typ für Kundennummern, der in den unterschiedlichsten Zusammenhängen Verwendung findet.

Um die systemweite Konsistenz für Typdefinitionen sicherzustellen, wurde das ABAP Dictionary entwickelt. Es wird gelegentlich auch als Data Dictionary oder DDIC bezeichnet. Im ABAP Dictionary sind alle systemweit genutzten Datentypen abgelegt. Das ABAP Dictionary hat nicht nur die Aufgabe, Typen für Variablen festzuhalten, die im Hauptspeicher angelegt werden können. Es sorgt auch dafür, dass Felder von

Datenbanktabellen auf ABAP-Typen abgebildet werden. Damit bildet es das entscheidende Bindeglied zwischen transienten und persistenten Daten. Nicht alle Typen im ABAP Dictionary haben einen Bezug zu Datenbanktabellen. Dennoch versteht man die Struktur des ABAP Dictionarys besser, wenn man im Hinterkopf behält, dass es konzipiert wurde, um typsicher auf die Datenbank zuzugreifen.

Das ABAP Dictionary wird über eine grafische Oberfläche genutzt. ABAP-Dictionary-Inhalte können nicht über ABAP-Code programmiert werden. Die Bedienung der Oberfläche für das ABAP Dictionary wird in den Bediensequenzen 31, 32, 33 und 35 behandelt.

Domäne und Datenelement

Eine zentrale Eigenheit des ABAP Dictionary besteht darin, dass es die technischen und semantischen Eigenschaften eines Typs getrennt voneinander verwaltet.

Denken Sie an einen Typ für KFZ-Kennzeichen wie "D AE - 1315". Aus technischer Sicht besteht ein KFZ-Kennzeichen aus einer alphanumerischen Zeichenkette mit Maximallänge 10. In Anlehnung an das englische Wort *domain* für Wertebereich wird diese Eigenschaft als Domäne bezeichnet. Und tatsächlich kann eine Domäne im Dictionary den Wertebereich durch eine Liste erlaubter Werte oder ein Liste erlaubter Intervalle einschränken. Für KFZ-Kennzeichen könnten sich die erlaubten Intervalle an den zulässigen Städtekürzeln orientieren: „D A" – „D Z", „HH A" – „HH Z", „M A" – „M Z", etc. Nennen wir die Domäne für KFZ-Kennzeichen ZKENNZEICHEN.

Losgelöst von der Domäne gibt es den semantischen Zusammenhang eines Typs, kurz den Verwendungszweck. Ein KFZ-Kennzeichen kann auf einem Fahrzeugschein auftauchen oder aber auf einem Vertrag für einen Mietwagen. In beiden Fällen handelt es sich um die Domäne ZKENNZEICHEN. Die unterschiedlichen Verwendungszwecke bezeichnet man dagegen als Datenelemente. Im ersten Fall wäre das Datenelement ZFZGSCHEINKNZ, im zweiten ZLEIHWGKNZ.

Wie Sie genau ein Datenelement oder eine Domäne anlegen, wird in Bediensequenz 31 und 32 beschrieben. Hier soll nur interessieren, dass ein Datenelement in erster Linie durch die Domäne und Beschreibungstexte in unterschiedlichen Längen definiert wird. Die Beschreibungstexte haben einen nicht zu unterschätzenden Nutzen. Denken Sie nur daran, wie oft Sie in einem Java-Projekt über nichtssagende Attributbezeichnungen wie version oder nummer stolpern. Manchmal hat der Entwickler einen aussagekräftigen Kommentar als Javadoc zurückgelassen. Doch wären Sie in ABAP, so könnten Sie diesen Kommentar sogar programmatisch an einen Tooltip oder ein Hilfefenster weiterreichen.

Dictionary-Typ

Eine Domäne wiederum ist festgelegt durch die Feldlänge, die Ausgabelänge und den Dictionary-Datentyp. Mit dem Dictionary-Datentyp haben
wir nun die Datenbank erreicht. Es handelt sich dabei um eine andere Typisierung als die ABAP-Typen. Allerdings ist durch den Dictionary-Typ
der ABAP-Typ eindeutig festgelegt und umgekehrt. Der Zweck des Dicti-
onary-Typs ist eine bytegenaue Abbildung eines Felds auf die Datenbank.
Hier ist eine Tabelle, die exemplarisch ein paar Zuordnungen zwischen
ABAP- und Dictionary-Datentypen enthält.

Tabelle 3.4. Ausgewählte ABAP-Typen und die zugehörigen Dictionary-Typen

Bedeutung	ABAP-Typ	Dictionary-Typ
Fließkommazahl	f(8)	FLTP
Ganzzahl von 4 Byte Länge	I	INT4
Datum	D	DATS
Bytefolge	x(n)	RAW
Zeichenkette	c(n)	CHAR

Zusammenfassung

Der ganze Stapel von Typzuordnungen wird anschaulicher, wenn man ihn
noch einmal beginnend mit der Datenbankseite formuliert. Eine Datenbanktabelle verfügt über ein Feld, das in SQL vom Typ NUMBER(10) ist.
Im ABAP Dictionary hat dieses Feld den Dictionary-Datentyp NUMC mit
der Länge zehn. Daher definiert man sich eine Domäne, die durch den
Dictionary-Typ NUMC, die Länge zehn und die Ausgabelänge von ebenfalls zehn festgelegt ist. Diese Domäne wird in ganz unterschiedlichen
Zusammenhängen verwendet. Jeder davon wird durch ein Datenelement
abgebildet, das dieselbe Domäne, aber einen spezifischen Kommentar
enthält. Während die Domäne einen Dictionary-Datentyp hatte, ist das
Datenelement von einem ABAP-Datentyp. Dieser steht bereits durch den
Dictionary-Datentyp fest. Nun können Sie in einem ABAP-Programm das
Dictionary-Datenelement wie einen normalen ABAP-Typ verwenden.

Auch wenn das Verfahren recht aufwändig klingt, ist es leidlich einfach
einzusetzen. Der Clou ist ja, dass Sie für jedes Datenbankfeld die Zuordnung nur ein einziges Mal vornehmen müssen. Demgegenüber müssen Sie
in Java bei jedem einzelnen JDBC-Aufruf darauf achten, die richtigen Typen auszulesen. Außerdem greift man in der SAP-Praxis meist auf bereits
bestehende Tabellen zu, die vom System zur Verfügung gestellt werden.
Dadurch bleibt einem das Zuordnen der Typen ganz erspart.

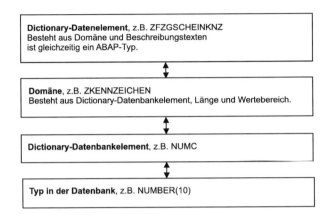

Abb. 3.5. Die Schichten der Abbildung zwischen Datenbankfeld und ABAP-Typ.

Verwalten von Tabellendefinitionen

Ein Typ, der im Dictionary über Datenelement, Domäne und Datenbankelement definiert wurde, entspricht einem Feld einer Datenbanktabelle. Da ist der Schritt zur vollständigen Definition einer Datenbanktabelle nicht mehr weit. Tatsächlich können Sie über das ABAP Dictionary Datenbanktabellen inklusive Primärschlüssel definieren. Sie können die Tabelle auch über das ABAP Dictionary in der Datenbank anlegen. Das ABAP Dictionary ist sogar die einzige vom System vorgesehene Möglichkeit, Datenbanktabellen oder auch Views anzulegen. Per Default heißt die Tabelle in der Datenbank genauso wie der im Dictionary definierte Tabellentyp.

Auf diese Weise gelingt es, die herstellerspezifischen Eigenheiten der verwendeten Datenbank vollständig vor dem ABAP-Programmierer zu verbergen. Er kommt nie direkt mit der Datenbank in Kontakt, da er nie das SAP GUI verlassen muss.

Globale Typen

Es gibt Situationen, in denen man eine global definierte Typisierung benötigt, die nie mit der systemeigenen Datenbank in Kontakt kommt. Ein möglicher Grund dafür ist, dass derselbe Code in ganz unterschiedlichen Programmen verwendet wird. Da die Eingabeparameter auch im aufrufenden Programm benötigt werden, müssen Sie zwangsweise von einem systemweit bekannten Typ sein.

Funktionsbausteine sind gerade dafür gedacht, denselben Code in unterschiedlichen Programmen nutzbar zu machen. Konsequenterweise dürfen sie nur global bekannte Typen als Parameter verwenden. Dies sind entweder elementare Typen oder solche, die im ABAP Dictionary definiert sind. Es ist aber nicht sinnvoll, für jeden Parameter, den Sie einmal an einen

Funktionsbaustein übergeben, eine Abbildung auf einen Datenbanktyp zu definieren. Aus diesem Grund können Sie im ABAP Dictionary auch ganz normale Typdefinitionen global machen. Dies betrifft strukturierte Typen und Tabellentypen.

So können Sie Typdefinitionen über die Oberfläche des Dictionary eingeben, die diesen beiden ABAP-Typdefinitionen exakt entsprechen:

```
TYPES: BEGIN OF zdatei,
  dateiname TYPE string,
  erstellungsdatum TYPE d,
  aenderungsdatum TYPE d,
END OF zdatei.

TYPES zverzeichnis
TYPE SORTED TABLE OF zdatei
WITH NON-UNIQUE KEY dateiname.
```

Dadurch, dass die Definitionen aber im Dictionary geschehen, sind sie global erreichbar. Ein Nebeneffekt ist der, dass die Namen der Tabellen und Strukturen mit z oder y beginnen müssen, wie dies bei anderen global verfügbaren Entitäten wie Reports der Fall ist.

Dies ist nebenbei bemerkt das empfohlene Vorgehen, wenn man Funktionsbausteine mit Tabellenparametern definieren möchte. Statt im TABLES-Abschnitt eine Tabelle anzugeben, gibt man den nun global definierten Typ zverzeichnis im CHANGING-Abschnitt an.

3.4 Kontrollstrukturen, verschiedene weitere Konstrukte

In diesem Absatz liefern wir ein paar Erläuterungen einfacherer Sprachelemente nach, die bisher nur am Rande gestreift oder ganz ignoriert wurden.

3.4.1 Schleifen

Schleifen lassen sich entweder über WHILE ... ENDWHILE oder über DO ... ENDDO formulieren. Erstere Möglichkeit sieht so aus:

```
DATA zaehler TYPE i VALUE 1.

WHILE zaehler <= 10.
  WRITE / zaehler.
  zaehler = zaehler + 1.
ENDWHILE.
```

Die Alternative, die genau dieselben Ausgaben erzeugt, ist diese:

```
DATA zaehler TYPE i VALUE 1.

DO 10 TIMES.
  WRITE / zaehler.
  zaehler = zaehler + 1.
ENDDO.
```

Die nächste Schleife gibt wiederum denselben Text aus. Sie vermeidet dabei die fest codierte Anzahl von Schleifendurchläufen. Stattdessen bricht sie mit Hilfe der CHECK-Anweisung die Ausführung ab, sobald die auf CHECK folgende Bedingung erfüllt ist. Die ist hier nicht an eine benutzerdefinierte Variable gekoppelt, sondern an die Systemvariable sy-index. sy-index enthält einen Zähler für den aktuellen Schleifendurchlauf, der vom System gesetzt wird. Wie auch sy-tabix beginnt sy-index bei 1 zu zählen.

```
DO.
  WRITE / sy-index.
  CHECK sy-index >= 10.
ENDDO.
```

In jeder der beschriebenen Schleifen kann das Kommando CONTINUE dafür genutzt werden, den gegenwärtigen Schleifendurchlauf vorzeitig zu beenden und beim nächsten Durchlauf fortzufahren. Die Bedeutung von CONTINUE in ABAP ist also identisch mit der von continue in Java.

3.4.2 Bedingte Anweisungen

Eine bedingte Anweisung kann folgendermaßen gegliedert sein:

```
IF zaehler < 3.
  WRITE / 'kleiner als 3'.
ELSEIF zaehler < 5.
  WRITE / 'kleiner als 5'.
ELSE.
  WRITE / 'größer gleich 5'.
ENDIF.
```

Dies ist annähernd die Maximalausprägung einer bedingten Anweisung, wenn man davon absieht, dass mehrere ELSEIF-Teile nacheinander vorkommen können. Sowohl die ELSEIF- als auch der ELSE-Zweig kann entfallen.

Außerdem kennt ABAP eine CASE-Anweisung. Wie in Java erlaubt CASE nur eine Prüfung auf Gleichheit, nicht aber auf kleiner, größer oder andere Arten der Ungleichheit. Anders als in Java darf die Variable, deren

Wert geprüft wird, aber auch eine Zeichenkette sein. Außerdem wird nur der erste CASE-Zweig ausgeführt, auf den die Bedingung zutrifft und nicht wie in Java alle Abschnitte bis zum ersten auftretenden break.

```
DATA geschlecht(1) TYPE c.
geschlecht = ... .
CASE geschlecht.
  WHEN 'w'.
    WRITE / 'Sehr geehrte Frau'.
  WHEN 'm'.
    WRITE / 'Sehr geehrter Herr'.
  WHEN OTHERS.
    WRITE / 'Sehr geehrte(r) Frau/Herr '.
ENDCASE.
```

3.4.3 Zeichenkettenoperationen

Derjenige, der viel mit Zeichenketten hantieren muss, wird sich über die hilfreichen Funktionen freuen, mit denen ABAP ihn bei der Arbeit unterstützt. Die wichtigsten von ihnen werden hier kurz erwähnt.

Für jedes der Beispiele wird davon ausgegangen, dass die Variablen t1 bis t4 definiert und vom Typ string sind. Sie können aber auch von einem der zeichenkettenähnlichen Typen c oder n sein, wobei die Konvertierungsregeln aus dem Abschnitt über Zuweisungen zum Tragen kommen.

Die nächste Anweisung durchsucht den Text t1 nach dem ersten Vorkommen von t2. Nach dem Aufruf enthält entweder sy-subrc den Wert 4 und zeigt damit an, dass t2 nicht gefunden wurde, oder aber sy-fdpos enthält die Position von t2 in t1.

```
SEARCH t1 FOR t2.
```

Sie können auch in einem Text eine Ersetzung vornehmen. Das geschieht so:

```
REPLACE 'daß' WITH 'dass' INTO s1.
```

Diese Anweisung spaltet die Zeichenkette t1 anhand der darin enthaltenen Kommas in einzelne Zeichenketten auf. Es können beliebig viele Zielstrings oder auch eine Zieltabelle nach dem INTO angegeben werden.

```
SPLIT t1 AT ',' INTO t2 t3 t4.
```

Im Gegenzug setzt diese Anweisung mehrere Zeichenketten zu einer einzigen zusammen. Sie fügt dazwischen Minuszeichen ein. Die SEPARATED-Klausel kann aber auch ausgelassen werden.

```
CONCATENATE t1 t2 t3 INTO t4 SEPARATED BY '-'.
```

Es gibt noch eine Reihe weiterer Zeichenkettenbefehle. Sie haben alle gemeinsam, dass sie meist `sy-fdpos` und `sy-subrc` ändern und dass sie auf den erwähnten Typen operieren.

3.4.4 Logische Ausdrücke

Als wir die elementaren Typen vorgestellt haben, haben wir erwähnt, dass der Typ c mit Länge eins traditionell zum Speichern von Wahrheitswerten verwendet wird. Diese Aussage muss noch präzisiert werden.

Ein Zeichen kann sehr wohl genutzt werden um zu übermitteln, ob ein Sachverhalt wahr oder falsch ist. Beispielsweise lässt sich der Zustand einer Checkbox sinnvoll mit Typ c abbilden. Dagegen kann ein Boole'scher Ausdruck nicht direkt einem Zeichen zugewiesen werden. Ebenso sind die Boole'schen Operatoren wie `AND` oder `OR` in ABAP nicht dafür gebaut, den Typ c als Argument zu nutzen. Zur Verdeutlichung hier eine Zuweisung zwischen Zeichenvariablen `b1` bis `b3`, die in ABAP nicht möglich ist.

```
b1 = b2 AND b3.   "nicht erlaubt
```

Boole'sche Operationen sind ausschließlich in Kombinationen mit `IF`- oder `CASE`-Anweisungen zulässig und erlauben als Operanden keine Variablen, sondern Boole'sche Ausdrücke. Damit ist so etwas gemeint:

```
IF a < 3 OR a > 5.
```

Die möglichen logischen Operatoren sind

```
AND, OR, NOT.
```

Die möglichen Vergleichsoperatoren sind diese

```
=, <>, <, <=, >, >=.
```

Für jeden von ihnen existiert eine Entsprechung in Textform. Die lautet in derselben Reihenfolge:

```
EQ, NE, LT, LE, GT, GE.
```

ABAP erlaubt auch den Vergleich von Variablen, die nicht numerisch sind. Bei Datums- und Zeitfeldern wird dasjenige Feld als größer betrachtet, das den späteren Zeitpunkt beschreibt. Zeichenketten werden nach dem ersten Zeichen sortiert, anhand dessen sie sich unterscheiden.

Generell ist bemerkenswert, dass Vergleiche in ABAP tief vorgenommen werden. Das haben Sie schon anhand der internen Tabellen erfahren.

In Java haben Sie ja bei Referenztypen die Wahl zwischen einem Vergleich der Adressen mittels == oder einem Vergleich der Inhalte mit der equals-Methode. Vereinfacht gesagt verhält sich der Vergleichsoperator in ABAP wie equals. Er versucht also so sinnvoll wie möglich den Inhalt der Variablen zu vergleichen, auch wenn es sich um Referenzvariablen handelt.

3.4.5 Arithmetische Ausdrücke

So wie die logischen Operatoren jeweils über eine Textform verfügen, gibt es auch für die arithmetischen Operatoren textuelle Umschreibungen. Sie lauten

```
MULTIPLY BY, DIVIDE BY, ADD TO, SUBTRACT FROM.
```

Anstelle einer einfachen Zuweisung wie a = b kann man auch

```
MOVE b TO a
```

schreiben. Die Auswertung eines arithmetischen Ausdrucks kann man optional mit COMPUTE einleiten.

```
COMPUTE a = b + 22.
```

Wir haben diese Schlüsselwörter hier nur erwähnt, damit Sie dahinter keine ganz anderen komplexen Funktionen erwarten, falls Sie ihnen in der Praxis begegnen.

3.4.6 Der WRITE-Befehl

Der Befehl WRITE ist schon oft in Beispielen aufgetaucht. Eine wichtige Prämisse zu seiner Verwendung wurde aber noch nicht erwähnt. WRITE können Sie nur in Reports nutzen, da der Befehl in die Ausgabeliste schreibt. Modulpools oder Funktionsbausteine haben keine Ausgabeliste. Außerdem gibt es noch ein paar wissenswerte Verwendungen von WRITE. So können Sie mehrere Ausgaben aneinander reihen, wenn Sie sie mit einem Komma trennen. Ähnlich wie bei der Deklaration mehrerer Variablen mit DATA müssen Sie dann aber einen Doppelpunkt hinter dem WRITE einfügen. Sie können sowohl Texte in einfachen Anführungszeichen als auch Variablen ausgeben.

```
DATA zahl TYPE i VALUE 3.
WRITE: 'Der Wert ist ', zahl, '.'.
```

Außerdem können Sie mit AT angeben, an der wievielten Position von links der Text ausgegeben werden soll. Mit runden Klammern können Sie festlegen, wie viele Stellen einer Variable dargestellt werden.

```
DATA stadt(30) TYPE c VALUE 'Düsseldorf'.
WRITE AT 5(7) stadt.
```

Die Ausgabe ist diese:

```
Düsseld
```

Und schließlich erzeugt ein Schrägstrich einen Zeilenumbruch.

```
WRITE / 'Hallo, '.
WRITE / 'Wie geht es dir? '.
```

3.4.7 Kommentare

Kommentare im Code können entweder mit einem Asterisk oder einem doppelten Anführungszeichen gekennzeichnet werden. Der Asterisk muss am Anfang der Zeile stehen und macht die gesamte Zeile zur Kommentarzeile. Das Anführungszeichen kann auch mitten in der Zeile stehen. Es macht den Rest der Zeile zu einem Kommentar.

```
* Dies ist eine ganze Kommentarzeile.
a = b + c.   "Dies ist eine halbe Kommentarzeile.
```

3.4.8 Namensräume

Modulpools, Reports und alle weiteren systemweit erreichbaren Strukturen nutzen einen gemeinsamen Namensraum. Es kann nicht zwei unterschiedliche Programme ztest in demselben System geben. Durch die Anfangsbuchstaben z und y werden Namenskollisionen zwischen SAP-eigenen und vom Benutzer entwickelten Programmen vermieden.

Wer einen eigenen abgeschirmten Anteil des gesamten Namensraums benötigt, kann diesen bei SAP erwerben und registrieren lassen. Große Konzerne lassen sich auf diese Weise ein eigenes Präfix schützen. Für die Firma ABC wird das Präfix als /ABC/ geschrieben. Die Vorgabe, die selbstentwickelte Programme auf die Anfangsbuchstaben z und y beschränkt, entfällt dann. Mitarbeiter der Firma ABC können also Funktionsbausteine namens

```
/ABC/MEINE_FUNKTION
```

schreiben. Falls die Firma, für die Sie arbeiten, einen Namensraum erworben hat, empfiehlt es sich sehr, ihn auch zu benutzen.

3.5 Datenbankzugriffe

Ein zentraler Teil der ABAP-Funktionalität ist das Lesen und Ändern von Datenbankinhalten. Die Art und Weise, wie ABAP Datenbankzugriffe kapselt, ist in zweierlei Hinsicht bemerkenswert.

Einerseits fällt die enge Kopplung von ABAP-Typsystem und Datenbank auf. Sie kommen dadurch nicht in die Verlegenheit, auf Datenbankspalten zuzugreifen, deren Typ Sie nicht kennen. Das ABAP Dictionary übernimmt dabei die konsistenzsichernde Rolle.

Andererseits vollbringt ABAP das Kunststück, auf Datenbanken unterschiedlicher Hersteller zuzugreifen ohne dass der Code geändert werden müsste. Dazu ist eine Zugriffsschicht vonnöten, die die Unterschiede der einzelnen Datenbanken vor dem Benutzer verbirgt. Diese Schicht trägt den Namen Open SQL. Auch die Teilmenge der Programmiersprache ABAP, die auf die Open-SQL-Schicht zugreift, bezeichnet man als Open SQL.

 Open SQL ähnelt JDBC. Es ist eine vereinheitlichte Programmierschnittstelle für den Zugriff auf Datenbanken unterschiedlicher Hersteller.

Bevor wir genauer auf die Open-SQL-Syntax eingehen, müssen wir uns noch einmal der Rolle des ABAP Dictionarys zuwenden. Das ABAP Dictionary ist nämlich nicht nur eine Verwaltungsinstanz, die man bei Bedarf nutzen kann, um ABAP-Typen auf Datenbankfelder abzubilden. Vielmehr gibt die ABAP-Philosophie bindend vor, das Dictionary zu diesem Zweck zu nutzen. Es ist zwar technisch möglich, von ABAP aus auf Datenbanktabellen zuzugreifen, die nicht im ABAP Dictionary registriert sind, das ist aber keineswegs empfehlenswert. Das ABAP Dictionary ist sogar dafür gebaut, Datenbanktabellen anzulegen, während man ihre Feldtypen definiert. Dadurch wird die Unterscheidung von Typdefinition einer Tabelle und der Tabelle selbst praktisch bedeutungslos.

Außerdem ist das ABAP Dictionary das Werkzeug, mit dem Indizes, Constraints und Views angelegt werden. Es gäbe auch schlichtweg keine Möglichkeit, die herstellerspezifischen Eigenheiten dieser Mechanismen zu kontrollieren, wenn der Benutzer direkt damit auf der Datenbank arbeitete. Schließlich soll das resultierende Programm unabhängig vom eingesetzten Datenbankprodukt lauffähig bleiben.

3.5.1 Datenbankinhalte auslesen

Open SQL ist stark an die Syntax von reinem SQL angelehnt. Wir gehen davon aus, dass Sie mit SQL vertraut sind. Anders als bei vielen anderen

Programmierschnittstellen für Datenbankzugriffe wird in ABAP eine SQL-Abfrage nicht in Anführungszeichen geklammert. Vielmehr taucht der Open SQL-Code direkt im ABAP-Code auf, so dass man die Grenzen gar nicht klar erkennen kann.

Einfaches SELECT

Open SQL missbraucht einfach die INTO-Klausel von SQL, um ein SELECT-Statement in eine interne Tabelle umzuleiten. Zur Erinnerung: ABAPs interne Tabellen sind keine Datenbanktabellen, sondern liegen im Hauptspeicher. In reinem SQL kann man mit Hilfe der INTO-Klausel das Ergebnis einer Abfrage nur in eine andere Datenbanktabelle schreiben. Auf diese Weise kommt einem der Open SQL-Code von vornherein vertraut vor, auch wenn die Semantik eine geringfügig andere ist als gewohnt:

```
SELECT *
FROM ztabelle
INTO TABLE iztabelle.
```

Dabei ist ztabelle der Name der Datenbanktabelle im ABAP Dictionary. Das Ziel der Selektion ist hier die interne Tabelle iztabelle, die vorher deklariert wurde. Mit der Schlüsselwertkombination INTO TABLE muss man angeben, dass man als Ergebnis wirklich eine Tabelle bekommen möchte.

Bei der Deklaration der internen Ergebnistabelle kann man sich die LIKE-Schreibweise zunutze machen, die wir im Abschnitt über elementare Datentypen bereits kennen gelernt haben:

```
DATA itabelle LIKE TABLE OF ztabelle.
```

Wenn nicht alle Spalten der Ursprungstabelle selektiert werden sollen, muss man sich allerdings eine passende interne Tabelle selbst definieren. Die Tabelle ztabelle enthält eine Spalte namens spalte1. Im folgenden Abschnitt wird als Zeilentyp für das Ergebnis die Struktur tspalte definiert, die nur aus einem Feld besteht, das vom Typ her der ersten Spalte von ztabelle entspricht. Anschließend wird eine interne Tabelle itspalte1 von diesem Zeilentyp definiert. In diese werden per SELECT die Werte der jeweils ersten Spalte von ztabelle aus der Datenbank hineinkopiert:

```
TYPES:
BEGIN OF tzeile,
  spalte1 LIKE ztabelle-spalte1,
END OF tzeile.
DATA itspalte1 TYPE TABLE OF tzeile.
SELECT spalte1
FROM ztabelle
INTO TABLE itspalte1.
```

Dieses Verfahren funktioniert auch, wenn man mehr als eine Spalte selektiert und dafür eine interne Zieltabelle mit ebenfalls mehreren Spalten
deklariert. Es ist bemerkenswert, dass hier `ztabelle` einmal als Typ und
einmal als Datenbanktabelle gedeutet wird. Dennoch ist die Schreibweise
intuitiv verständlich.

Natürlich darf die Abfrage auch eine `WHERE`-Klausel enthalten. Dies
kann so aussehen:

```
SELECT spalte1
FROM ztabelle
INTO TABLE itspalte1
WHERE spalte1 > 100.
```

SELECT mit Schleife

Als Ziel der Selektion kann anstelle einer internen Tabelle auch eine einzelne Variable angegeben werden. Da das Ergebnis ja meist aus mehr als
einer Tabellenzeile besteht, findet es nicht in einer einzelnen Variable
Platz. Doch Open SQL spannt durch eine `SELECT`-Anweisung mit einer
einfachen Variable als Ziel automatisch eine Schleife auf. Dadurch entsteht eine durch und durch homogene Integration von SQL- und ABAP-
Code.

```
DATA fspalte1 LIKE ztabelle-spalte1.

SELECT spalte1
FROM ztabelle
INTO fspalte1.
  WRITE / fspalte1.
ENDSELECT.
```

Sie erkennen die Schleife, in der hier exemplarisch das selektierte Feld
ausgegeben wird. Sie können auch mehr als eine einzelne Variable in der
`INTO`-Klausel angeben, um dadurch mehr als eine Spalte auszulesen. Die
unterschiedlichen Variablen werden dann mit Kommas getrennt und mit
runden Klammern umgeben.

```
DATA fspalte1 LIKE ztabelle-spalte1.
DATA fspalte2 LIKE ztabelle-spalte2.
SELECT spalte1 spalte2
FROM ztabelle
INTO (fspalte1,fspalte2).
  WRITE: / fspalte1, ' ', fspalte2.
ENDSELECT.
```

Obwohl die `SELECT`-Anweisung mit eingegliederter Schleife wirkt, als
führe sie viele Datenbankabfragen nacheinander durch, ist sie intern effi-
zient realisiert. Sie holt alle benötigten Daten auf einmal und gibt sie nur

einzeln an den Benutzer weiter. Dass die übrigen hier beschriebenen Abfragen auch nur einen einzigen Datenbankzugriff durchführen, ist schon an ihrem Aufbau zu erkennen. Bei all diesen Fällen muss man jedoch im Hinterkopf behalten, dass der verfügbare Hauptspeicher begrenzt ist und dass man daher nur überschaubar große Datenmengen abfragen sollte.

Auslesen einzelner Spalten

Damit nicht der Eindruck entsteht, man könnte nur Zielstrukturen angeben, die man mit Hilfe von LIKE deklariert hat, hier noch ein Gegenbeispiel, bei dem die Zielstruktur explizit deklariert wird. Dazu muss man im ABAP Dictionary nachsehen, von welchem Typ die Spalten der Quelltabelle nun sind. Wir nutzen die Gelegenheit und führen eine besonders elegante Schreibweise ein, um nur ein paar Spalten auszulesen:

```
TYPES: BEGIN OF xtabelle,
   spalte1 TYPE i,
   spalte2(40) TYPE c,
END OF xtabelle.
DATA fxtabelle
   TYPE xtabelle.

SELECT spalte1 spalte2
FROM   ztabelle
INTO CORRESPONDING FIELDS OF fxtabelle.
   ...
ENDSELECT.
```

Die Funktionsweise der INTO CORRESPONDING-Anweisung lässt sich erahnen. Sie kopiert nur diejenigen Felder in die Zielstruktur, die dort denselben Namen tragen wie ein Feld aus der SELECT-Zeile. Damit ähnelt sie dem MOVE-CORRESPONDING, das im Abschnitt über Zuweisungen beschrieben wurde.

Wenn man nur einen einzigen Datensatz lesen möchte, ist sowohl der Ansatz mit der Zieltabelle als auch der Ansatz mit der eingegliederten Schleife unangemessen kompliziert. Bei einem Zugriff über einen Primärschlüssel sind Sie ja ganz sicher, dass maximal ein Datensatz gefunden werden kann. Für diesen Zweck gibt es eine spezielle Schreibweise:

```
SELECT SINGLE spalte1 spalte2
FROM ztabelle
INTO (fspalte1, fspalte2)
WHERE spalte1 = 123.
```

Durch den Zusatz SINGLE wurde bekannt gegeben, dass nur ein einziger Datensatz erwartet wird. Deswegen kann das Ergebnis in einzelne Variablen kopiert werden, ohne dass gleich eine Schleife notwendig wäre.

Joins

Open SQL erlaubt Ihnen auch, SELECT-Abfragen über mehrere Tabellen über einen Join durchzuführen. Nehmen wir an, die Tabellen master und detail stünden zueinander in einer Fremdschlüsselbeziehung. Die Tabelle master hat das Feld id als Primärschlüssel, die Tabelle detail enthält neben anderen Feldern ein Feld fk_master_id, das als Fremdschlüssel auf master fungiert. Dann können Sie einen Join über beide Tabellen so formulieren:

```
SELECT *
FROM master
INNER JOIN detail
ON master~id = detail~fk_master_id
INTO CORRESPONDING FIELDS OF ...
...
ENDSELECT.
```

Die Zielstruktur haben wir hier nur angedeutet. Sie muss alle Felder von master und detail enthalten. Viel wichtiger ist, dass Sie in der FROM-Klausel nicht wie beim reinen SQL beide Tabellen angeben, sondern nur die Master-Tabelle. Die Detail-Tabelle wird über INNER JOIN spezifiziert. Die Fremdschlüsselbeziehung wiederum gibt man nach dem ON an. Um Verwechslungen zwischen gleichnamigen Feldern in unterschiedlichen Tabellen zu vermeiden, müssen Sie dabei den Feldnamen über den Tabellennamen qualifizieren. Achten Sie darauf, als Trennzeichen die Tilde (~) zu verwenden und nicht das Minuszeichen, mit dem Sie auf Komponenten von Strukturen zugreifen.

Das Ergebnis eines normalen Joins ist ja eine Tabelle, die aus allen Spalten von Master- und Detailtabelle besteht. Dabei sind zu jeder Zeile aus der Mastertabelle alle Zeilen aus der Detailtabelle aufgeführt, deren Fremdschlüssel mit dem Primärschlüssel der Masterzeile übereinstimmt. Dieser normale Join wird auch als Inner Join bezeichnet, wie Sie bei dem gerade besprochenen Aufruf erkennen konnten. Daneben gibt es auch einen Outer Join, der auch Einträge berücksichtigt, die in der jeweils anderen Tabelle keine Entsprechung haben. In Open SQL können Sie Outer Joins über LEFT OUTER JOIN und RIGHT OUTER JOIN mit ansonsten gleichbleibender Syntax ausführen.

Wir haben eine Reihe von Ausdrucksmitteln von Open SQL unerwähnt gelassen, da sie bereits im reinen SQL existieren und Ihnen vermutlich geläufig sind. Die betreffenden Schlüsselwörter sind ORDER BY, GROUP BY und das dazugehörige HAVING.

3.5.2 Datenbankinhalte schreiben

Auch die Befehle zum Schreiben von Datenbankinhalten sind an die Syntax des reinen SQL angelehnt. Wurde beim SELECT-Befehl von Open SQL die INTO-Klausel semantisch erweitert, so geschieht dasselbe beim Schreiben mit der VALUES- oder FROM -Klausel.

Sie erinnern sich? Im konventionellen SQL ist die VALUES-Klausel jener Ausdruck, in dem man mühsam die Spaltenwerte eines einzufügenden Datensatzes mit Kommas aneinander reiht. Man vertut sich leicht mit der Anzahl oder der Reihenfolge der benötigten Parameter. Das geht in ABAP bzw. Open SQL leichter. Dort kann man nämlich eine Struktur mit den Werten für einen Datensatz angeben, statt die Werte einzeln aufzulisten. Voraussetzung ist, dass diese Variable dieselbe Struktur hat wir die Datenbanktabelle, in die eingefügt werden soll.

```
DATA zeile LIKE ztabelle.
neuezeile-spalte1 = 987.
neuezeile-spalte2 = 'test'.

INSERT INTO ztabelle
VALUES zeile.
```

Am Rande sei darauf hingewiesen, dass der Ausdruck LIKE TABLE OF plus Tabellenname eine interne Tabelle definiert. Der Ausdruck LIKE plus Tabellenname dagegen definiert nur eine einzelne Struktur mit denselben Feldern wie eine Tabellenzeile.

Zu demselben Ergebnis wie die vorherige Anweisung führt eine Anweisung, die das Schlüsselwort FROM anstelle von VALUES nutzt und ansonsten identisch aufgebaut ist. Auch hier besteht ein Bezug zum reinen SQL. Mit INSERT ... FROM wird nämlich der Inhalt einer Datenbanktabelle in die andere kopiert.

Sie können sogar mehrere Datensätze mit einem einzigen Aufruf einfügen, die Sie zuvor in einer internen Tabelle bereitgestellt haben.

```
DATA zeilen
LIKE TABLE OF ztabelle.
... " zeilen füllen.

INSERT ztabelle
FROM TABLE zeilen.
```

Ganz ähnlich funktioniert auch das Ändern eines bestehenden Datensatzes. Der UPDATE-Befehl wird auch im reinen SQL verwendet. Bemerkenswert ist nur, dass Sie den zu ändernden Datensatz in der Datenbank nicht über eine WHERE-Klausel spezifizieren müssen. Vielmehr wird er

hier über den Primärschlüssel der Struktur identifiziert, die den neuen Inhalt enthält.

```
UPDATE ztabelle FROM zeile.
```

Auch der UPDATE-Befehl kann auf mehrere Datensätze angewendet
werden. Dazu ist wiederum eine interne Tabelle vonnöten, die die neuen
Inhalte enthält. Zum Identifizieren der Zieldatensätze in der Datenbank
werden wiederum die Pirmärschlüssel der Datensätze in der internen Tabelle herangezogen.

```
UPDATE ztabelle FROM TABLE zeilen.
```

Trotz aller Hilfestellungen von Open SQL können Sie immer noch auf
den althergebrachten SQL-Update zurückgreifen. Er erlaubt chirurgische
Eingriffe auf Feldbasis und ist damit äußerst resourcenschonend.

```
UPDATE ztabelle
SET spalte2 = 'xyz'
WHERE spalte1 = 123.
```

Der MODIFY-Befehl ist ein Sprachmittel von Open SQL, das kein Pendant im Standard-SQL hat. Während Sie bei INSERT sicherstellen müssen, dass der einzufügende Datensatz noch nicht existiert, und bei
UPDATE, dass er existiert, entbindet Sie MODIFY von der Existenzfrage.
MODIFY prüft selbst, ob der spezifizierte Datensatz existiert und legt ihn je
nach Bedarf an oder ändert ihn. Diesen Komfort erkaufen Sie sich natürlich durch einen gewissen Effizienzverlust.

```
MODIFY ztabelle
FROM zeile.
```

Auch hier ist die Variante FROM TABLE erlaubt, die eine interne Ta-
belle anstelle eines einzelnen Datensatzes als Ausgangspunkt nimmt.
Schließlich verwenden Sie den DELETE-Befehl, um Datensätze aus der
Datenbank zu löschen. Besonders in der FROM TABLE-Variante ist er
äußerst mächtig. Da die entsprechenden Datensätze unwiderruflich aus der
Datenbank gelöscht werden, ist entsprechende Vorsicht im Umgang mit
DELETE geboten.

```
DELETE ztabelle
FROM zeile.
```

Die Befehle INSERT, UPDATE, MODIFY und DELETE hinterlassen ihre
Spuren anhand der Systemvariablen sy-dbcnt und sy-subrc. Erstere
enthält die Anzahl tatsächlich modifizierter Zeilen. Letztere enthält 0, wenn
die gewünschte Aktion erfolgreich war, und einen anderen Wert sonst. Ein

Grund dafür, dass sy-subrc nicht 0 ist, kann ein UPDATE-Befehl für einen nicht existenten Datensatz sein oder ein INSERT für einen bereits vorhandenen Datensatz. Es empfiehlt sich sehr, nach jeder Datenbankoperation anhand dieser beiden Systemvariablen zu überprüfen, ob sie wie geplant durchgeführt werden konnte. Dadurch können Sie Fehler frühzeitig erkennen, statt deren Folgen über den weiteren Programmfluss zu verschleppen.

Angenommen Sie programmieren einen Arbeitsablauf, der mit dieser Abfrage beginnt und darauf aufbauend eine Reihe von Eingaben und Aktionen für diese Person durchführt.

```
SELECT SINGLE name strasse
FROM zadresstabelle
INTO (name, strasse)
WHERE id = '1372'.
```

Der Erfolg des weiteren Programmablaufs hängt stark davon ab, dass in name wirklich der Name der betreffenden Person steht und das Feld nicht einfach uninitialisiert ist. Daher sollten Sie nicht an einer Fehlererkennung in folgender Form sparen:

```
IF sy-subrc <> 0.
  WRITE / "Datensatz nicht gefunden."
ENDIF.
```

3.5.3 Locking

Auf einem SAP-System arbeiten in der Praxis oft viele Benutzer gleichzeitig, manchmal Hunderte. Um zu verhindern, dass sich gegenseitig die gerade vorgenommenen Änderungen in der Datenbank überschreiben, ist ein sicheres Locking-Konzept unabdingbar. Ein Konzept also, das den konkurrierenden Zugriff auf gemeinsam genutzte Ressourcen – hier die Datenbanktabellen – koordiniert.

Natürlich verfügt jede Datenbank über eine eigene Locking-Implementierung. Da die Implementierungen unterschiedlicher Hersteller deutliche Unterschiede aufweisen, muss das Locking für ABAP jedoch auf höherer Ebene vorgenommen werden. Schließlich ist es erklärtes Ziel, den ABAP-Code unabhängig von der darunter liegenden Datenbankimplementierung mit gleicher Semantik lauffähig zu halten.

Das Setzen von Schreibsperren auf einer höheren Ebene zu implementieren ist gar nicht so aufwändig. Es genügt, für jedes zu sperrende Datenobjekt einen eindeutigen Sperrschlüssel an einer zentral zugänglichen Stelle zu deponieren. Jeder Benutzer, der ein gemeinsam genutztes Objekt verwenden möchte, prüft zuerst nach, ob für sein Objekt bereits ein Sperrschlüssel deponiert ist. Falls ja, muss er die Bearbeitung abbrechen. Falls nein, deponiert er selbst einen Sperrschlüssel für sein Objekt. Dann führt er die notwendigen Änderungen durch und entfernt den Sperrschlüssel wieder.

Genau diesen Weg geht ABAP und stellt einen Mechanismus zum Deponieren von Objektschlüsseln zur Verfügung. Das zentral zugängliche Depot für Sperrschlüssel bildet der so genannte Enqueue-Server. Sie kommen aber nur indirekt mit ihm in Kontakt. Wie bei allen anderen zentralen Einstellungen, die die Datenbank betreffen, ist das ABAP Dictionary das Werkzeug, mit dem der Benutzer Datenbanksperren verwalten kann.

Leider gibt es keinen Automatismus, der die Sperren automatisch setzt, sobald der Benutzer eine Änderung durchführt. Jeder Entwickler ist somit selbst dafür verantwortlich, die Sperren für die von ihm genutzten Objekte zu setzen und nach der Änderung wieder zu entfernen. Dieses Verfahren kann nur funktionieren, wenn sich alle Programmierer an diese Konvention halten.

Bevor Sie in Ihrem Programm eine Sperre auf eine bestimmte Tabelle setzen können, muss im ABAP Dictionary ein Sperrobjekt für diese Tabelle angelegt werden. Dies ist ein einmaliger Vorgang. Er wird in Bediensequenz 35 beschrieben.

Sobald das Sperrobjekt für die Tabelle angelegt wurde, stehen vier Funktionsbausteine zur Verfügung, mit deren Hilfe Sie es nutzen können. Für eine Tabelle xxx lauten die Namen der Funktionsbausteine ENQUEUE_EXXX, DEQUEUE_EXXX, ENQUEUE_SXXX und DEQUEUE_SXXX. Die ersten beiden dienen zum Setzen und Entfernen von Schreibsperren. Das E steht für *exclusive*. Daneben gibt es auch Lesesperren, die gewährleisten, dass ein Datum nicht geändert wird, solange die Sperre besteht. Mehrere Benutzer dürfen gleichzeitig eine Lesesperre setzen. Das S bei den verbleibenden beiden Funktionsbausteinen steht somit für *shared*.

Das Sperren geschieht auf der Ebene von Datensätzen. Beim Setzen einer Sperre muss man daher den Primärschlüssel des zu sperrenden Datensatzes beim ENQUEUE-Aufruf übergeben. Der Tabellenname steht ja bereits durch die Wahl des Funktionsbausteins fest. Den Aufruf für das Setzen einer Sperre sollte man sich generieren lassen. Als Ergebnis erscheint Code von dieser Gestalt:

```
CALL FUNCTION 'ENQUEUE_EXXX'
  EXPORTING
    mode_xxx = 'E'
    mandt = sy-mandt
    id = wa_xxx-id
  EXCEPTIONS
    foreign_log = 1
    system_failure = 2
    OTHERS = 3.
  IF sy-subrc <> 0.
    WRITE 'Sperre nicht gesetzt.'.
  ENDIF.
```

Anschließend können Sie den gesperrten Datensatz ändern. Dies ist der Datensatz, dessen `id`-Feld den Wert hat, der durch `wa_xxx-id` angegeben wird. Das Aufheben des Locks geschieht vollkommen analog mit `DEQUEUE_EXXX` statt `ENQUEUE_EXXX`. Auf keinen Fall sollten Sie vergessen die Sperre wieder aufzuheben, da sonst niemand mehr auf den Datensatz zugreifen kann.

3.5.4 Transaktionen (LUWs)

Die zweite grundlegende Voraussetzung für ein konsistentes Datenbanksystem ist ein Transaktionsmechanismus. Ein Mechanismus also, der sicherstellt, dass Änderungen entweder als Ganzes oder aber gar nicht durchgeführt werden. Ein häufig zitiertes Beispiel für eine Transaktion ist die Buchung einer Pauschalreise. Es darf entweder Flug und Hotel zusammen gebucht werden oder aber der Kunde muss die Rückmeldung bekommen, dass die Buchung nicht möglich ist. Ein Hotelzimmer ohne Flug nützt ihm wenig.

Leider konkurriert der Begriff Transaktion, der in der Datenbankwelt sehr klar umrissen ist, mit dem betriebswirtschaftlichen Begriff der Transaktion, der nur entfernt verwandt ist. Da SAP eine für Betriebswirte und Informatiker gleichermaßen verlässliche Begrifflichkeit schaffen muss, wurde ein anderer Ausdruck gewählt: die LUW.

 Eine Logical Unit of Work (LUW) ist genau das, was Sie als Java- oder Datenbankprogrammierer unter einer Transaktion verstehen.

Um Missverständnissen vorzubeugen, verwenden wir hier den Ausdruck LUW.

Wir nutzen wieder ein Java-Beispiel um anschaulich zu machen, was wir in ABAP nachbilden wollen. Dies ist die typische Struktur einer JDBC-Transaktion.

```
Connection con = ...;
Statement stmt = con.createStatement();
try {
  stmt.executeUpdate ("...");
  stmt.executeUpdate ("...");
  con.commit();
} catch (SQLException e) {
  con.rollback();
}
```

Es soll mehr als eine Datenbankänderung mit `executeUpdate` durchgeführt werden. Falls dabei ein Fehler auftritt, gerät man in den

catch-Zweig und führt ein rollback durch, das alle bis dahin vorbereiteten Änderungen rückgängig macht. Nur wenn die executeUpdate-
Aufrufe erfolgreich durchlaufen, wird ein commit durchgeführt. Dadurch
werden alle vorgenommenen Änderungen auf einmal in die Datenbank
geschrieben.

Auch in ABAP gibt es die Befehle zum Durchführen und Rückgängig-
machen von Datenbankänderungen. Die Befehle zum Ändern von Datenbanktabellen können Sie auch. Ein sinnvoller Ansatz für eine LUW wäre
daher dieser:

```
DATA: fehlercode_flug TYPE i,
    fehlercode_hotel TYPE i.

INSERT INTO flugbuchung
    VALUES zu_buchender_flug.
fehlercode_flug = sy-subrc.
INSERT INTO hotelbuchung
    VALUES zu_buchendes_hotel.
fehlercode_hotel = sy-subrc.

IF fehlercode_flug = 0 AND fehlercode_hotel = 0.
    COMMIT WORK.
ELSE
    ROLLBACK WORK.
ENDIF.
```

Dieses abgeschlossene Beispiel funktioniert tatsächlich, wenn Sie es als
eigenständigen Report ausführen. Sie müssen aber äußerst vorsichtig sein,
wenn Sie diesen Code über einen längeren Modulpool verteilen. Wenn
beispielsweise die Flugbuchung in einem Dynpro geschieht, die Hotelbu-
chung in einem anderen, wird es Situationen geben, in denen der Flug ohne das Hotel gebucht wird. Dies liegt daran, dass die ABAP-
Laufzeitumgebung nach jedem Dynpro-Wechsel implizit ein COMMIT
WORK durchführt.

Wenn Sie also verhindern wollen, dass Ihre Änderungen vorzeitig in die
Datenbank geschrieben werden, müssen Sie eine Technik nutzen, die die
Datenbankänderungen sammelt. Erst wenn der Dynpro erreicht ist, in dem
Sie wirklich COMMIT WORK ausführen wollen, dürfen sie in die Daten-
bank geschrieben werden.

Eine Möglichkeit um dies zu erreichen ist die, alle schreibenden Datenbankzugriffe in Funktionsbausteine auszulagern. Die Funktionsbausteine
müssen als Verbuchungsfunktionsbaustein gekennzeichnet werden. Wie
Sie dies tun können, erfahren Sie in Bediensequenz 22. Der Aufruf der
Funktionsbausteine muss mit dieser Syntax geschehen:

```
CALL FUNCTION ... IN UPDATE TASK.
```

Dadurch werden alle Änderungen in einer Hilfstabelle in der Datenbank geparkt. Wenn nun das implizite COMMIT WORK nach einem Dynprowechsel zuschlägt, ist nur die Hilfstabelle betroffen, nicht aber die Tabellen, die Sie eigentlich zur Änderung vorgesehen haben. Anhand der Fehlercodes der einzelnen Aufrufe können Sie dann entscheiden, ob Sie am Ende selbst ein COMMIT WORK oder ein ROLLBACK WORK durchführen wollen. Falls Sie sich für ersteres entscheiden, werden die Änderungen aus der Hilfstabelle geholt und in der eigentlichen Zieltabelle durchgeführt.

4 Entwicklungsumgebung und -prozess

Der Entwicklungsprozess von ABAP-Applikationen findet vollständig innerhalb des SAP GUIs statt. Das SAP GUI enthält die Entwicklungsumgebung, die Laufzeitumgebung inklusive Debugger und einen Zugang zu Versionsverwaltung und Deployment-Tool. Es sind keine Werkzeuge von Fremdanbietern vonnöten. Dadurch ist gewährleistet, dass die Entwicklung in wohldefinierten Bahnen abläuft. Der Entwickler ist auf der anderen Seite gezwungen, sich an das von SAP vorgegebene Vorgehen zu halten.

4.1 Grundbegriffe

Ihr Dasein als ABAP-Entwickler beginnt damit, dass Ihnen Ihr Teamleiter einen Änderungsauftrag zuweist. Der Änderungsauftrag ist ein Sammelbecken für durchzuführende Änderungen, die einem gemeinsamen Zweck dienen. Jede Änderung, die Sie am System vornehmen, müssen Sie einem solchen Änderungsauftrag zuordnen. Ein Änderungsauftrag hat eine typische Lebensdauer von einigen Tagen und kann durchaus von mehreren Entwicklern bearbeitet werden.

 Viele Versionsverwaltungssysteme erlauben Ihnen, Gruppen von Änderungen, die einem gemeinsamen Zweck dienen, in sogenannten Change Sets zu bündeln. Ein SAP-Änderungsauftrag entspricht einem Change Set.

Um die Anteile auseinander zu halten, die unterschiedliche beteiligte Entwickler zu einem Änderungsauftrag beitragen, wird dieser in Änderungsaufgaben untergliedert. Die Änderungsaufgabe ist also der Anteil an einem Änderungsauftrag, den ein bestimmter Benutzer geleistet hat.

Ein Änderungsauftrag kann Änderungen an allen Programmtypen wie Dynpros, Reports, usw. enthalten. Er kann außerdem Änderungen an Datenbankdefinitionen enthalten. Als Überbegriff für all diese änderbaren Entitäten wird auch hier das vielgenutzte Wort Objekt verwendet. Aus Sicht des Entwicklungsvorgangs sind alle änderbaren Dinge Objekte. Die einzige Ausnahme bilden die eigentlichen Nutzdaten, die in den Datenbanktabellen enthalten sind.

Sobald der von Ihnen entwickelte Code den Zweck erfüllt, zu dem der Änderungsauftrag angelegt wurde, können Sie den Auftrag – genauer: Ihre persönliche Änderungsaufgabe – abschließen. Sobald alle an dem Änderungsauftrag beteiligten Entwickler ihren Anteil freigegeben haben, wird dieser Änderungsauftrag zum Deployment bereitgestellt. In SAP-Terminologie spricht man davon, dass die Änderung transportiert wird. Oft wird auch der Begriff Transportauftrag synonym für Änderungsauftrag verwendet.

Bevor wir uns dem Transportwesen zuwenden, muss ein weiterer Begriff geklärt werden, nämlich die Entwicklungsklasse. Beim Anlegen eines neuen Objekts werden Sie gefragt, welcher Entwicklungsklasse es zugeordnet werden soll. Die Entwicklungsklasse enthält alle Objekte, die zusammen eine fachlich und technisch abgeschlossene Einheit bilden. Sie beschreibt also eine recht große Bündelung und enthält typischerweise ein oder mehrere eigenständig lauffähige Programme. Außerdem ist sie eine permanente Struktur. Der wichtigste Zweck der Entwicklungsklasse ist der, dass sie als Deployment-Einheit dient, also als Einheit zum Ausliefern von Software.

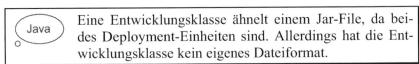

Eine Entwicklungsklasse ähnelt einem Jar-File, da beides Deployment-Einheiten sind. Allerdings hat die Entwicklungsklasse kein eigenes Dateiformat.

In Abb. 4.1 haben wir versucht, anhand einiger Objekte die Begriffe Entwicklungsklasse und Änderungsauftrag grafisch zu verdeutlichen. Die

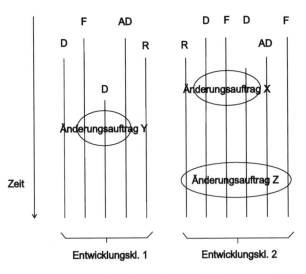

Abb. 4.1. Schematische Darstellung der Beziehung von Entwicklungsklasse zu Änderungsauftrag

senkrechte Achse symbolisiert die Zeit, die nach unten fortschreitet. Auf der waagerechten Achse sind unterschiedliche Objekte eingetragen, die natürlich mit der Zeit Änderungen unterworfen sind. Um zu zeigen, dass die Objekte von unterschiedlichem Typ sein können, haben wir sie mit Typkürzeln versehen. F steht für Funktionsbaustein, D für Dynpro, R für Report und AD für ABAB Dictionary-Objekt.

Die Objekte sind zu zwei unterschiedlichen Entwicklungsklassen zusammengefasst. Man erkennt, dass zwar Objekte zu den Entwicklungsklassen hinzugefügt werden, aber im Normalfall keine entfernt werden. Außerdem wurden exemplarisch drei Änderungsaufträge eingezeichnet. Sie umfassen jeweils nur einige wenige Objekte und sind nach relativ kurzer Zeit abgeschlossen.

Um die Verwirrung komplett zu machen, kommt mit Funktionsbausteinen eine weitere Gruppierungseinheit ins Spiel: die Funktionsgruppe. Wie Sie aus Kapitel 3 wissen, fasst sie gemeinsam zu ladende Funktionsbausteine zusammen. Gleichzeitig bildet sie eine permanente Bündelungseinheit für inhaltlich zusammengehörende Funktionsbausteine. Damit erfüllt sie eine ähnliche Aufgabe, wie sie die Entwicklungsklasse für Programme hat. Die Parallele zwischen Entwicklungsklasse und Funktionsgruppe gilt aber nicht in voller Tiefe, denn jede Funktionsgruppe ist einer Entwicklungsklasse untergeordnet. Genau genommen ist eine Funktionsgruppe also eine Gruppierung von Funktionsbausteinen innerhalb einer Entwicklungsklasse.

Abbildung 4.2 soll einen Überblick über die beschriebenen Bündelungseinheiten und Objekte schaffen und setzt sie zueinander in Beziehung. Die Darstellung ist eine vereinfachte Form eines Datenmodells, in dem lediglich 1:n-Beziehungen durch Verbindungslinien festgehalten werden. Auf höchster Ebene steht die Anwendungskomponente, die bisher noch nicht erwähnt wurde. Eine Anwendungskomponente enthält mehrere Entwicklungsklassen. Eine Entwicklungsklasse bündelt Programme oder Dictionary-Objekte direkt. Funktionsbausteine sind indirekt über ihre Funktionsgruppen in einer Entwicklungsklasse enthalten.

Neben diesem permanenten linken Zweig von Bündelungsbeziehungen spannt sich auf der rechten Seite des Diagramms ein Zweig auf, der das alltägliche Entwicklungsgeschehen widerspiegelt und somit kurzlebiger Natur ist. Dieser nimmt seinen Ursprung im Änderungsauftrag. Änderungsaufträge sind Entwicklungsklassen zugeordnet, aber beide stehen in einer n:m-Beziehung zueinander. Ein Änderungsauftrag kann mehrere Änderungsaufgaben enthalten, die seine benutzerspezifischen Anteile darstellen. Gegenstand der Änderung und damit die unterste Stufe des rechten Zweigs sind wiederum die Objekte Programm, Funktionsbaustein, etc.

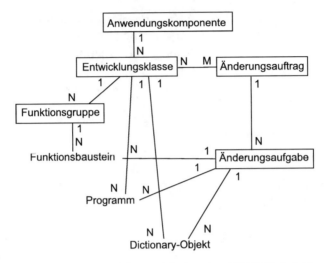

Abb. 4.2. Objekte und Bündelungseinheiten im ABAP-Entwicklungsprozess

Wenn Sie mit der ABAP-Entwicklungsumgebung arbeiten, kann Ihnen dieses Diagramm ein wenig bei der Orientierung helfen. Insbesondere dann, wenn Sie eines der beschriebenen Objekte neu anlegen, müssen Sie das jeweils übergeordnete kennen.

4.2 Transportwesen

Üblicherweise verfügt ein Projekt über drei parallel betriebene eigenständige SAP-Systeme: ein Entwicklungssystem, ein Qualitätssicherungssystem und ein Produktivsystem. Innerhalb eines Systems existiert jeweils nur eine einzige aktive Version desselben Objekts. Alle Entwickler sehen also auf demselben System denselben Codestand. Sämtliche Entwicklungen nehmen im Entwicklungssystem ihren Anfang. Der neu geschriebene Code lässt sich gleich im Entwicklungssystem testen. Wenn die Entwicklertests zufriedenstellend ausgefallen sind, wird der Code wie bereits erwähnt durch Freigeben des zugehörigen Änderungsauftrags für den Transport auf das nächste System bereitgestellt.

 Ein Transport in SAP entspricht dem Deployment in der Java-Welt. In SAP läuft der Transport allerdings über eine vorgegebene Kette von Zielservern.

Einschränkend muss man zur Assoziations-Box hinzufügen, dass genau genommen das erste Deployment schon stattfindet, wenn Sie Ihren Code

lokal testen. Ein Transport entspricht daher eher einem Deployment auf das jeweils nächste System.

Der Transport selbst wird von einem SAP-Administrator vorgenommen, bzw. durch einen Automatismus periodisch ausgelöst. Es werden jeweils nur die zum Transport bereitgestellten freigegebenen Änderungsaufträge transportiert, also die Codeänderungen seit dem letzten Transport. Das Zielsystem des Transports lässt sich pro Entwicklungsklasse konfigurieren, so dass alle Änderungen an einer Entwicklungsklasse auf demselben System landen.

Direkt im Anschluss an den Transport wird das Programm auf dem Zielsystem erneut übersetzt. Sollte dabei ein Fehler auftreten, müssen die fehlerhaften Objekte korrigiert werden. Die Korrekturen nimmt man keinesfalls vor Ort vor, sondern ausschließlich im Entwicklungssystem. Anschließend werden sie erneut transportiert. Dadurch kommt dem Transportwesen eine bedeutende konsistenzsichernde Rolle zu.

Auf seinem Marsch durch die Systeme erreicht ein im Entwicklungssystem geändertes Objekt als nächste Station das Qualitätssicherungssystem. Man versucht auf diesem System möglichst genau den Softwarestand vorzubereiten, der später vom Produktivsystem genutzt werden soll. Dadurch kann man eine ganze Gruppe von Änderungen gemeinsam testen und gezielt Korrekturen nachschieben. Der Transportmechanismus ist dabei die Stellschraube, mit der man sicherstellt, dass nur bestimmte Änderungen wirklich auf das Qualitätssicherungssystem gelangen. Bereits implementierte Änderungen, die zu einem viel späteren Zeitpunkt erst produktiv genutzt werden sollen, kann man bis dahin vom Transport ausschließen. Allerdings erfordert ein selektiver Transport mühselige Handarbeit.

Gerade wenn man nicht alle Änderungen aus dem Entwicklungssystem sofort nutzen möchte, ist das Qualitätssicherungssystem absolut notwendig. Es kann nämlich passieren, dass ein Teil des sofort zu nutzenden Codes auf solche Objekte zugreift, deren Einsatz vertagt wurde. Im Entwicklungssystem kann man solche Abhängigkeiten noch gar nicht erkennen. Erst wenn die gewünschte Funktionalität auf dem Qualitätssicherungssystem aus einzelnen Änderungsaufträgen zusammengestellt wird, kann man sicher sein, dass man keine Abhängigkeiten übersehen hat.

Sobald die Tests auf dem Qualitätssicherungssystem abgeschlossen sind, hat man dort einen Codestand, der identisch ist mit dem, der anschließend auf dem Produktivsystem genutzt werden soll. Dazu ist ein weiterer Transport vonnöten. Nun kann auf dem Produktivsystem kein Vorgang mehr fehlschlagen, der zuvor auf dem Qualitätssicherungssystem getestet wurde. In der Regel sind jedoch immer wieder kleinere Korrekturen notwendig, die ebenfalls über das Qualitätssicherungssystem auf das Produktivsystem gelangen.

In Abb. 4.3 ist zur Anschauung eine einfache Konstellation im Transportsystem schematisch dargestellt. Die Objekte X, Y und Z wurden im Entwicklungssystem angelegt. Zum Testen wurden X und Y in das Qualitätssicherungssystem transportiert. Z wird zu diesem Zeitpunkt noch gar nicht benötigt und wird daher auch nicht transportiert. Bei den Tests stellt sich heraus, dass Y einen Fehler aufweist, woraufhin es durch Y' korrigiert wird. Die Objekte X und Y' funktionieren bei erneuten Tests auf dem Qualitätssicherungssystem zusammen einwandfrei. Daher werden beide auf das Produktionssystem transportiert.

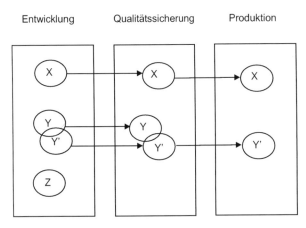

Abb. 4.3. Schematische Darstellung des Transportvorgangs

Zur Entwicklungszeit kommt dem Mandanten eine besondere Rolle zu. Laut Glossar ist ein Mandant ja eine eigenständige betriebswirtschaftliche Einheit. So könnten beispielsweise zwei rechtlich eigenständige, regional begrenzte Teile einer Kaufhauskette als unterschiedliche Mandanten in demselben SAP-System verwaltet werden. Da ein System nur einen einzigen Codestand hat, ist sichergestellt, dass in beiden Mandanten genau dieselben Prozesse ablaufen. Der einzige Unterschied zwischen beiden Mandanten sind die Daten, mit denen Sie arbeiten. So hat etwa jeder der Mandanten seinen eigenen Kundenkreis.

Diese Beziehung zwischen Mandant und System macht man sich auch beim Entwickeln zunutze und zweckentfremdet den Mandanten. Man nutzt ihn einfach, um denselben Codestand mit anderen Daten zu testen. Denn einerseits möchte man ein Testsystem haben, in dem man während der Entwicklung nach Belieben Daten ändern kann, ohne über die Konsequenzen nachzudenken. Andererseits braucht man auch zum Testen oft halbwegs realitätsnahe konsistente Daten. Aus diesem Grund werden Sie in der Praxis auf dem Entwicklungssystem oft mehrere Mandanten vorfinden, obwohl sie nicht zum Modellieren unterschiedlicher Teilfirmen benötigt werden.

Vor diesem Hintergrund wird auch klar, warum die Nutzdaten in der Datenbank nie Teil eines Änderungsauftrags werden und als Konsequenz nicht transportiert werden. Wenn schon unterschiedliche Mandanten auf unterschiedlichen Daten arbeiten, dann müssen unterschiedliche Systeme erst recht eigene Datenbestände haben können. Insbesondere wäre es überhaupt nicht sinnvoll, die Daten auf dem Produktivsystem durch Transport aus den vorgelagerten Systemen zu erzeugen.

Das Übertragen der Daten von einem System zum anderen wird als Datenmigration bezeichnet. Auch dafür gibt es spezielle Mechanismen. Die Datenmigration gehört aber nicht zu den üblichen Aufgaben des Entwicklers.

Ein Mechanismus, den man von den meisten anderen Versionsverwaltungssystemen her kennt, fehlt in SAP. Sie können keine Verzweigungen oder Branches in der Codebasis vornehmen. Das liegt daran, dass Sie keine klare Trennung zwischen ausführendem Server und Versionsverwaltung haben.

Das Fehlen eines sauberen Branching-Mechanismus ist ein erhebliches Manko des Entwicklungsprozesses im konventionellen R/3. Ebenso fehlt ein sauberes Merge-Tool, mit dessen Hilfe Sie die Deltas zwischen zwei Entwicklungsständen automatisiert auf eine ganz andere Codebasis übertragen können. Dass in der Praxis an dieser Stelle enorme Probleme auftreten, hat sicherlich in entscheidendem Maße dazu beigetragen, SAP zu einer Neuordnung der Entwicklungsprozesse in Form des Netweavers zu bewegen.

Falls man im R/3 mit unterschiedlichen Entwicklungszweigen arbeiten muss, dann entwickelt man sie auf separaten Systemen. Das ist zum Beispiel dann notwendig, wenn man ein völlig neues Release eines Projekts entwickelt und während der Entwicklung noch Korrekturen an dem bereits produktiv eingesetzten Vorgänger-Release vornehmen muss.

In diesem Fall transportiert man den Stand, der sich auch auf dem Produktivsystem befindet, in ein zweites Entwicklungssystem. Von dem zweiten Entwicklungssystem beginnt man die Neuentwicklung, die man in einem eigenen Qualitätssicherungssystem testet. Parallel dazu kann man Korrekturen für das produktive System wie gehabt mit dem ersten Entwicklungs- bzw. Qualitätssicherungssystem vornehmen.

Die zuerst beschriebene Konstellation mit drei Systemen ist also nur eine von vielen Möglichkeiten. Weniger als drei Systeme einzusetzen, ist jedoch nicht üblich.

4.3 Entwicklungswerkzeuge

Für die Entwicklung der unterschiedlichen Arten von Programmen und deren Bausteinen setzt man unterschiedliche Werkzeuge ein. Wir werden sie eines nach dem anderen unter die Lupe nehmen und nutzen den Anlass, um die Bediensequenzen zu beschreiben, auf die in Kapitel 3 wiederholt verwiesen wurde. Wo immer es sinnvoll erscheint, werden wissenswerte Sachverhalte eingeflochten, die den jeweiligen Gedankengang abrunden.

Für die Eiligen unter Ihnen sind in Tabelle 4.1 vorab schon einmal die Transaktionscodes für die wichtigsten Teile der ABAP-Entwicklungsumgebung aufgeführt.

Tabelle 4.1. Teile der ABAP-Entwicklungsumgebung mit Transaktionscodes

Werkzeug	Transaktionscode	Objekttypen
ABAP Editor	SE38	Programme, Modulpools, Reports
Function Builder	SE37	Funktionsbausteine
ABAP Dictionary	SE11	Datenbanktabellen, globale Strukturen und Typen, usw.
Data Browser	SE16	Datenbankinhalte
Object Navigator	SE80	Einstieg für alle beliebigen Objekttypen

4.3.1 Grundlegende Bedienung der Entwicklungsumgebung

Der ABAP-Entwicklungsumgebung liegen einige Prinzipien zugrunde, die für ganz verschiedene Objekte ihre Gültigkeit haben.

Der Einstieg zur Entwicklungsumgebung erfolgt am einfachsten über die Transaktion SE80, deren Oberfläche in Abb. 4.4 zu sehen ist. Sie trägt den Namen Object Navigator. Von dort werden Sie falls nötig implizit an das benötigte speziellere Werkzeug weitergeleitet. Wenn Sie sich einen Überblick über die vorhandenen Werkzeuge machen möchten, können Sie auch den Menüpfad „SAP Menü / Werkzeuge / ABAP Workbench" begehen und dann den passenden Unterpunkt auswählen.

Abb. 4.4. Der Object Navigator

Viele Bedienvorgänge lassen sich über den Object Navigator nach demselben Schema abwickeln. Um beliebige Objekte anzulegen, zu ändern oder einfach nur anzusehen verfahren Sie so:

1. Transaktion SE80 aufrufen
2. Button „Objekt bearbeiten" drücken
3. Objekttyp auswählen und Namen eingeben

4. Art der Aktion (Anzeigen, Ändern oder Anlegen) auswählen
5. Objekt editieren, dies ist je nach Objekttyp unterschiedlich
6. Prüfen, speichern, aktivieren und testweise ausführen

Der Punkt 2 öffnet das in Abb. 4.5 gezeigte Objektauswahl-Fenster, in dem Sie die Eingaben für Punkt 3 durchführen. Wegen der großen Anzahl möglicher Objekttypen ist die Auswahl über mehrere Reiter verteilt, die sich aber teilweise inhaltlich überlappen. Unabhängig davon, welchen Objekttyp Sie nutzen wollen, haben Sie in der Fußleiste des Fensters die Auswahl zwischen unterschiedlichen Editieraktionen zu Punkt 4. Abbildung 4.5 zeigt die Symbole Brille, Stift und leeres Blatt für die Aktionen Anzeigen, Ändern, Anlegen. In der Regel erscheint unter Punkt 5 erst eine Reihe von Fenstern, in denen man Eigenschaften des anzulegenden Objekts eingibt. Erst danach öffnet sich der eigentliche Editor auf der Hauptseite des SAP GUI. In den speziellen Bediensequenzen werden die Fenster zum Parametrisieren des Objekts zusammenfassend als Parameterfenster

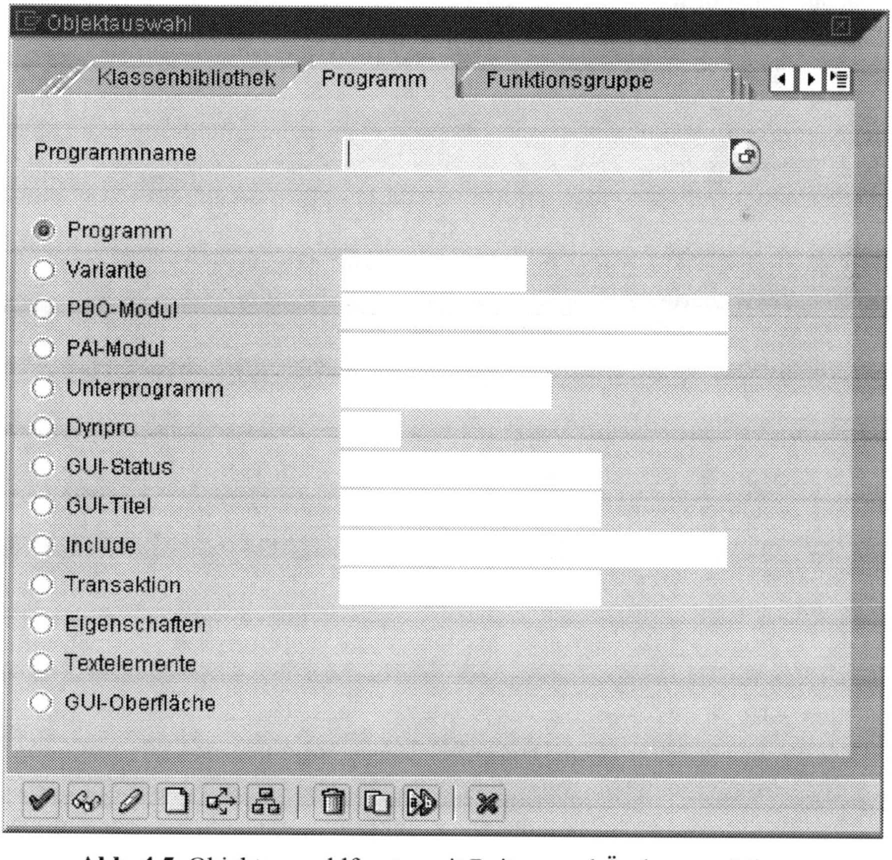

Abb. 4.5. Objektauswahlfenster mit Reitern und Änderungsaktionen

bezeichnet. Punkt 6, der den Bearbeitungsvorgang abschließt, wird in der Bediensequenz 2 ausführlicher beleuchtet.

Bei der Arbeit mit der Entwicklungsoberfläche ist es generell empfehlenswert, vom System vorgeschlagene Eingabewerte anzunehmen oder wenigstens in Erwägung zu ziehen sie zu nutzen. Ein Beispiel dafür ist die Namensgebung von Include-Dateien. Es ist nicht falsch sie anders zu benennen, Ihr Programm gewinnt aber an Übersichtlichkeit, wenn Sie sich an die Vorgaben halten.

Eine Anmerkung noch zu den Bediensequenzen, die einen Großteil dieses Kapitels ausmachen: In der Regel ist das Anlegen eines Objekts wesentlich komplizierter als das Ändern desselben. Daher beschreiben viele der Bediensequenzen das Anlegen bestimmter Objekte. Nach obigem Grundmuster für Bedienvorgänge ist es leicht, das Objekt zum Ändern oder Lesen zu öffnen, statt es anzulegen. Es werden daher keine separaten Bediensequenzen zum Ändern oder Lesen angegeben.

Wie bereits erwähnt ist ein Änderungsauftrag die Voraussetzung für Codeänderungen jeglicher Art, einmal abgesehen von lokalen Testobjekten. Um mit dem Entwickeln beginnen zu können, müssen Sie also dessen Namen parat haben. Wollen Sie ein neues Objekt anlegen, so müssen Sie außerdem die Entwicklungsklasse kennen, die als permanente übergeordnete Gruppierungseinheit für das Objekt dienen soll. Falls nötig legen Sie die Entwicklungsklasse selbst an.

Die ersten drei Bediensequenzen behandeln alle Aspekte von allgemeiner Relevanz. Ihr Zweck ist das Anlegen einer Entwicklungsklasse, das Aktivieren einer Änderung an einem beliebigen Objekt und das Transportieren einer Änderung.

Bediensequenz 1: Anlegen einer Entwicklungsklasse

Um eine neue Entwicklungsklasse anzulegen, müssen Sie

1. Transaktion SE80 aufrufen
2. Button „Objekt bearbeiten" drücken
3. Im Reiter „Weitere" den Objekttyp „Entwicklungsklasse" auswählen und deren Namen eingeben
4. In der Fußleiste auf Anlegen klicken
5. Im Parameterfenster die gewünschten Werte eintragen, siehe erläuternden Text unten
6. Speichern

Nun steht die neue Entwicklungsklasse zur Benutzung zur Verfügung. Bei den Namen der Entwicklungsklasse in Punkt 3 gibt es eine Sonderregelung für lokale Entwicklungsklassen. Entwicklungsklassen, die mit $ beginnen, werden nicht transportiert. Die Entwicklungsklasse $TMP ist bereits für die Benutzung vorbereitet und ist nur für Sie sichtbar. Sie bietet sich also für schnelle lokale Tests an.

In der folgenden Tabelle sind die Parameter aufgeführt, die Sie unter Punkt 5 eintragen müssen oder können.

Tabelle 4.2. Parameter beim Anlegen einer Entwicklungsklasse

Parameter	Bedeutung
Transportschicht	Ziel des Transports. Sie erfahren die Transportschicht von Ihrem SAP Basis-Administrator. Bei Entwicklungsklassen $* lassen Sie dieses Feld leer.
Anwendungskomponente	Die gröbste Bündelungseinheit für Objekte. Sie dient zum Auffinden der Entwicklungsklasse über die so genannte Anwendungshierarchie und hat rein informativen Charakter.

Bediensequenz 2: Aktivieren einer Änderung

Sie haben Änderungen an einem Objekt vorgenommen und möchten diese nun nutzen. Dazu müssen Sie

1. Syntaxprüfung durchführen, ggf. auftretende Syntaxfehler korrigieren
2. Speichern
3. Aktivieren
4. Testweise ausführen, ggf. auftretende inhaltliche Fehler korrigieren und bei Punkt 1 fortfahren

Zuerst prüfen Sie die von Ihnen vorgenommenen Änderungen über das Waage-Symbol auf syntaktische Korrektheit. Bei diesem Schritt werden beispielsweise Syntaxfehler im ABAP-Code oder strukturelle Fehler in Datenbankdefinitionen angezeigt. Sie müssen sie erst beheben und erneut prüfen, bevor Sie fortfahren. Anschließend speichern Sie das Objekt über das Diskettensymbol ab.

Als nächstes aktivieren Sie es über das Streichholzsymbol. Aktivieren bedeutet, dass das Objekt übersetzt und auf den Entwicklungsserver deployt wird. Sobald Sie den Aktivieren-Button betätigt haben, erscheint in einem separaten Fenster die Liste der geänderten, aber noch nicht aktivierten Objekte. Aus dieser müssen Sie die tatsächlich zu aktivierenden Objekte auswählen und bestätigen, damit die Aktivierung durchgeführt wird. Mit Ausnahme der Objekte in der lokalen Entwicklungsklasse $TMP sind aktivierte Objekte für jedermann sichtbar.

Für abschließende inhaltliche Tests nutzen Sie das Schraubzwingensymbol. Bei einfachen Objekten wie kleinen Reports ist es möglich, das Testen vor dem Aktivieren vorzunehmen. Das hat den Vorteil, dass Sie die

Korrektheit Ihrer Änderungen sicherstellen können, bevor Sie Ihre Kollegen damit konfrontieren.

Die erwähnten drei Symbole finden Sie in jedem der Werkzeuge, das zum Ändern eines Objekts dient. Lediglich Datenobjekte lassen sich nicht ausführen, da Sie ja keinen Code enthalten.

Abb. 4.6. Buttons zum Prüfen, Aktivieren und Testen

Gelegentlich stoßen Sie beim Aktivieren auf Fehler, obwohl Sie meinen alles richtig gemacht zu haben. Dies passiert insbesondere dann, wenn Sie mehrere Objekte geändert haben, die aufeinander Bezug nehmen. Angenommen, Sie haben in einem Funktionsbaustein einen zusätzlichen Parameter eingebaut. Diesen Parameter nutzen Sie gleich von einem Report aus. Wenn Sie nur den Report aktivieren, ist der neue Parameter im System noch gar nicht bekannt. Das Übersetzen des Reports führt also zu Fehlern. Nur wenn Sie den Funktionsbaustein zusammen mit dem Report aktivieren, lassen sich beide fehlerfrei übersetzen. Diese Abhängigkeiten sind auch der Grund, weshalb Sie beim Aktivieren eines Objekts eine ganze Liste von potentiell zu aktivierenden Objekten angezeigt bekommen.

Bediensequenz 3: Transportieren einer Änderung

Zum Transportieren Ihrer Änderungen verwenden Sie Transaktion SE10. Dort können Sie sowohl Änderungsaufträge anlegen als auch freigeben. Da der Transport ein Vorgang ist, der die Stabilität des Zielsystems beeinträchtigen kann, sollten Sie zu Anfang einen erfahrenen Kollegen hinzuziehen, der mit Ihnen zusammen den Transport vornimmt.

4.3.2 Der ABAP Editor

Der ABAP Editor dient zum Bearbeiten von Reports und Programmen. Sie können ihn direkt über die Transaktion SE38 erreichen. Aus Gründen der Einheitlichkeit und weil es leichter zu merken ist, ziehen wir in den Beschreibungen die implizite Verzweigung über SE80 vor.

Bediensequenz 11: Anlegen eines Reports

Wenn Sie einen Report anlegen möchten, müssen Sie

1. Transaktion SE80 aufrufen
2. Button „Objekt bearbeiten" drücken

3. Im Reiter „Programm" den Objekttyp „Programm" auswählen und den Namen des Reports eingeben
4. In der Fußleiste auf Anlegen klicken
5. Im Parameterfenster die gewünschten Werte eintragen, siehe erläuternden Text unten
6. Prüfen, speichern, aktivieren, testweise ausführen

Die wichtigsten Parameter zu Punkt 5 sind in der folgenden Tabelle zusammengestellt. Wenn man die Parameterfenster ausgefüllt hat, gelangt man zu einem Text-Editor, in dem man den eigentlichen Code des Reports eingibt.

Tabelle 4.3. Parameter beim Anlegen eines Reports

Parameter	Bedeutung
Top-Include anlegen?	Wenn man das Feld nicht ankreuzt, wird der Typ richtig vorbelegt. Bei komplexen Reports sollte man es ankreuzen und den Typ manuell setzen.
Typ	Art des Programms. Für einen Report ist dies „Ausführbares Programm"
Entwicklungsklasse	Die Entwicklungsklasse, die für Ihr Teilprojekt angelegt wurde.

Bediensequenz 12: Ausführen eines Reports

Um einen Report auszuführen, den Sie noch nicht geöffnet haben, müssen Sie

1. Transaktion SE80 aufrufen
2. Button „Objekt bearbeiten" drücken
3. Im Reiter „Programm" den Objekttyp „Programm" auswählen und den Namen des Reports eingeben
4. In der Fußleiste auf Anzeigen oder Ändern klicken
5. In der Menüleiste auf Ausführen (Schraubzwinge) klicken
6. Gegebenenfalls die Felder für die Eingabeparameter des Reports füllen und bestätigen

Bediensequenz 13: Anlegen eines Modulpools

Das Anlegen eines Modulpools beginnt über dieselben Schritte wie das Anlegen eines Reports in Bediensequenz 11. Lediglich die unter Punkt 5 zu setzenden Parameter unterscheiden sich.

Tabelle 4.4. Parameter beim Anlegen eines Modulpools

Parameter	Bedeutung
Programmname	Sollte mit SAPMZ beginnen, gefolgt von dem Transaktionscode, den Sie dem Modulpool zuordnen wollen, also beispielsweise SAPMZXXXX.
Top-Include anlegen?	Ankreuzen, dann wird der Typ richtig vorbelegt.
Typ	Art des Programms. Für einen Modulpool ist dies „Modulpool"
Name des Top Includes	Der Name sollte die Form MZXXXXTOP haben, wobei XXXX wieder der Transaktionscode ist.
Entwicklungsklasse	Die Entwicklungsklasse, die für Ihr Teilprojekt angelegt wurde.

Der ABAP Editor bereitet anhand des eingegebenen Include-Namens vier Includes vor, die analog benannt sind. Das erste davon ist das Top-Include, die übrigen sind die PBO-, PAI- und Form-Includes. Die Deklaration PROGRAM ... befindet sich im Top-Include.

```
  INCLUDE MZBSP1TOP                          "

* INCLUDE MZBSP1O01                          *
* INCLUDE MZBSP1I01                          *
* INCLUDE MZBSP1F01                          *
```

Die einzelnen Seiten des Modulpools, also die Dynpro, erzeugen Sie separat wie in Bediensequenz 14 beschrieben. In Bediensequenz 15 ist beschrieben, wie Sie einen Modulpool einem selbstdefinierten Transaktionscode zuordnen.

Bediensequenz 14: Anlegen eines Dynpro

Um ein Dynpro zu einem bestehenden Modulpool hinzuzufügen, müssen Sie

1. Transaktion SE80 aufrufen
2. Button „Objekt bearbeiten" drücken
3. Im Reiter „Programm" den Objekttyp „Dynpro" auswählen, die dreistellige Nummer des anzulegenden Dynpros eingeben,z. B.100, 200, 300, und den Namen des übergeordneten Modulpools unter „Programm" eingeben
4. In der Fußleiste auf Anlegen klicken
5. Das Dynpro wie unten beschrieben definieren
6. Prüfen, speichern, aktivieren, testweise ausführen

Die eigentliche Definition des Dynpros erstreckt sich über drei Reiter. Außerdem wird sie durch den grafischen Screen Painter unterstützt. In Abb. 4.7 sehen Sie den Eigenschaften-Reiter, in dem Sie unter anderem festlegen, ob es sich um ein ganzseitiges Dynpro oder etwa ein modales Fenster handelt. Falls Sie die Dynpro-Reihenfolge statisch definieren wollen, geben Sie dort auch das Folge-Dynpro fest ein.

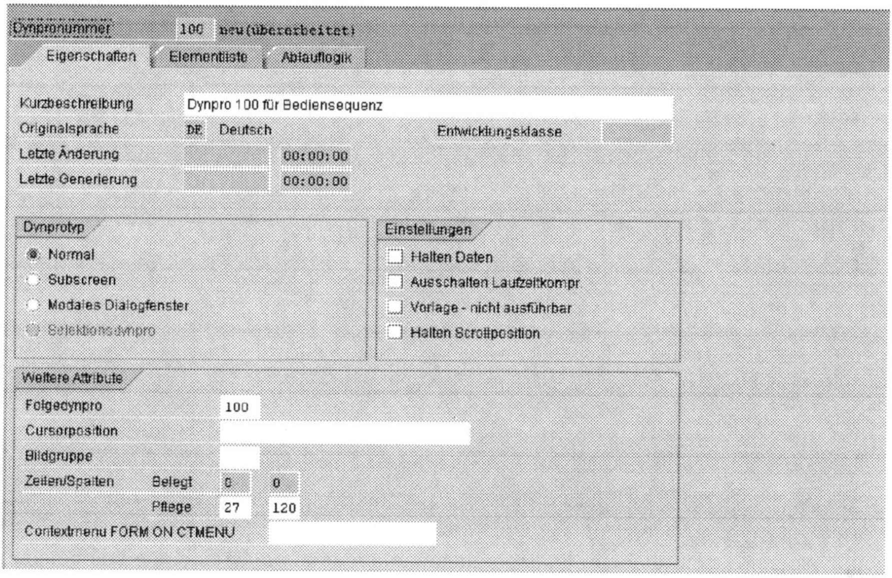

Abb. 4.7. Ein Dynpro im ABAP Editor

Der Reiter „Elementliste" enthält für jedes Oberflächenelement des Dynpros eine Beschreibungszeile mit dessen Bildschirmposition und weiteren Eigenschaften. Man editiert die Oberflächenelemente aber in der Regel grafisch über den Screen Painter, der in der Menüzeile über „Layout" erreichbar ist. Über die Elementliste nimmt man eher Änderungen an Attributen vor.

Der letzte Reiter enthält den ABAP-Code zum Behandeln der PAI- und PBO-Ereignisse, der wie in Kapitel 3 erläutert die entsprechenden Module einbindet. An dieser Stelle verweisen Sie falls gewünscht dynamisch an Folge-Dynpros.

```
PROCESS BEFORE OUTPUT.
  MODULE status_0100.

PROCESS AFTER INPUT.
  MODULE user_command_0100.
```

Bediensequenz 15: Verbinden eines Modulpools mit einem Transaktionscode

Um einen Modulpool an einen selbstdefinierten Transaktionscode zu koppeln, müssen Sie

1. Transaktion *SE80* aufrufen
2. Button „Objekt bearbeiten" drücken
3. Im Reiter „Programm" den Objekttyp „Transaktion" auswählen, den Transaktionscode eingeben, außerdem den Namen des Modulpools unter „Programm" eingeben
4. In der Fußleiste auf Anlegen klicken
5. Im Parameterfenster und auf der Hauptseite die Entwicklungsklasse und die Nummer des Einstiegs-Dynpros eingeben
6. Prüfen und Speichern

Eine Transaktion muss selbst nicht aktiviert werden. Dafür müssen aber die von ihr referenzierten Objekte aktiviert sein.

Bediensequenz 16: Ausführen eines Modulpools

Um einen Modulpool, den Sie wie in Bediensequenz 13, 14 und 15 angegeben definiert haben, auszuführen, müssen Sie lediglich dessen Transaktionscode in der Menüleiste eingeben. Genau so, als handle es sich um eine vom System vorgegebene Transaktion.

Bediensequenz 17: Anlegen eines Includes

Um ein Include anzulegen, müssen Sie

1. Transaktion *SE80* aufrufen
2. Button „Objekt bearbeiten" drücken
3. Im Reiter „Programm" den Objekttyp „Include-Programm" auswählen, den Namen des Includes eingeben, den Namen des übergeordneten Programms unter „Programm" eingeben
4. In der Fußleiste auf Anlegen klicken
5. Im Parameterfenster die Entwicklungsklasse eingeben, dann den Include implementieren
6. Prüfen, Speichern, den Include aktivieren, gesamtes Programm testen

Bemerkenswert ist, dass Sie den Include wirklich separat aktivieren. Unterschiedliche Entwickler können dadurch unabhängig voneinander an einem Report und an einem von dem Report eingebundenen Include arbeiten. Dasselbe Objekt können sie dagegen nicht gleichzeitig modifizieren.

In der Fülle von Bediensequenzen für den ABAP Editor kommt das eigentliche Editieren fast zu kurz. Die Programmierung des Programmcodes nimmt ja in der Praxis den Großteil der Zeit in Anspruch. Der ABAP Editor erweist sich dabei als überaus praktisches und auch angenehm schnelles Werkzeug.

Wie Sie in Abb. 4.8 sehen, ist der ABAP Editor ein schlichter Text-Editor, der jedoch ein erstaunliches syntaktisches Verständnis beweist. Wenn Sie im Menübaum auf der linken Seite beispielsweise zu einem Unterprogramm navigieren, positioniert sich der Code rechts so, dass dieses im Mittelpunkt der Seite positioniert ist.

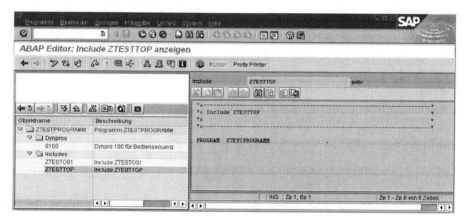

Abb. 4.8. der ABAP Editor

Das Navigationsmenü links enthält all jene Programmteile, die das von Ihnen gewählte Gesamtprogramm ausmachen. So können Sie leicht zwischen den im Programm definierten Datentypen und den Reports oder Dynpros des Programms hin und her springen.

Bei Bedarf können Sie, bevor Sie den Code ausführen, über Hilfsmittel / Breakpoints einen Breakpoint setzen. Obwohl der Code auf dem zentralen Server ausgeführt wird, ist der Breakpoint nur für Ihre eigene Benutzersitzung sichtbar. Es besteht also keine Gefahr, dass Sie anderen Entwicklern in die Quere kommen. Breakpoints können Sie nur in zuvor aktiviertem Code setzen. Der Debugger öffnet sich, sobald die als Breakpoint markierte Codestelle beim Ausführen erreicht wurde. Da Sie wahrscheinlich mit der Bedienung der üblichen Java-Debugger vertraut sind, werden Sie sich schnell mit dem ABAP-Debugger zurechtfinden.

Wenn Sie ein Programm zum Ändern geöffnet haben, kann kein anderer Entwickler daran eine Änderung vornehmen. Allerdings kann er durchaus einen Funktionsbaustein modifizieren, der von Ihrem Programm verwendet wird, oder auch ein Codemodul, das Sie über Include eingebunden haben. Auf diese Weise ist ein guter Kompromiss für das Entwickeln im Team realisiert. Sie laufen keine Gefahr, die Änderungen des Kollegen im selben Programmstück zu überschreiben, aber Sie können parallel an unterschiedlichen Teilen des Gesamtprojekts arbeiten.

Eine Reihe von nützlichen Funktionen finden Sie in der Kopfleiste unter „Hilfsmittel". Über „Verwendungsnachweis" können Sie sich anzeigen lassen, an welchen Codestellen dasjenige Objekt noch verwendet wird, das Sie gerade im Code markiert haben. Wenn Sie beispielsweise im Code eine globale Variable markieren, bekommen Sie deren Definition und alle weiteren Verwendungen dieser Variable angezeigt.

Mit „Hilfsmittel / Aufrufgraf / Gerufen von" können Sie sich anzeigen lassen, wo überall das Programmstück aufgerufen wird, das Sie gerade editieren. Sie können sich aber auch mit „Hilfsmittel / Aufrufgraf / Ruft" anzeigen lassen, welche Unterprogramme Ihr Programm aufruft.

In der Menüleiste können Sie über „Pretty Printer" den Editor so konfigurieren, dass er Formatierungen im Code automatisch vornimmt. Das betrifft in erster Linie Groß- und Kleinschreibung und Einrückungen.

Doch die nützlichste Funktion von allen ist der Doppelklick auf eine Codestelle. Sie gelangen dadurch sofort zur Definition der betreffenden Variable, Funktion oder Datenbanktabelle.

4.3.3 Der Function Builder

Den Funktionsbausteinen kommt im ABAP-Umfeld eine Sonderrolle zu. Einerseits haben sie den Charakter globaler Bibliotheken und andererseits verfügen sie im Gegensatz zu Programmen über eine Parameterliste, die zudem ganz speziellen Regeln folgt.

Daher schreibt man Funktionsbausteine nicht wie man erwarten könnte mit dem ABAP Editor, sondern mit einem eigenständigen Werkzeug: dem Function Builder. Sie erreichen ihn entweder direkt über die Transaktion SE37 oder wiederum indirekt über die SE80.

Bevor Sie einen Funktionsbaustein anlegen können, müssen Sie sich Gedanken darüber machen, in welche Funktionsgruppe er eingegliedert werden soll. Falls keine passende existiert, müssen Sie sie anlegen. Dazu wiederum müssen Sie eine passende Entwicklungsklasse kennen.

Bediensequenz 21: Anlegen einer Funktionsgruppe

Um eine Funktionsgruppe anzulegen, müssen Sie

1. Transaktion SE80 aufrufen
2. Button „Objekt bearbeiten" drücken
3. Im Reiter „Funktionsgruppe" den Objekttyp „Funktionsgruppe" auswählen und deren Namen eingeben

4. In der Fußleiste auf Anlegen klicken
5. Im Parameterfenster die Entwicklungsklasse eintragen
6. Speichern

Bediensequenz 22: Anlegen eines Funktionsbausteins

Um einen Funktionsbaustein anzulegen, müssen Sie

1. Transaktion SE80 aufrufen
2. Button „Objekt bearbeiten" drücken
3. Im Reiter „Funktionsgruppe" den Objekttyp „Funktionsbaustein" auswählen und dessen Namen eingeben
4. In der Fußleiste auf Anlegen klicken
5. Im Parameterfenster die gewünschten Werte eintragen. Dann öffnet sich der Editor für Funktionsbausteine, siehe Erläuterungstext unten
6. Prüfen, speichern, aktivieren, testweise ausführen

Im Parameterfenster geben Sie die Funktionsgruppe und einen Beschreibungstext, nicht aber eine Entwicklungsklasse ein. Der eigentliche Editor für Funktionsbausteine besteht aus einem Reiter für allgemeine Eigenschaften, fünf Reitern für die unterschiedlichen Arten von Parametern und einem Reiter, in dem der Quellcode angezeigt wird.

Dem Eigenschaften-Reiter kommt bei Funktionsbausteinen eine bedeutendere Rolle zu als bei anderen Objekten, denn er enthält einige sehr wichtige Stellschrauben. Sie sehen in Abb. 4.9 auf der linken unteren Seite des Eigenschaften-Reiters unter dem Titel „Ablaufart" eine Gruppe von Radiobuttons. Dort ist „Normaler Funktionsbaustein" ausgewählt für einen Funktionsbaustein, der nur von demselben R/3-System aus aufgerufen wird, in dem er definiert ist und der keine verzögerte Behandlung von Datenbanktransaktionen vornimmt.

Wenn Sie einen Funktionsbaustein von einem anderen R/3-System oder von einem Fremdsystem aus aufrufen wollen, müssen Sie als Ablaufart „Remote fähiger Baustein" wählen. Dadurch wird der Funktionsbaustein an einen Server-Mechanismus gekoppelt, der ihn von außen erreichbar macht. Damit das technisch zu realisieren ist, gelten für remote-fähige Funktionsbausteine strengere syntaktische Regeln. Der ganze Themenkomplex von SAP-Aufrufen aus Fremdsystemen wird in Kapitel 6 ausführlich behandelt. Bis dahin sollten Sie sich merken, wie man einen Funktionsbaustein als remote-fähig markiert.

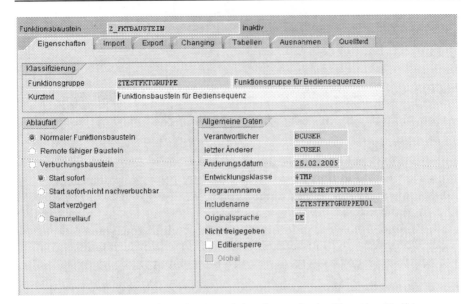

Abb. 4.9. Eigenschaften eines Funktionsbausteins im Function Builders

Eine weitere mögliche Ablaufart ist die als „Verbuchungsbaustein". In Kapitel 3 wurde beschrieben, auf welche Weise man längere Datenbanktransaktionen in ABAP realisieren kann. Das entscheidende Hilfsmittel dabei sind Funktionsbausteine, die die darin vorgenommenen Datenbankänderungen sammeln können, damit sie später gebündelt in einem Stück durchgeführt werden. Ein solcher Funktionsbaustein nennt sich Verbuchungsbaustein. Sie können ihn an dieser Stelle deklarieren.

Als nächstes enthält der Function Builder für jeden Parametertyp eine eigene Parameterliste, die wiederum in einem eigenen Reiter untergebracht ist. Daher gibt es fünf Reiter namens „Import", „Export", „Changing", „Tabellen" und „Ausnahmen". Über die Bedeutung dieser Parametertypen wissen Sie schon aus Kapitel 3 Bescheid. In Abb. 4.10 sehen Sie nun, wie Sie anlegen. In der ersten Spalte geben Sie den Namen des Parameters ein. In der zweiten wählen Sie zwischen LIKE, TYPE und TYPE REF TO.

Funktionsbaustein	Z_FKTBAUSTEIN			inaktiv			
Eigenschaften	Import	Export	Changing	Tabellen	Ausnahmen	Quelltext	

Parametername	Typisierung	Bezugstyp	Vorschlagswert	Optional	Wertübergabe	Kurztext
INPARAMETER1	TYPE	ZELEMENT			✔	Testelement für Bediensequenz
INPARAMETER2	TYPE	C				

Abb. 4.10. Import-Parameter eines Funktionsbausteins im Function Builder

Die dritte Spalte enthält den Typ in Form eines Datenelements oder eines eingebauten Typs. Außerdem können Sie einen Parameter als optional markieren und festlegen, ob er per Wert oder als Referenz übergeben wird. Was in der Abbildung anhand der Importparameter gezeigt wurde, funktioniert analog für die übrigen Parameterarten. Lediglich die Exceptions werden als einfache Liste der Exception-Namen spezifiziert.

Aus den Parametern, die Sie in den fünf Reitern festlegen, generiert der Function Builder sofort den Funktionsrumpf im letzten Reiter „Quelltext". Der wichtigste Teil des generierten Codes ist die Parameterbeschreibung in Kommentarform. Sie gibt immer die aktuelle Schnittstellendefinition wider. Auch wenn sie als Kommentar kein Funktionsträger ist, gelangen Sie durch einen Doppelklick auf einen der Parameter zu dessen Definition.

Für unser Beispiel sieht der generierte Code so aus:

```
FUNCTION Z_FKTBAUSTEIN.
*"----------------------------------------------
*"*"Lokale Schnittstelle:
*"  IMPORTING
*"     VALUE(INPARAMETER1) TYPE  ZELEMENT
*"     REFERENCE(INPARAMETER2) TYPE  C
*"  EXPORTING
*"     REFERENCE(OUTPARAMETER1) TYPE  I
*"----------------------------------------------

ENDFUNCTION.
```

Sie können daran gut die Auswirkung der Einträge in den Parameter-Reitern nachvollziehen, unter anderem auch die Funktion des Schalters für die Wertübergabe.

Nun können Sie darangehen, den generierten Funktionsrumpf auszuprogrammieren. Das Programmieren im Function Builder funktioniert gerade so, als befänden Sie sich im ABAP Editor. Es stehen Ihnen dieselben Hilfsmittel zur Verfügung.

Bediensequenz 23: Ausführen eines Funktionsbausteins

Um einen Funktionsbaustein auszuführen, den Sie noch nicht geöffnet haben, müssen Sie

1. Transaktion SE80 aufrufen
2. Button „Objekt bearbeiten" drücken
3. Im Reiter „Funktionsgruppe" den Objekttyp „Funktionsbaustein" auswählen und dessen Namen eingeben
4. In der Fußleiste auf Anzeigen oder Ändern klicken
5. In der Menüleiste auf Ausführen (Schraubzwinge) klicken
6. Gegebenenfalls die Felder für die Eingabeparameter des Funktionsbausteins füllen und bestätigen

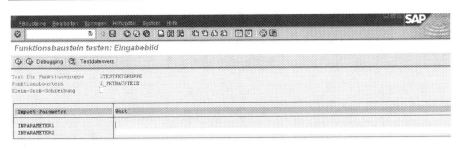

Abb. 4.11. Testen eines Funktionsbausteins über den Function Builder

Bediensequenz 24: Generieren eines Funktionsbausteinaufrufs

Wenn Sie sich den Aufruf eines Funktionsbausteins generieren lassen wollen, müssen Sie sich im ABAP Editor befinden. Alternativ können Sie sich auch in einem anderen Werkzeug an einer Stelle befinden, die ABAP-Code verwaltet, also im Source-Reiter des Function Builders. Dort müssen Sie

1. Den Cursor im Code auf die Stelle positionieren, an der der Aufruf eingefügt werden soll
2. In der Menüzeile den Button „Muster" betätigen
3. In dem dann erscheinenden Fenster den Namen des aufzurufenden Funktionsbausteins eingeben und bestätigen

Für den Funktionsbaustein Z_FKTBAUSTEIN wird dann der folgende Code generiert.

```
CALL FUNCTION 'Z_FKTBAUSTEIN'
    EXPORTING
        inparameter1        =
        inparameter2        =
*   IMPORTING
*       OUTPARAMETER1       =
```

Es fällt auf, dass der Anteil, der eine zusätzliche lokale Variablendeklaration benötigt, auskommentiert ist. Um ihn verwenden zu können, müssen Sie den Rückgabeparameter OUTPARAMETER1 deklarieren und die Kommentarzeichen entfernen.

Über den Muster-Button können Sie sich übrigens noch eine Reihe anderer oft benötigter Codestücke generieren lassen.

4.3.4 Das ABAP Dictionary

Das ABAP Dictionary ist bekanntlich für die Definition von Datenbanktabellen und anderen systemweit genutzten Typen zuständig. Sie können es direkt über die Transaktion SE11 erreichen oder indirekt über die SE80.

Bediensequenz 31: Anlegen einer Domäne

Wenn Sie eine Domäne anlegen möchten, müssen Sie

1. Transaktion SE80 aufrufen
2. Button „Objekt bearbeiten" drücken
3. Im Reiter „Dictionary" den Objekttyp „Domäne" auswählen und deren Namen eingeben
4. In der Fußleiste auf Anlegen klicken
5. Im Editor die Domäneneigenschaften wie unten beschrieben festlegen. Beim Speichern öffnet sich ein Parameterfenster, in dem man in erster Linie die Entwicklungsklasse einträgt.
6. Prüfen, speichern und aktivieren

Der Editor für Domänen enthält drei Reiter. Im ersten werden allgemeine Objekteigenschaften wie die Entwicklungsklasse festgehalten. Im zweiten wird die Domäne aus einem elementaren Typ und einer Länge zusammengesetzt und mit einem Beschreibungstext gekoppelt. Dies ist in Abb. 4.12 zu sehen. Dort kann man bei Bedarf auch eine Konvertierungsroutine angeben, die Eingabefelder dieses Typs aufbereitet. Auf diese Weise können Sie zum Beispiel Telefonnummern vom Format „0123456789" in das Format „(+49) 1234 / 56789" bringen.

Im dritten Reiter kann man den Wertebereich, der durch den zugrunde liegenden Datentyp vorgegeben wird, einschränken. Dies geschieht entweder dadurch, dass man eine Liste fester Werte angibt. Oder aber man beschreibt

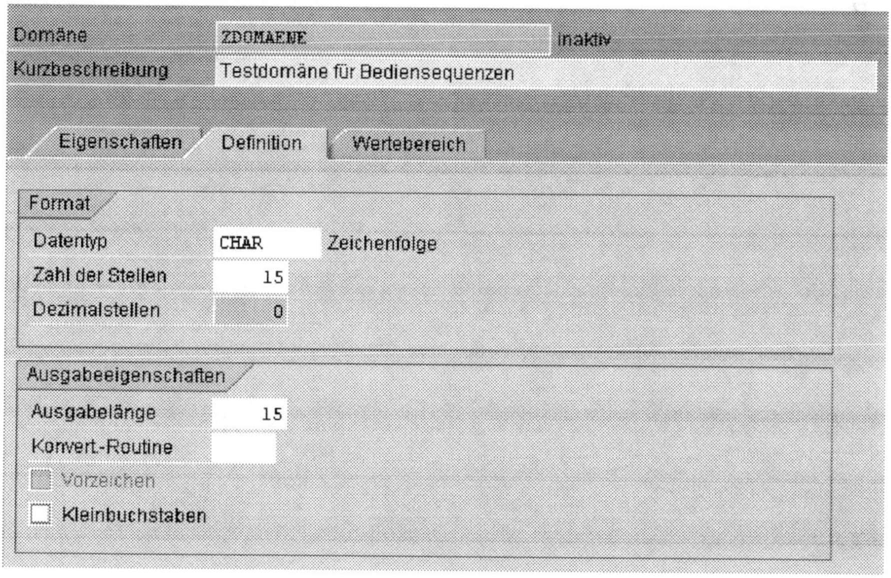

Abb. 4.12. Definition einer Domäne im ABAP Dictionary

den zulässigen Wertebereich durch eine Reihe von Intervallen. Alternativ kann man als dritte Möglichkeit den Bezug zu einer so genannten Prüftabelle herstellen. Diese enthält dann die zulässigen Werte für die Domäne.

Bediensequenz 32: Anlegen eines Datenelements

Wenn Sie ein Datenelement anlegen möchten, müssen Sie

1. Transaktion SE80 aufrufen
2. Button „Objekt bearbeiten" drücken
3. Im Reiter „Dictionary" den Objekttyp „Datenelement" auswählen und dessen Namen eingeben
4. In der Fußleiste auf Anlegen klicken
5. Im Editor die Eigenschaften des Datenelements wie unten beschrieben festlegen. Beim Speichern öffnet sich ein Parameterfenster, in dem man in erster Linie die Entwicklungsklasse einträgt.
6. Prüfen, speichern und aktivieren

Auch der Editor für Datenelemente besteht aus drei Reitern, deren erster allgemeine Eigenschaften wie die Entwicklungsklasse enthält. Interessan-

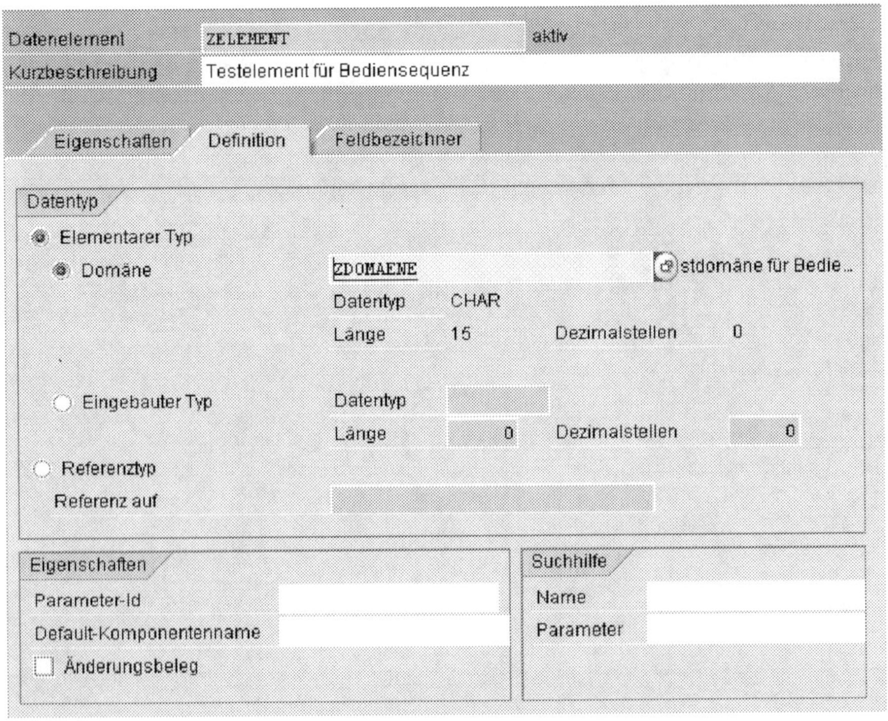

| Datenelement | ZELEMENT | | aktiv |
| Kurzbeschreibung | Testelement für Bediensequenz | | |

Eigenschaften   Definition   Feldbezeichner

Datentyp
- Elementarer Typ
  - Domäne   ZDOMAENE   stdomäne für Bedie...
                   Datentyp   CHAR
                   Länge   15   Dezimalstellen   0

  - Eingebauter Typ   Datentyp
                       Länge   0   Dezimalstellen   0
- Referenztyp
  Referenz auf

Eigenschaften		Suchhilfe	
Parameter-Id		Name	
Default-Komponentenname		Parameter	
☐ Änderungsbeleg			

Abb. 4.13. Definition eines Datenelements im ABAP Dictionary

ter ist der zweite Reiter, denn dort können Sie das Datenelement auf eine Domäne zurückführen oder direkt über einen Elementaren Typ definieren. Dieser zweite Reiter ist in Abb. 4.13 zu sehen. Im dritten Tabulator gibt man lediglich eine Reihe von unterschiedlich langen Beschreibungstexten zum Feld an.

Bediensequenz 33: Anlegen einer Tabelle

Wenn Sie eine Tabellendefinition anlegen möchten, müssen Sie

1. Transaktion SE80 aufrufen
2. Button „Objekt bearbeiten" drücken
3. Im Reiter „Dictionary" den Objekttyp „Datenbanktabelle" auswählen und deren Namen eingeben
4. In der Fußleiste auf Anlegen klicken
5. Im Editor die Eigenschaften und Felder der Tabelle wie unten beschrieben zusammenstellen. Beim Speichern öffnet sich ein Parameterfenster, in dem man in erster Linie die Entwicklungsklasse einträgt.
6. In der Menüleiste „Technische Einstellungen" wählen und die Pflichtfelder ausfüllen
7. Prüfen, speichern und aktivieren

Der Editor für Tabellen besteht auch wieder aus drei Reitern. Im ersten davon, dem Eigenschaften-Reiter, legt man die Auslieferungsklasse der Tabelle fest. Durch die Auslieferungsklasse werden systemeigene Tabellen von benutzerdefinierten Tabellen unterschieden. Außerdem entscheidet die Auslieferungsklasse darüber, ob die Tabelle mit oder ohne Inhalt transportiert wird. Sinnvolle Werte sind für Sie „A – Anwendungstabelle", „C – Customizingtabelle" oder „L – Tabelle für temporäre Daten". Eine Customizing-Tabelle wird mitsamt ihrem Inhalt transportiert. Sie fungiert wie eine Konfigurationsdatei. Näheres zur Customizing-Technik erfahren Sie gegen Ende dieses Kapitels.

Im zweiten Reiter wird dann die eigentliche Tabellenstruktur feldweise definiert. Diesen Vorgang sehen Sie in Abb. 4.14. Sie vergeben Spaltennamen und legen den Spaltentyp anhand der verfügbaren Datenelemente fest. Dadurch ist ein hoher Grad an Typsicherheit gewährleistet. Das erkennen Sie allein schon daran, dass die Felder für den elementaren Datentyp, die Länge, die Prüftabelle und die Kurzbeschreibung ausgegraut sind. Sie ergeben sich automatisch durch die Auswahl des Feldtyps.

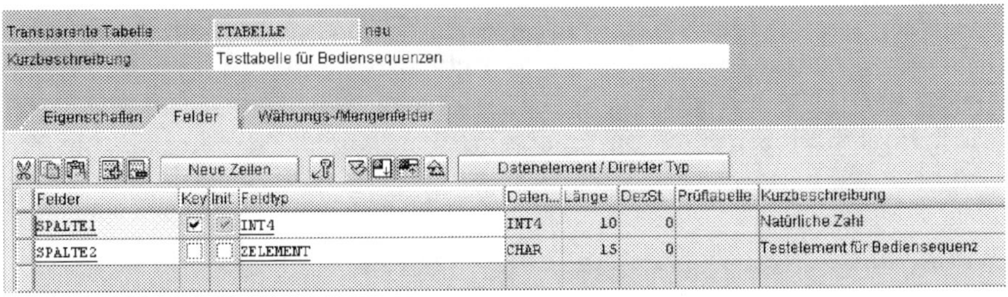

Abb. 4.14. Definition einer Tabellenstruktur im ABAP Dictionary

Durch die Reiter in Abb. 4.14 lassen sich nur die logischen Eigenschaften der Tabelle definieren. Zusätzlich gibt es einige technische Eigenschaften, die sich direkt auf die Anlage der Tabelle in der Datenbank beziehen. Erst wenn Sie auch die technischen Eingenschaften der Tabelle über den Button „Technische Einstellungen" festgelegt haben, können Sie sie aktivieren. Die technischen Eigenschaften betreffen die zu erwartende Tabellengröße, die Pufferung (Caching) und das zu erwartende Änderungsverhalten, formuliert in Form der Datenart.

Wenn Sie eine Tabelle angelegt haben, wollen Sie sie auch mit Daten füllen. Das kann über eine Applikation geschehen. Gelegentlich ist es aber auch praktisch, Datenbankinhalte per Hand zu modifizieren oder wenigstens anzusehen. Dies ist über die folgende Bediensequenz möglich, die genaugenommen nicht das ABAP Dictionary verwendet. Sie passt dennoch gut in diesen Kontext.

Bediensequenz 34: Eingeben von Tabelleninhalten

Um den Inhalt einer Tabelle anzusehen oder manuell zu modifizieren, müssen Sie

1. Transaktion SE16 aufrufen
2. Den Namen der Tabelle eingeben
3. Zum Ansehen von Tabelleninhalten einfach bestätigen, zum Einfügen von Tabelleninhalten auf den Erzeugen-Button (Blatt) in der Menüleiste klicken
4. Die Tabelleninhalte mit den verfügbaren Hilfsmitteln einfügen oder ansehen, sie sind ausreichend verständlich
5. Vorgenommene Änderungen speichern

Das Werkzeug, das Sie über die SE16 aufrufen, ist der Data Browser. Sie können mit ihm nur dann Tabelleninhalte eingeben, wenn im ABAP Dictionary auf der Eigenschaften-Seite der entsprechenden Tabellendefinition die Option „Datenpflege erlaubt" angekreuzt ist.

Zum Ändern von bestehenden Datenbankeinträgen verwenden Sie die Transaktion SM30. Alternativ können Sie sich auch beim Anlegen der Datenbanktabelle über die Transaktion SE11 eine dedizierte Pflegemaske generieren lassen.

Der nächste Punkt verwendet wieder das ABAP Dictionary.

Bediensequenz 35: Anlegen eines Sperrobjekts

Um ein Sperrobjekt für die Tabelle ZTABELLE anzulegen, müssen Sie

1. Transaktion SE80 aufrufen
2. Button „Objekt bearbeiten" drücken
3. Im Reiter „Dictionary" den Objekttyp „Sperrobjekt" auswählen und dessen Namen eingeben, in unserem Fall EZTABELLE
4. In der Fußleiste auf Anlegen klicken
5. Im Editor die Sperrparameter wie unten beschrieben setzen
6. Prüfen, speichern und aktivieren

Verteilt auf drei Reiter werden für das Sperrobjekt in erster Linie die in Tabelle 4.5 aufgeführten Parameter spezifiziert.

Tabelle 4.5. Parameter beim Anlegen eines Sperrobjekts

Parameter	Bedeutung
Primärtabelle	Name der Tabelle, deren Zugriffe durch das Sperrobjekt synchronisiert werden, hier ZTABELLE.
Sperrmodus	Schreibsperre oder Lesesperre
Sperrparameter	Eindeutigkeitskriterium für das Sperrobjekt, hier Primärschlüssel in ZTABELLE

4.4 Entwickeln am SAP-Standard

4.4.1 Standardsoftware

Ein Java-Entwickler muss beim Übertritt in die SAP-Welt einen wichtigen Grundsatz verinnerlichen: Er muss sich abgewöhnen, alles selbst zu entwickeln.

Jedes Java-Projekt, das halbwegs auf sich hält, entwickelt sein eigenes Framework. Da mag es noch so viele Open-Source-Lösungen für dasselbe Problem geben, die bereits ausgereift und hundertfach in der Praxis erprobt sind. In Java hat man die Freiheit, vieles selbst zu programmieren, daher tut man es auch. Nur langsam verbreiten sich Standards für typische Architekturen und die entsprechenden Produkte. Und auch dies geschieht nicht ohne ständige Gegenentwürfe aus einem anderen Standardisierungsgremium oder von einer Konkurrenzfirma. So sehr das Streben nach Freiheit zum Selbstverständnis der Java-Welt gehört, so sehr verlängert es die Projektlaufzeiten und reduziert deren Planbarkeit. Denn letztlich muss sich jeder neue Entwickler doch ganz von vorne in die Eigenheiten des Projekts einarbeiten.

Mögen die Architekturentwürfe aus der Java-Welt alles andere an Raffinesse übertreffen, SAP-Projekte laufen in geregelteren Bahnen ab und sind schneller fertig gestellt. Das liegt nicht nur daran, dass das Framework vorgegeben ist und dem Entwickler im Vergleich nur geringe Freiheitsgrade lässt. Nein, auch die Geschäftslogik wird schon fertig ausgeliefert und muss nur an die Bedürfnisse des jeweiligen Kunden angepasst werden. Dieses Vorgehen nennt sich Customizing.

Zu Beginn eines Java-Projekts analysiert man die Wünsche des Kunden und entwirft eine Architektur, die teilweise auf erprobten Frameworks basiert. Die Geschäftslogik implementiert man fast in jedem Fall neu. Ein SAP-Projekt beginnt dagegen mit einer Analyse der Differenz von Kundenwunsch und SAPs eigener Implementierung desselben Problems. Nur diese Differenz muss dann implementiert werden. Allerdings besteht immer auch die Option, die Prozesse des Kunden an SAPs idealtypische Lösung anzupassen und so den Entwicklungsaufwand noch weiter gegen Null zu verschieben. Man spricht daher auch davon, dass der Kundenwunsch vom „Standard" abweiche.

Diese Sichtweise impliziert, dass R/3 ausreichend allgemeingültig und verbreitet ist, um einen Standard für betriebswirtschaftliche Software zu setzen. Daraus resultiert auch die Bezeichnung „Standardsoftware" für R/3, die als Abgrenzung zur Individualsoftware, also der selbst gestrickten Lösung, zu verstehen ist.

Erst wenn Sie die standardorientierte Denkweise verinnerlicht haben, werden Sie sachgerecht und konstruktiv an einem SAP-Projekt mitarbeiten können. Denn dieses Vorgehen weicht oft von der technischen Intuition ab, die Sie durch viele Jahre Berufserfahrung erworben haben.

Wenn Sie beispielsweise eine Schnittstelle zwischen SAP und einem Fremdsystem implementieren wollen, halten Sie sich wahrscheinlich an drei liebgewonnene Faustregeln. Eine Schnittstelle muss vollständig, minimal und neutral sein. Dadurch werden Seiteneffekte und Wartungsaufwand minimiert. Jeder der beteiligten Kommunikationspartner ist mit dem geringst möglichen Aufwand ersetzbar. Doch schon befinden Sie sich im Konflikt mit der standardorientierten Denkschule. Denn SAP gibt eine Reihe von Schnittstellen vor, die sich in vielen Standardsituationen einsetzen lassen. Sie sollten zunächst prüfen, ob eine der vorgegebenen Schnittstellen für Ihre Zwecke genügt. Meist gibt es eine solche. Und dann sollten Sie sie verwenden, auch wenn sie überdimensioniert ist und viel von SAPs

Implementierungsdetails in die Schnittstelle hineinholt. Ihre Forderungen nach Minimalität und Neutralität sind nun verletzt. Dennoch bedeutet dieser Ansatz oft für das Projekt als Ganzes ein Aufwandsoptimum.

4.4.2 Customizing-Techniken

Die zuvor genannten Empfehlungen zur Standardtreue sind weder bindend noch klar umrissen. Dagegen unterscheidet SAP selbst ganz präzise die Grade einer Veränderung gegenüber dem Standard.

Als Customizing werden reine Konfigurationseinstellungen bezeichnet. Diese werden in Datenbanktabellen abgelegt. SAP garantiert, dass Customizing-Einstellungen auch mit späteren Releases von R/3 ohne spezielle Anpassungen lauffähig bleiben. Sie können sich die Rolle der Customizing-Einstellung so vorstellen wie die Konfigurationsdateien, mit denen Sie einen J2EE-Server konfigurieren. Das Customizing ist also nicht nur toleriert. Vielmehr ist es absolut notwendig, damit ein R/3-System überhaupt bei einem Kunden eingesetzt werden kann. Allerdings greift der Vergleich mit dem J2EE-Server zu kurz, denn das Customizing bezieht sich zum großen Teil nicht auf technische Aspekte, sondern auf betriebswirtschaftliche.

Customizing allein reicht meist nicht aus, um auf spezielle Wünsche eines Kunden einzugehen. Daher gibt es eine weitere Art von vorsichtigen Eingriffen in das System: die „Enhancements". R/3 stellt eine Reihe von Event-Schnittstellen bereit, die vom Benutzer bei Bedarf ausprogrammiert werden können. Sie werden als User Exits bezeichnet. Ein User Exit wird ähnlich einem Datenbank-Trigger zu bestimmten Zeitpunkten im Programmablauf aufgerufen. Beispielsweise unmittelbar bevor eine Rechnung gestellt wird. Bei Bedarf können Sie an dieses Ereignis eine Folgeaktion koppeln, die Sie selbst in ABAP implementieren. Wenn Sie den vorgesehenen User Exit nicht ausprogrammieren, läuft das Programm bei Eintreten des besagten Ereignisses einfach weiter. Der Vorteil dieser minimal invasiven Eingriffe in das Programmgeschehen ist die Release-Sicherheit. SAP garantiert auch hier, dass Ihr Code in neueren Releases von R/3 unverändert lauffähig bleibt. Dies ist möglich, da die Zahl der vorgegebenen User Exits begrenzt ist und ihre Schnittstellen sauber definiert sind. Zum Verwalten von User Exits können Sie die Transaktionen SMOD und CMOD verwenden.

Die technische Realisierung von User Exits ist relativ einfach. Es sind vom System vorgegebene Funktionsbausteine, deren Implementierung lediglich aus einem Include besteht, das bei der Auslieferung leer ist. Der Name des Includes beginnt typischerweise mit ZX, es ist also von Ihnen modifizierbar.

```
FUNCTION EXIT_SAP... .
*"----------------------------------------------------
*"*"Lokale Schnittstelle:
*" ...
*"----------------------------------------------------

   INCLUDE ZXABCD.   " Ihr Code

ENDFUNCTION.
```

Sie erweitern das Include so, dass es die von Ihnen benötigte Aktion durchführt. Es kann vorkommen, dass noch andere Entwickler denselben User Exit und somit dasselbe Include nutzen wollen. Um sicherzustellen, dass auch deren Code ausgeführt wird, müssen Sie darauf achten, dass Ihr Code den Programmablauf nicht vorzeitig über RAISE beendet. Das soll als kurzer Einblick in die User-Exit-Technik genügen.

Falls auch Enhancements von dieser Form nicht für Ihre Anforderungen reichen, müssen Sie sich an die eigentliche ABAP-Entwicklung wagen. Sämtliche vom System vorgegebenen Transaktionen liegen im Quellcode vor. Sie können prinzipiell nach Belieben Veränderungen daran vornehmen, sollten dies allerdings erst zu allerletzt in Erwägung ziehen. Eine Änderung eines von SAP ausgelieferten Repository-Objekts wird als „Modification" bezeichnet. Wenn Sie Modifications vornehmen, besteht keinerlei Gewähr dafür, dass Ihr Code auch mit zukünftigen SAP-Releases lauffähig ist. Es kommt tatsächlich vor, dass große Unternehmen viele Jahre mit einer veralteten SAP-Version weiterarbeiten, da sie zu viele Modifikationen vorgenommen haben, als dass sie leicht auf das aktuelle migrieren könnten. Dies wird spätestens dann kritisch, wenn SAP den Support für das ganze Produkt einstellt, wie es bei R/2 der Fall ist.

Außerdem verlieren Sie durch Modifikationen die Herstellergarantie dafür, dass das System konsistent funktioniert. Auch der Support für modifizierte Systeme ist erheblich teuerer als der Standard-Support. Sie sollten sich also genau überlegen, ob Sie das Gebiet der Modifikationen betreten wollen.

Unkritisch ist dagegen von Ihnen vollständig selbst entwickelter Code, der keine ausgelieferten Objekte modifiziert. Sie können Ihre eigenen Objekte leicht daran erkennen, dass ihr Name mit Z oder Y beginnt. Darüber hinaus darf Ihr Code durchaus lesend auf SAP-eigene Tabellen zugreifen. Schreibende Zugriffe auf SAP-eigene Tabellen sind nur über die dafür vorgesehenen Funktionsbausteine unproblematisch.

Teil 2
Anbindung von Java und SAP

5 Anbindung von Java und SAP – Übersicht

Die Sprache Java hat Einzug in viele Unternehmen gehalten und sich dabei den Ruf als Integrationsplattform erworben. Zu annähernd jeder Technologie und jedem Protokoll stellt Java eine Schnittstelle bereit. Sei es LDAP, JMS oder MQSeries, Java liefert die Funktionalität in abstrahierter Form als APIs wie in diesem Fall JNDI, JCA und JMS.

Daher steht an Knotenpunkten zwischen heterogenen Systemen oft ein Java-Server. Muss man die Daten aus Datenbank X mit denen aus Altsystem Y kombinieren und schließlich in Datenbank Z schreiben, so strickt man sich ein paar passende EJBs und kann darauf aufbauend dem Benutzer eine homogene Oberfläche liefern.

Es liegt nahe, dass eines der proprietären Systeme, die es zu integrieren gilt, durchaus auch ein SAP-System sein kann. In großen Unternehmen ist es sogar recht wahrscheinlich, dass ein beliebiger fachlicher Aspekt wenigstens teilweise eine Anbindung an Daten erfordert, die in SAP verwaltet werden. Entsprechend groß ist der Bedarf für eine Kopplung von Java und SAP.

In diesem Teil 2 stellen wir zwei unterschiedliche Vorgehensweisen vor, um Java an SAP anzubinden. Zum einen ist das die Kombination aus RFC und JCo, die primär für synchrone Anbindungen genutzt wird. Sie wird in Kapitel 6 behandelt. Zum anderen ist das die IDoc-Technologie, die asynchrone Anbindungen möglich macht. Sie wird in Kapitel 7 näher beleuchtet.

Voraussetzung ist in beiden Fällen ein SAP-System, wie Sie es heute, im Jahr 2005 in der Praxis vorfinden. Also ein R/3-System und kein Netweaver-System, wie es in Teil 3 beschrieben wird. Im Netweaver verschwimmen zwar die Grenzen zwischen Java-Programm und SAP-System und die Koppelung unterschiedlicher Systeme gewinnt einiges an Eleganz. Doch das nützt Ihnen im Alltag wenig, da diese Technologie noch keine nennenswerte Verbreitung gefunden hat. Es lohnt sich also, einen Blick auf die etablierten Anbindungstechniken in diesem Teil des Buches zu werfen.

6 RFC-Schnittstellen und Java Connector

Möchte man ein SAP-System synchron mit einem Fremdsystem koppeln, dann ist die RFC-Technologie die bewährte Lösung. RFC steht für Remote Function Call und bezeichnet einen Mechanismus, um auf einem entfernten System eine Funktion auszuführen. Dabei handelt es sich in der Regel um ein SAP-System. Die Technik ist vergleichbar mit dem RPC-Mechanismus unter Unix.

Ursprünglich wurde RFC über eine C-Bibliologie realisiert, die das Fremdsystem einbinden musste, um mit einem Funktionsbaustein im SAP-System zu kommunizieren. Da C relativ mühsam zu programmieren ist, hat sich schnell eine Reihe von Produkten etabliert, die die eigentliche RFC/C-Schnittstelle vor den Benutzern verbergen und handlichere und höherwertige Schnittstellen zur Verfügung stellen. Wenn man heute von einer RFC-Schnittstelle spricht, dann meint man also meist einen Mechanismus, der nur intern das RFC-Protokoll verwendet.

Wir werden hier den RFC-Mechanismus nur über SAPs eigene Implementierung eines Java-Wrappers einsetzen. Der sogenannte Java Connector (JCo) ist das einfachste Mittel, um von Java aus auf ein SAP-System zuzugreifen. Intern verwendet er die ursprüngliche C-basierte RFC-Bibliothek. Sie sollten im Hinterkopf behalten, dass der JCo nur eine von mehreren Möglichkeiten darstellt, die RFC-Schnittstelle zu nutzen. Die übrigen werden in der Regel von kleinen Fremdanbietern hergestellt.

Wie auch immer die Implementierung auf Seiten des Fremdsystems geartet sein mag, die R/3-Seite einer RFC-Verbindung folgt immer derselben Logik. Vereinfachend haben wir gesagt, es handle sich dabei um einen Funktionsbaustein. Um die Datenkonsistenz im SAP-System sicherzustellen, muss man jedoch ein paar Umwege in Kauf nehmen.

Zuerst sollen diese übergeordneten R/3-seitigen Aspekte des RFC-Zugriffs beschrieben werden. Anschließend werden die dazu notwendigen Zugriffstechniken auf Java-Seite detailliert untersucht. Im Anschluss folgt ein Abschnitt über Debugging-Techniken und einer über weiterführende Themen.

6.1 RFC auf R/3-Seite

6.1.1 Überblick

In der Regel spielt die SAP-Seite bei einer RFC-Schnittstelle die Rolle des Servers. Dahinter steht der Sachverhalt, dass das SAP-System oft der zentrale Ablageort für unternehmensweit genutzte Daten ist. Die Datenseite ist meist die passive Seite in einem Kommunikationsvorgang, während die andere aktive Seite auf die Daten zugreift. Daher gehen wir davon aus, dass die SAP-Seite passiv ist und somit den Part des Servers übernimmt.

Sollte der Zugriff lediglich zum Auslesen von Daten aus SAP dienen, ist das Vorgehen einfach. Sie implementieren einen Funktionsbaustein, der direkt auf die Tabellen zugreift. Bei dessen Erstellung müssen Sie lediglich darauf achten, dass Sie ihn als remote-fähig markieren. Außerdem sind bei der Auswahl der Parameter einige Regeln zu beachten, die weiter unten diskutiert werden.

Wesentlich schwieriger sind schreibende Zugriffe auf Daten im SAP-System zu implementieren. Wenn Sie die vom System vorgegebenen Transaktionen manuell bedienen, sorgen ja viele tausend Zeilen ABAP-Code dafür, dass die betriebswirtschaftlichen Tabelleninhalte auf konsistente Art und Weise modifiziert werden. Beispielsweise wird kein Konto belastet, ohne ein anderes zu entlasten. Rein technisch gesehen haben Sie die Möglichkeit, die Tabelleninhalte beliebig zu modifizieren und Kontostände im System nach Belieben zu manipulieren. Doch dadurch verlieren Sie nicht nur die Datenkonsistenz, sondern auch den Haftungsanspruch der Firma SAP für Ihr Produkt. Außerdem müssen Sie Ihren Code nach einem Wechsel des SAP-Releases eventuell neu schreiben, da sich die systeminterne Logik geändert haben kann. Aus diesem Grund sollten Sie nie direkt schreibend auf SAP-eigene Tabellen zugreifen.

Die Abhilfe für dieses Dilemma schaffen sogenannte BAPIs. BAPIs sind vorgegebene Funktionsbausteine für wohldefinierte, häufig anzutreffende betriebswirtschaftliche Szenarien. Die Abkürzung steht für Business Application Programming Interface. Aus technischer Sicht sind BAPIs Funktionsbausteine, die bestimmten syntaktischen Regeln gehorchen. Fachlich gesehen stellen BAPIs für Sie sicher, dass Datenbankinhalte nur auf konsistente Art und Weise modifiziert werden. Sie sollten also zuerst prüfen, ob für Ihren Zweck bereits ein BAPI existiert. Falls ja, sollten Sie es auf jeden Fall verwenden, selbst wenn Sie nur einen Teil seiner Funktionalität benötigen. Alle Alternativen sind wesentlich fehleranfälliger.

Auch wenn kein BAPI für Ihren Zweck existiert, können Sie mit einem Trick auf offiziell ausgeliefertem Code zum Modifizieren von Daten zugreifen. Ein Mechanismus, der Batch Input genannt wird, gestattet es nämlich, die SAP-eigenen Oberflächen in Funktionsbausteine zu kapseln. Das Vorgehen, das andernorts auch als Screen Scraping bezeichnet wird, ist ebenso plump wie naheliegend. Sie zeichnen einen Bedienvorgang der passenden SAP-Transaktion als Marko auf. Das ist möglich, da jedes Feld einer SAP-Oberfläche einen innerhalb der Maske eindeutigen Namen trägt. So können Sie auf automatisierte Weise die Benutzereingaben in die Masken emulieren – inklusive dem Klick auf den Speichern-Button. Liegt der Vorgang einmal als Makro vor, wandeln Sie ihn in ABAP-Code, um dann die eingegebenen Werte nach Bedarf zu parametrisieren und als Funktionsbaustein aufzurufen.

Das Batch-Input-Verfahren ist allerdings anfällig gegenüber Änderungen an der Oberfläche oder Bedienvarianten. Beispielsweise kann ein Eingabefeld unter bestimmten Rahmenbedingungen ausgegraut sein. Falls Ihr Makro davon ausgeht, dass es immer veränderbar ist, wird es die Bearbeitung mit einem Fehler abbrechen müssen. Dennoch hat das Batch-Input-Verfahren seine Daseinsberechtigung. Wenn es für Ihren Zweck kein BAPI gibt, bietet Batch Input die einzige Möglichkeit, auf konsistente Weise SAP-eigene Tabellen zu ändern.

Ganz anders verhält es sich, wenn Sie lediglich die Inhalte von Tabellen ändern wollen, die Sie selbst angelegt haben. Dann haben Sie deren Konsistenz ganz in eigener Verantwortung. Sie dürfen und müssen unter diesen Umständen natürlich einen eigenen Funktionsbaustein zur Verfügung entwickeln.

Hier sind die soeben erklärten Regeln noch einmal als Stichpunkte zusammengefasst. Sie gelten für die SAP-Seite von RFC-Schnittstellen, wobei SAP die Rolle des Servers einnimmt.

- Für schreibende Zugriffe nutzen Sie soweit vorhanden BAPIs.
- Falls kein BAPI für Ihren schreibenden Zugriff existiert, nutzen Sie den Batch-Input-Mechanismus.
- Für schreibende Zugriffe auf selbstdefinierte Tabellen implementieren Sie selbst einen remote-fähigen Funktionsbaustein.
- Für lesende Zugriffe implementieren Sie selbst einen remote-fähigen Funktionsbaustein oder nutzen falls vorhanden einen vom System vorgegebenen.

Im Folgenden werden die einzelnen besprochenen Techniken ausführlicher vorgestellt.

6.1.2 Remote-fähige Funktionsbausteine

Damit ein selbstgeschriebener Funktionsbaustein über den RFC-Mechanismus aufrufbar wird, muss er ein paar Bedingungen erfüllen. Betrachten wir diesen minimalen Funktionsbaustein, der später auch für den ersten JCo-Zugriff verwendet wird.

```
FUNCTION Z_EINFACH.
*"----------------------------------------------
*"*"Lokale Schnittstelle:
*"----------------------------------------------
ENDFUNCTION.
```

Um ihn über RFC ansprechbar zu machen, muss man ihn als remote-fähig markieren. Dies geschieht im Function Builder bei den allgemeinen Attributen des Funktionsbausteins, wie in Kapitel 4 beschrieben wurde.

Sobald Sie einen remote-fähigen Funktionsbaustein aktivieren, wird eine Reihe von Hilfsfunktionen generiert und der SAP Application Server regiert ab sofort auf RFC-Aufrufe an diesen Baustein. Beim Aktivieren oder Speichern eines remote-fähigen Funktionsbausteins überprüft die ABAP-Umgebung eine Reihe von Bedingungen ab, die für unser Minimalbeispiel Z_EINFACH allesamt erfüllt sind. Bei einem komplexeren Funktionsbaustein, der über eine Reihe von Parametern verfügt, ist dies ein wenig komplizierter.

Bevor wir uns einem zweiten Funktionsbaustein Z_PARAMETER zuwenden, der die erwähnten Schwierigkeiten auslotet, ist ein kurzer Exkurs über Speicherverwaltung im Allgemeinen notwendig. Wenn man sich überlegt, wie überhaupt Parameter von einem Prozess zum anderen oder gar von einem Rechner zum anderen gelangen können, werden die Restriktionen der RFC-Bausteine plausibel.

Bei Funktionsaufrufen, ganz egal in welcher Programmiersprache, unterscheidet man zwischen wertbasierter Parameterübergabe und referenzbasierter Übergabe. In ersterem Fall erhält das aufgerufene Programm eine Kopie des Parameters, in letzterem lediglich eine Referenz auf einen Speicherbereich, in dem der eigentliche Parameter liegt. Dieser Speicherbereich wurde von dem aufrufenden Programm vorbereitet und mit Inhalt gefüllt. Es gibt zwei Hauptgründe, um referenzbasierte Parameterübergabe zu nutzen: man verwendet Parameter variabler Länge oder man möchte sich einen Kopiervorgang ersparen.

In ABAP ist der Typ string der typische Vertreter für einen Typ variabler Länge. Der ABAP-Compiler weiß im Voraus nicht, wie viel Platz zur Laufzeit für einen string benötigt wird. Daher realisiert er ihn intern über einen Zeiger, dessen Größe natürlich feststeht und der auf einen Speicherbereich variabler Größe verweist. Funktionsparameter vom Typ CHANGING sind ein Beispiel für das Sparen eines Kopiervorgangs. Sie geben dieselbe Struktur in den Funktionsbaustein hinein, die dieser wieder zurückgibt. Sie mag zwar modifiziert werden, aber es handelt sich um dasselbe Exemplar einer Struktur. Dasselbe gilt für Parameter, die Sie als

REFERENCE (...) und nicht als VALUE (...) deklarieren. Auch hier-bei spart man sich einen Kopiervorgang und operiert innerhalb der Funkti-on auf demselben Speicherbereich wie außerhalb.

Der Gedankengang schließt sich nun, wenn man sich klar macht, was mit einer Referenz passiert, die nicht lokal in einem Programm übergeben, son-dern über einen RFC-Aufruf auf einen anderen Rechner übertragen wird. Auf dem anderen Rechner ist der Hauptspeicher gänzlich anders angeordnet als auf dem Ursprungsrechner. Daher hat die Referenz dort keinerlei sinn-volle Bedeutung. Vielleicht weist sie auf einen verfügbaren Speicherbe-reich, aber keinesfalls auf einen, in dem sich der erwartete Inhalt befindet.

Daher verbietet der ABAP-Compiler in remote-fähigen Funktionsbau-steinen jede Art von referenzbasierten Parametern. Das gilt nicht nur für die offensichtlichen Referenzen, die über REFERENCE (...) deklariert wurden, sondern auch für die versteckten Referenzen, also für CHANGING-Parameter und solche, die variable Länge haben wie string oder Strukturen mit string- oder expliziten Referenzfeldern. Zur Erinne-rung: im Function Builder stellen Sie über eine Checkbox in der Spalte „Wertübergabe" ein, dass ein Parameter per Wert übergeben wird.

Um alle typischen und erlaubten Parametertypen eines remote-fähigen Funktionsbausteins abzudecken, betrachten wir die Definition von Z_PARAMETER.

```
FUNCTION Z_PARAMETER .
*"----------------------------------------------
*"*"Lokale Schnittstelle:
*"IMPORTING
*"    VALUE(IMPORT1) TYPE   Z_C10
*"    VALUE(IMPORT2) LIKE
*"      ZPARAMSTRUCT STRUCTURE   ZPARAMSTRUCT
*"EXPORTING
*"    VALUE(EXPORT1) TYPE   Z_C10
*"    VALUE(EXPORT2) LIKE
*"      ZPARAMSTRUCT STRUCTURE   ZPARAMSTRUCT
*"TABLES
*"    TABLE1 STRUCTURE   ZPARAMSTRUCT
*"EXCEPTIONS
*"    EXCEPTION1
*"----------------------------------------------

ENDFUNCTION.
```

Dieser Funktionsbaustein enthält IMPORTING- und EXPORTING-Parameter, die allesamt wertbasiert übergeben werden. Außerdem verwen-det er eine Tabelle und eine Exception.

Versteckte Referenztypen sind nicht vorhanden, denn der Typ Z_C10 ist ein Datentyp äquivalent zu c(10), also von fester Länge 10. Auch die Struktur ZPARAMSTRUCT enthält, wie in Abb. 6.1 gezeigt, nur Felder fester Länge.

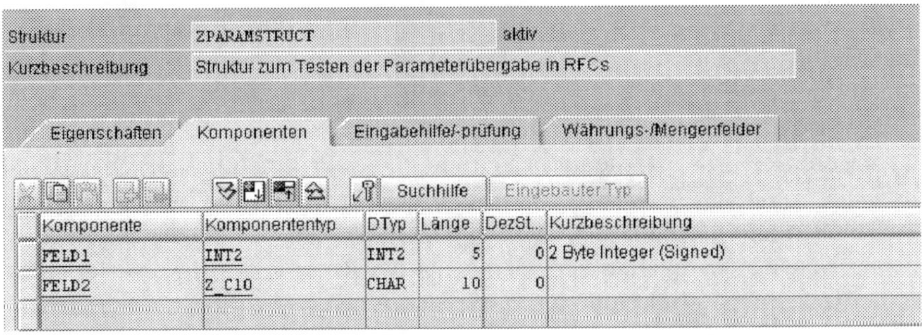

| Struktur | ZPARAMSTRUCT | aktiv |
| Kurzbeschreibung | Struktur zum Testen der Parameterübergabe in RFCs | |

Eigenschaften Komponenten Eingabehilfe/-prüfung Währungs-/Mengenfelder

Suchhilfe Eingebauter Typ

Komponente	Komponententyp	DTyp	Länge	DezSt.	Kurzbeschreibung
FELD1	INT2	INT2	5	0	2 Byte Integer (Signed)
FELD2	Z_C10	CHAR	10	0	

Abb. 6.1. Definition der Struktur ZPARAMSTRUCT im ABAP Dictionary

Merken Sie sich am besten die Feldnamen, denn wir werden später vom JCo aus auf diese Felder zugreifen.

Ein Wort noch zu dem einen TABLES-Parameter. In nicht remote-fähigen Funktionsbausteinen sind TABLES-Parameter unüblich, da Sie seit R/3-Release 4.5 auch unter IMPORTING, EXPORTING und CHANGING beliebige Strukturen und insbesondere Tabellen übergeben können. Sie müssen die Typdefinition lediglich unter einem eigenen Namen im ABAP Dictionary bekannt machen. Aus Konsistenzgründen nutzen Sie diese Möglichkeit auch, da so alle Parameterarten gleich behandelt werden und die Verwendungsrichtung immer ablesbar ist.

Die Implementierung der RFC-Bibliotheken hinkt der Entwicklung des R/3-Systems ein wenig hinterher. Daher werden von den Client-seitigen RFC-Bibliotheken zum gegenwärtigen Zeitpunkt noch keine Tabellenparameter außerhalb des TABLES-Abschnitts unterstützt. Da der Function Builder im R/3 auch für remote-fähige Funktionsbausteine Tabellen in den IMPORTING, EXPORTING und CHANGING-Abschnitten zulässt, müssen Sie selbst darauf achten, diese vorerst zu vermeiden.

Sie haben nun das Werkzeug in der Hand, um selbst remote-fähige Funktionsbausteine zu schreiben. Wie eingangs erläutert sollten Sie dies nur dann tun, wenn Sie keine potentiell konsistenzgefährdenden Datenmanipulationen vornehmen. Andernfalls sollten Sie auf BAPIs oder notfalls auf den Batch-Input-Mechanismus zurückgreifen. Rein technisch gesehen reduzieren sich beide Vorgehensweisen wiederum auf einen RFC-Baustein, der denselben Gesetzmäßigkeiten folgt, wie in diesem Abschnitt erörtert.

6.1.3 BAPIs

BAPIs sind viel mehr als nur eine besondere Art von Funktionsbaustein. BAPIs stellen den Versuch dar, das R/3-System sauber zu modularisieren und als Schnittstelle zu standardisieren. In der Frühzeit von R/3 war das

System wild gewachsen mit dem Ergebnis, dass dieselbe Funktionalität gelegentlich doppelt implementiert wurde und nicht immer als solche erkennbar war. Das erschwerte die Wartung und machte tiefgreifende Strukturänderungen zu einem schwierigen Unterfangen.

Die BAPI-Technologie schafft an dieser Stelle Abhilfe. Ihr Hauptzweck ist es, das System in autarke Teile zu gliedern, die voneinander unabhängig sind und lediglich über wohldefinierte Schnittstellen aufeinander zugreifen. Die Umstellung auf die BAPI-Architektur ist ein langwieriger Prozess, der bis heute andauert.

Doch BAPIs dienen nicht nur der internen Modularisierung, sondern stellen auch fachlich wohldefinierte Zugriffspunkte nach außen dar. Der Entwickler kann dadurch auf zentrale Funktionalitäten über Schnittstellen zugreifen, die sich auch in zukünftigen Releases nicht ändern werden. Zumindest gilt dies, sobald das BAPI von SAP offiziell freigegeben wurde.

BAPIs folgen dem objektorientierten Paradigma, auch wenn Sie gröber granular sind als das typische Java-Objekt. Ein BAPI verfügt über mehrere Methoden, die im ABAP-Code über

```
<BAPI-Name>.<Methodenname>
```

angesprochen werden. Ganz ähnlich wie bei Java-Methoden gibt es instanzabhängige und instanzunabhängige Methoden. Die meisten BAPIs lassen sich über eine instanzunabhängige `Create`-Methode instanziieren oder über eine `Find`-Methode suchen. Auf der dadurch gewonnenen BAPI-Instanz kann man dann instanzabhängige Methoden ausführen. Außerdem verfügen BAPIs über Attribute und einen Vererbungsmechanismus.

 Ein BAPI spielt die Rolle einer vom System mitgelieferten Enterprise Java Bean. Es kapselt die Geschäftslogik zum konsistenten Modifizieren von Datenbankinhalten für einen bestimmten Use Case.

Wenn Sie ein BAPI über den RFC-Mechanismus aufrufen, merken Sie wenig von dessen objektorientierter Natur. Das liegt daran, dass der RFC-Mechanismus streng prozedural ist. Um objektorientierte Methodenaufrufe auf Funktionen abzubilden, hat SAP jeder BAPI-Methode einen remotefähigen Funktionsbaustein zugeordnet, der ungefähr dieser Namenskonvention folgt:

```
BAPI_<BAPI-Name>_<Methodenname>
```

So entspricht der BAPI-Aufruf `Vendor.GetInternalNumber` dem Funktionsbaustein `BAPI_VENDOR_GETINTNUMBER`. Auch die Parameterliste des Funktionsbausteins kann geringfügig von der der zugehörigen

BAPI-Methode abweichen. Wenn Sie beispielsweise eine instanzabhängige BAPI-Methode aufrufen möchten, müssen Sie dem entsprechenden Funktionsbaustein zusätzlich im ersten Parameter die Objekt-ID der Instanz mitgeben. Anders könnten Sie den Bezug zu der speziellen Instanz nicht herstellen. Durch dieses Nebeneinander der unterschiedlichen Notationen ist es auch nachvollziehbar, dass im allgemeinen Sprachgebrauch gelegentliche einzelne BAPI-Methoden selbst als BAPI bezeichnet werden.

Im R/3 können Sie über den BAPI-Explorer durch die verfügbaren BAPIs navigieren. Sie erreichen ihn über die Transaktion BAPI. In Abb. 6.2 sehen Sie das BAPI Vendor, wie es im BAPI-Explorer dargestellt wird. Durch Doppelklick auf eine BAPI-Methode öffnen Sie das Fenster, das rechts unten sichtbar ist. So können Sie den Namen des entsprechenden Funktionsbausteins ermitteln.

Wenn Sie ein BAPI identifiziert haben, das Ihren Zwecken dient, und den Namen des zugehörigen Funktionsbausteins ermittelt haben, können Sie diesen wie jeden anderen RFC-Baustein verwenden.

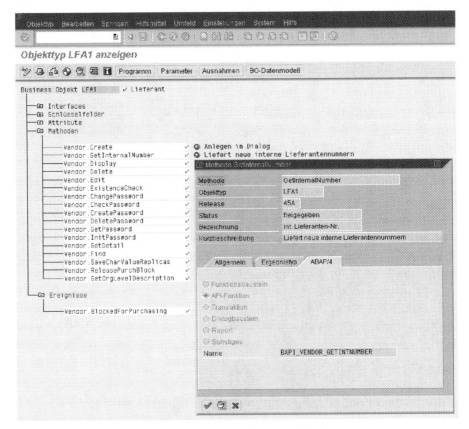

Abb. 6.2. Das Vendor-BAPI im BAPI-Explorer

Ein paar Eigenheiten der BAPI-Funktionsbausteine sind dennoch wis-
senswert. So werden Sie feststellen, dass BAPI-Funktionsbausteine nie
eine Exception in der Schnittstelle deklarieren. Stattdessen werden Sie in
der Deklaration immer einen Exporting-Parameter finden, der ungefähr so
geartet ist:

```
*"EXPORTING
*"  ...
*"   VALUE(RETURN) LIKE BAPIRET2 STRUCTURE BAPIRET2
```

Die BAPIRET2-Struktur gibt Ihnen Auskunft darüber, ob der Aufruf erfolgreich ausgeführt wurde. Sie enthält weiterhin Meldungstexte über die
Ausführung des BAPIs, die entweder rein informativ sein können oder
aber eine Fehlersituation erläutern. Die wichtigsten Felder von BAPIRET2
sind in der folgenden Liste aufgeführt.

Tabelle 6.1. Ausgewählte Felder der BAPIRET2-Struktur

Feld	Typ	Bedeutung
TYPE	CHAR 1	E = Error W=Warning I = Information A = Abort S = Success oder System
ID	CHAR 20	Meldungs-ID, oft bedeutet TYPE=S und ID=0, dass ein Fehler aufgetreten ist.
MESSAGE	CHAR 220	Meldungstext
MESSAGE_V1– MESSAGE_V4	CHAR 50	Variable Anteile der Meldung

Das Feld TYPE entscheidet darüber, ob die Struktur eine gutartige Meldung enthält (W, I) oder auf einen Fehler hinweist (E, A). Tückisch ist der
Typ S, der meist für eine erfolgreiche Ausführung (Success) steht, gelegentlich aber auf Systemfehler hinweist. Letzteres tritt meist in Kombination mit der ID 0 auf.

Oft gibt ein BAPI nicht nur eine einzige BAPIRET2-Struktur, sondern
eine Tabelle solcher Strukturen zurück. Sie müssen daher alle Einzelmel-
dungen durchgehen und prüfen, ob Sie auf einen Fehler hinweisen, um
sicherzustellen, dass der Aufruf als ganzer erfolgreich war.

Anstelle der BAPIRET2-Struktur geben manche BAPIs Strukturen vom
Typ BAPIRET1 oder BAPIRETURN zurück. Dies sind Vorgängerversio-
nen mit ähnlicher Semantik. Sie entsprechen der generellen Praxis von
SAP, neuere Versionen eines ABAP-Objekts mit einer abschließenden
Versionsnummer zu kennzeichnen. Diese Richtlinie kann auch auf ganze

BAPIs oder BAPI-Methoden angewandt werden. Bevor Sie also BAPI_VENDOR_GETDETAIL aufrufen, sollten Sie überprüfen, ob nicht eventuell schon ein BAPI_VENDOR_GETDETAIL2 existiert. Letzterem sollten Sie den Vorrang geben, denn die Existenz einer neueren Version weist darauf hin, dass die ältere Version in zukünftigen Releases nicht mehr unterstützt wird. Schließlich ist der Leitgedanke beim BAPI-Einsatz die Langlebigkeit der Schnittstellen.

> Das Anhängen von Versionsnummern an BAPI-Methodennamen entspricht dem Deprecation-Mechanismus in Java. Methoden mit niedrigeren Versionen im Namen werden in zukünftigen Releases nicht mehr unterstützt.

Ebenso wichtig für die Langlebigkeit der Schnittstellen ist ihr Freigabestatus. Im BAPI-Explorer können Sie unter den zentralen Eigenschaften eines BAPIs nachsehen, ob es von SAP freigegeben wurde. Nur dann ist sichergestellt, dass es in dieser Form lange erhalten bleibt. Nicht freigegebene BAPIs sollten Sie nur dann nutzen, wenn Sie keine anderen BAPIs finden, die Ihrem Zweck genügen.

Zusammenfassend lässt sich sagen, dass BAPIs tatsächlich nur wie ein spezieller Typ von RFC-Baustein zu verwenden sind. Ihre Nutzung hat jedoch ihre Tücken und erfordert in der Praxis viel Sorgfalt und Geduld.

6.1.4 Batch Input / Call Transaction

Die Bezeichnung Batch Input steht ursprünglich für ein Verfahren, das die Eingabe von Massendaten in R/3-Oberflächen ermöglicht. Lang laufende oberflächenlose Prozesse werden ja oft als Batch-Prozesse bezeichnet. Wenn man vermeiden möchte, bei der Datenübernahme viele hundert Mal dieselbe Maske manuell auszufüllen, bietet das Batch-Input-Verfahren einen Ausweg. Es ermöglicht, den Eingabevorgang einmal in einem Makro-Editor aufzuzeichnen und anschließend parametrisiert mit den gewünschten Daten immer wieder abzuspielen.

Man kann den Batch-Input-Mechanismus aber auch zweckentfremden, um eine Oberfläche von einem Funktionsbaustein aus zu befüllen, wenn man kein BAPI findet, das die Funktion dieser Oberfläche kapselt.

Wir wollen exemplarisch die Bedienung der Transaktion IE02 aufzeichnen, um die Bezeichnung eines Equipments zu ändern. Den Transaktionsrecorder erreichen Sie über die Transaktion SHDB. Wenn Sie eine neue Aufzeichnung anlegen, müssen Sie dieser einen Namen geben und festlegen, welche Zieltransaktion aufgezeichnet werden soll. In unserem Fall ist das IE02.

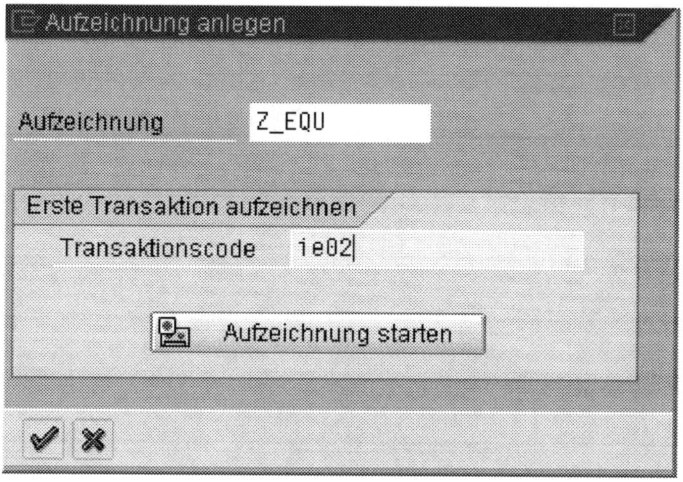

Abb. 6.3. Beginn der Aufzeichnung im Transaktionsrecorder

Die Transaktion `IE02` ist relativ simpel aufgebaut. Wir geben die Nummer eines Equipments ein, bekommen dessen Eigenschaften angezeigt, ändern den Beschreibungstext und speichern. Anschließend speichern wir ein zweites Mal, um die Transaktionsaufzeichnung abzuschließen. Das Ergebnis ist das Makro, das in Abb. 6.4 zu sehen ist. Es beginnt mit dem Namen der aufgezeichneten Transaktion und enthält unter anderem Einträge für jede Cursorbewegung (`BDC_CURSOR`). Außerdem sind zwei feste Werte erkennbar: die Equipment-Nummer, die in Zeile fünf in das Feld `RM63E-EQUNR` eingetragen wird und die geänderte Equipment-Bezeichnung. Sie wird in Zeile 24 in das Feld `ITOB-SHTXT` eingefügt.

Damit im Makro die festen Werte durch Variablen ersetzt werden können, müssen Sie den Makro-Code in ABAP-Code umwandeln. An dieser Stelle weichen wir von dem reinen Batch-Input-Verfahren ab, denn wir wollen ja keine Massendateneingabe mit Hilfe statischer Eingabedateien durchführen, sondern Eingabeparameter zur Laufzeit festlegen. Genau genommen heißt dieses abgewandelte Vorgehen „Call Transaction", wegen der großen Nähe ist der verbreitetere Begriff „Batch Input" dennoch ebenso häufig auch in diesem Zusammenhang zu hören.

Um den ABAP-Code zu erzeugen, navigieren Sie eine Ebene zurück, wählen aus der Liste der gespeicherten Makros das soeben aufgezeichnete `Z_EQU` aus und gehen in der Kopfleiste auf „Programm anlegen". Dort vergeben Sie einen Programmnamen,z. B.`Z_EQUNAME` und wählen „aus Aufzeichnung übernehmen".

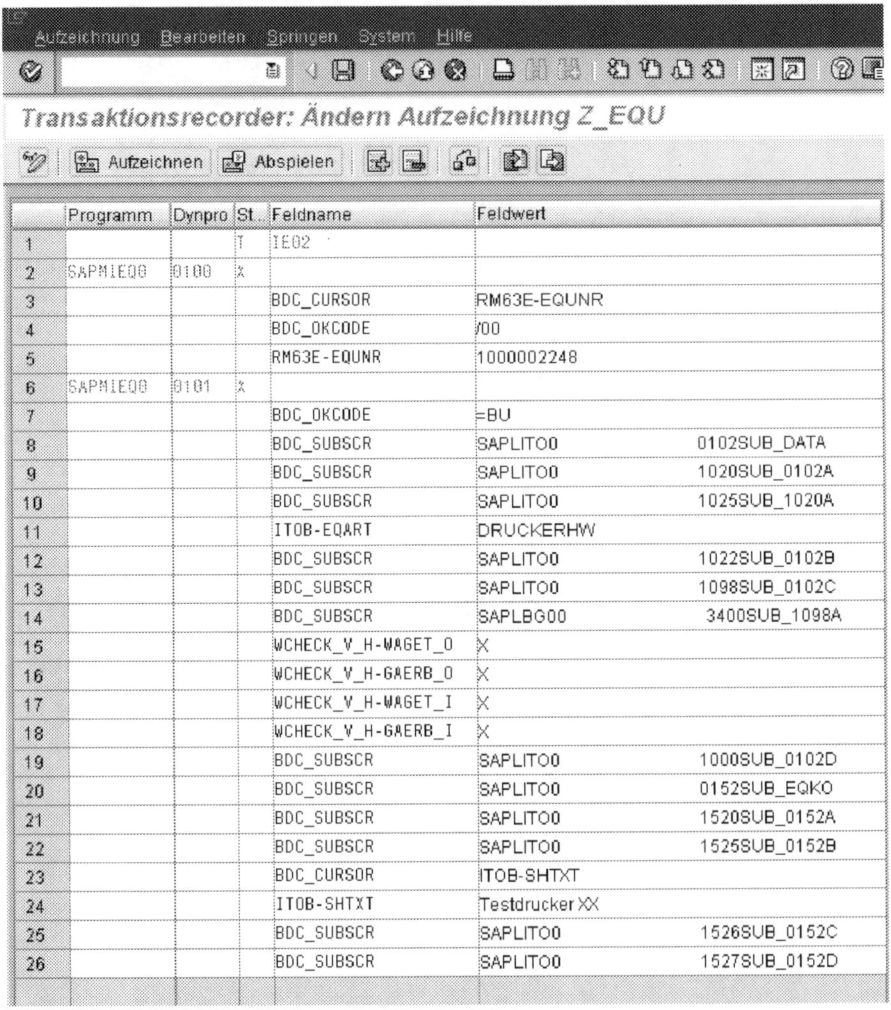

	Programm	Dynpro	St..	Feldname	Feldwert	
1			T	IE02		
2	SAPMIEQ0	0100	X			
3				BDC_CURSOR	RM63E-EQUNR	
4				BDC_OKCODE	/00	
5				RM63E-EQUNR	1000002248	
6	SAPMIEQ0	0101	X			
7				BDC_OKCODE	=BU	
8				BDC_SUBSCR	SAPLITO0	0102SUB_DATA
9				BDC_SUBSCR	SAPLITO0	1020SUB_0102A
10				BDC_SUBSCR	SAPLITO0	1025SUB_1020A
11				ITOB-EQART	DRUCKERHW	
12				BDC_SUBSCR	SAPLITO0	1022SUB_0102B
13				BDC_SUBSCR	SAPLITO0	1098SUB_0102C
14				BDC_SUBSCR	SAPLBG00	3400SUB_1098A
15				WCHECK_V_H-WAGET_0	X	
16				WCHECK_V_H-GAERB_0	X	
17				WCHECK_V_H-WAGET_I	X	
18				WCHECK_V_H-GAERB_I	X	
19				BDC_SUBSCR	SAPLITO0	1000SUB_0102D
20				BDC_SUBSCR	SAPLITO0	0152SUB_EQKO
21				BDC_SUBSCR	SAPLITO0	1520SUB_0152A
22				BDC_SUBSCR	SAPLITO0	1525SUB_0152B
23				BDC_CURSOR	ITOB-SHTXT	
24				ITOB-SHTXT	Testdrucker XX	
25				BDC_SUBSCR	SAPLITO0	1526SUB_0152C
26				BDC_SUBSCR	SAPLITO0	1527SUB_0152D

Abb. 6.4. Makro-Code, der bei der Bedienung von `IE02` aufgezeichnet wurde.

Nun können Sie sich den Quelltext des generierten ABAP-Programms ansehen. Mit ein paar Auslassungen sieht er so aus:

```
report Z_EQUNAME no standard page heading line-size 255.
include bdcrecx1.
start-of-selection.
perform open_group.
perform bdc_dynpro using 'SAPMIEQ0'.
...
perform bdc_field using 'RM63E-EQUNR' '1000002248'.
...
perform bdc_field using 'ITOB-SHTXT' 'Testdrucker XX'.
perform bdc_transaction using 'IE02'.
perform close_group.
```

Jetzt ist es ein Leichtes, die festen Werte durch variable Parameter zu ersetzen und den Code in einen remote-fähigen Funktionsbaustein umzubetten.

```
FUNCTION Z_RFC_EQUNAME.
*"
*"----------------------------------------------------
*"*"Lokale Schnittstelle:
*"IMPORTING
*"   VALUE(EQUNR) TYPE   RM63E-EQUNR
*"EXPORTING
*"   VALUE(SHTXT) TYPE   ITOB-SHTXT
*"----------------------------------------------------
...
PERFORM BDC_FIELD USING 'RM63E-EQUNR' EQUNR.
...
PERFORM BDC_FIELD USING 'ITOB-SHTXT' SHTXT.
...
ENDFUNCTION.
```

6.2 RFC auf Java-Seite

Der Java Connector ist ein Produkt, das SAP ihren eingetragenen Kunden kostenlos zur Verfügung stellt. Wie erwähnt handelt sich dabei um eine Kapselung der RFC-Schnittstelle, die diese von Java-Code aus aufrufbar macht. Auch wenn es andere vergleichbare Produkte gibt, ist JCo die am weitesten verbreitete Lösung und soll hier stellvertretend für die Java-Seite des RFC-Aufrufs beschrieben werden.

Die folgenden Punkt charakterisieren die JCo-Bibliothek:

- JCo erlaubt es, Client-seitigen Java-Code für den RFC-Zugriff zu schreiben.
- Dazu ermöglicht JCo einen einfachen Verbindungsaufbau zum R/3-System. Nach Verbindungsaufbau kann man ein dynamisches API zum Auffinden und Ausführen der verfügbaren Funktionsbausteine nutzen, das ähnlich wie das Java Reflection API funktioniert.
- Optional bietet JCo Connection Pooling an, um die Verbindungsressourcen zu schonen.
- JCo wird in erster Linie für synchrone Aufrufe genutzt.
- Mit dem JCo lässt sich auch Server-seitiger Java-Code schreiben. Der Java JCo-Server emuliert dadurch ein SAP-System und lässt sich von ABAP-Code aus aufrufen.
- Da der JCo eine C-Bibliothek über das Java Native Interface (JNI) aufruft, ist er nicht geeignet, von einem J2EE-Server aus aufgerufen zu werden. JNI-Aufrufe sind in J2EE-Servern verboten, da sie die Thread-Synchronisation stören und die Systemstabilität gefährden.

Der letzte Punkt stellt eine schwerwiegende Einschränkung an die Verwendung des JCo dar. Dennoch war JCo lange Zeit die einzige Möglichkeit, von Java aus auf SAP zuzugreifen und hat daher durchaus seine Daseinsberechtigung. Die Netweaver-Umgebung, die im dritten Teil des Buches beschrieben wird, verfügt über eine J2EE-konforme Implementierung des JCo auf Basis der Java Connector Architecture (JCA). Die Lektüre dieses Abschnitts ist also auch dann nicht vergebens, wenn Sie den JCo nicht alleinstehend, sondern nur als Teil des Netweaver einsetzen wollen.

Der Java Connector eignet sich generell für den Aufruf von remotefähigen Funktionsbausteinen. Die Unterscheidung in selbstgeschriebene Funktionsbausteine, BAPIs und Batch-Input-basierte Funktionsbausteine ist daher auf Java-Seite nicht notwendig.

6.2.1 Installation und Verbindungsaufbau

Wenn Sie SAP-Kunde sind, können Sie den JCo von

```
http://services.sap.com/connectors
```

unentgeltlich herunterladen. Zur Installation müssen Sie die mitgelieferten DLLs bzw. Shared Libraries auf Ihren Rechner kopieren und über den Bibliothekspfad Ihres Betriebssystems erreichbar machen. Unter Unix ist dies die Umgebungsvariable LD_LIBRARY_PATH, unter Windows die PATH-Variable. Anschließend nehmen Sie die Java-Bibliothek sapjco.jar in den Classpath Ihrer Java-Entwicklungsumgebung auf.

Sobald dies geschehen ist, können Sie den ersten Verbindungsaufbau zum SAP-System durchführen. Dazu genügt das folgende Codefragment, das einen Import von com.sap.mw.jco.* voraussetzt. Sie müssen im Code die Parameter desjenigen R/3-Systems eintragen, das Sie für den RFC-Aufruf nutzen wollen. Ihr SAP Basis-Administrator kann Ihnen die notwendigen Werte nennen. Wenn Sie den Code ausführen können ohne dass eine Exception auftritt, ist die Verbindung zum SAP-System geglückt.

```
JCO.Client connection = null;
try {
  connection = JCO.createClient(
    "000",      // R/3 Client-ID
    "jschultze", // Benutzer
    "drowssap", // Passwort
    "EN",       // Sprache
    "hawaii",   // Servername
    "00");      // R/3 Systemnummer
  connection.connect();
  ... // ausgelassen: der eigentliche RFC-Aufruf

} catch (JCO.Exception e) {
```

```
     e.printStackTrace();
   } finally {
     if (connection!= null) connection.disconnect();
   }
```

Für den produktiven Betrieb werden Sie in der Regel nicht Ihren persön-
lichen User verwenden, sondern einen technischen User. Dieser wird Ihnen
ebenfalls vom SAP Basis-Administrator zur Verfügung gestellt. Für erste
Tests spricht aber nichts dagegen, den User zu verwenden, unter dem Sie
sich auch im SAP GUI anmelden.

Die Fehlerbehandlung in dem kurzen Codeabschnitt bedarf noch einer
Erläuterung. Die JCo-Klassen deklarieren generell keine geprüften Exceptions. Sie werden daher vom Compiler nicht zur Fehlerbehandlung gezwungen, was eigentlich unsauber ist. Stattdessen werfen die JCo-Klassen
Exceptions, die von `RuntimeException` abgeleitet sind. Sie müssen
also selbst darauf achten, diese zu behandeln. Sämtliche von JCo geworfe-
nen Exceptions sind von `JCO.Exception` abgeleitet. Daher empfiehlt es
sich, zumindest diese generell nach JCo-Aufrufen zu behandeln.

6.2.2 Auffinden und Aufrufen eines einfachen Funktionsbausteins

Als nächstes soll der fehlende Code für den eigentlichen RFC-Aufruf eingefügt werden. Der Übersichtlichkeit halber geschieht dies zunächst am
Beispiel des minimalen Funktionsbausteins Z_EINFACH aus dem Abschnitt über remote-fähige Funktionsbausteine.

Bevor Sie einen RFC an ein SAP-System starten, benötigen Sie Informationen über die dort vorhandenen Funktionsbausteine. Der JCo bietet
als zentrale Auskunftsstelle für Metainformationen über den aufrufbaren
Code ein Repository-Objekt an. Dieses lässt sich anhand der Session erzeugen, denn die Session definiert das R/3-System eindeutig. Als zweiten
Parameter geben Sie dem Konstruktor von `JCO.Repository` einen
Namen mit, unter dem Sie ihn ansprechen wollen.

Der folgende Code zeigt, wie man ein Repository-Objekt instanziiert
und wie man anschließend die darin befindlichen Metainformationen verwendet, um den gewünschten Funktionsbaustein aufzurufen.

```
IRepository repository =
  new JCO.Repository("repository1", connection);
IFunctionTemplate functionTemplate =
  repository.getFunctionTemplate("Z_EINFACH");
JCO.Function function =
  new JCO.Function(functionTemplate);
connection.execute(function);
```

Die Art und Weise, wie hier ein `JCO.Function`-Objekt stellvertretend für die aufzurufende Funktion erzeugt wird, erinnert stark an das Reflection API von Java. Über `repository.getFunctionTemplate` ermitteln Sie zu dem Funktionsnamen ein Funktionstemplate, das dessen Struktur repräsentiert. Bei einer produktiv genutzten Implementierung müssen Sie den Fall behandeln, dass diese Methode `null` zurückgibt, weil die gewünschte Methode nicht gefunden wurde. Aus dem Funktionstemplate können Sie ein `JCO.Function`-Objekt generieren, das wiederum über `connection.execute` ausgeführt wird.

6.2.3 Aufruf eines komplexen Funktionsbausteins

Die große Fleißarbeit bei der JCo-Programmierung besteht darin, die zu übergebenden Funktionsparameter korrekt zu befüllen und die zurückgelieferten Ergebnisstrukturen wieder auszulesen. Das Repository hilft Ihnen zwar, zur Laufzeit zu prüfen, ob der RFC-Baustein verfügbar ist. Dennoch müssen Sie im Voraus das Wissen darüber in Code gießen, wie er heißt und wie seine Parameter aussehen. Da dies nicht automatisch geschieht, ist es eine langwierige und fehlerträchtige Angelegenheit. Insofern ist das vorhergehende Beispiel alles andere als repräsentativ gewählt.

Wir wollen die Mechanismen zum Setzen von Parametern anhand des zweiten Funktionsbausteins untersuchen, den wir vorbereitet haben. Der RFC-Baustein Z_PARAMETER enthält exemplarisch für jeden möglichen Typ einen Parameter. Dadurch kommen wir automatisch mit sämtlichen JCo-Aufrufen in Kontakt, die man in der Praxis beim Füllen von Parameterlisten benötigt. Zu Testzwecken erweitern wir den Rumpf von Z_PARAMETER so, dass er die Importparameter direkt an die Exportparameter weiterreicht.

```
FUNCTION Z_PARAMETER .
...

EXPORT1 = IMPORT1.
EXPORT2-FELD1 = IMPORT2-FELD1.
EXPORT2-FELD2 = IMPORT2-FELD2.

ENDFUNCTION.
```

Es folgt der Java-Code, mit dem man den so erweiterten Funktionsbaustein aufruft. Er ist wiederum in das erste Listing an der Stelle zu ergänzen, an der die Auslassung gekennzeichnet ist.

Das `JCO.Function`-Objekt verfügt für jeden Parameterabschnitt wie IMPORTING über eine eigene Zugriffsmethode. Sie heißt beispielsweise `getImportParameterList`. Auf diesem Objekt wiederum kann man einfache Parameter direkt über `setValue`-Methoden setzen. Die set-

`Value`-Methode ist anhand des zu setzenden Parametertyps überladen. Der zweite Parameter ist in jedem Fall der Feldname, der groß geschrieben werden muss. Strukturen wie den zweiten Import-Parameter setzt man über das von `getStructure` von der Importliste zurückgegebene Strukturobjekt. Die einzelnen Felder der Struktur sind wiederum über `setValue` zu erreichen.

Der Codeabschnitt zum Befüllen der Tabellenparameter sollte verständlich sein. Dann folgt der Aufruf des Funktionsbausteins. Auf dem SAP-Server wird nun der oben aufgeführte ABAP-Code ausgeführt. Anschließend geht es weiter in diesem Listing. Die Export- und Tabellenparameter werden wieder ausgelesen. Da Methoden nicht anhand ihrer Rückgabeparameter überladen werden können, gibt es anstelle einer allgemeingültigen `getValue`-Methode typspezifische Rückgabemethoden wie `getString`, `getInt`, etc.

```
IRepository repository =
   new JCO.Repository("repository1", connection);
IFunctionTemplate functionTemplate =
   repository.getFunctionTemplate("Z_PARAMETER");
JCO.Function function =
   new JCO.Function(functionTemplate);

// Import-Parameter füllen
JCO.ParameterList imports =
   function.getImportParameterList();
imports.setValue("ABCDEFGHIJ","IMPORT1");
JCO.Structure import2 = imports.getStructure("IMPORT2");
import2.setValue(123,"FELD1");
import2.setValue("ABCDEFGHIJ","FELD2");
imports.setValue(import2,  "IMPORT2");

// Tables füllen
JCO.ParameterList ta-
bles = function.getTableParameterList();
JCO.Table table1 = tables.getTable("TABLES1");
table1.appendRows(2);
table1.setRow(0);
table1.setValue(1,"FELD1");
table1.setValue("aaa","FELD2");
table1.setRow(1);
table1.setValue(2,"FELD1");
table1.setValue("bbb","FELD2");

// RFC ausführen
connection.execute(function);

// Export-Parameter auslesen
JCO.ParameterList exports =
   function.getExportParameterList();
System.out.println(exports.getString("EXPORT1"));
JCO.Structure export2 = exports.getStructure("EXPORT2");
System.out.println(export2.getInt("FELD1"));
System.out.println(export2.getString("FELD2"));
```

```
// Tables auslesen
tables = function.getTableParameterList();
table1 = tables.getTable("TABLES1");
for (int i=0; i<table1b.getNumRows(); i++) {
  table1.setRow(i);
  System.out.println(
    table1.getInt("FELD1")+" "+
    table1.getString("FELD2"));
}
```

Wenn nun alles wie gedacht funktioniert hat, sind die Ausgaben von `export1`, `export2` und `table1` identisch mit den Werten, die zuvor über `import1`, `import2` und `table1` gesetzt wurden.

Zur Fehlerbehandlung müssen Sie darauf gefasst sein, dass sämtliche Methoden, die über einen Feldnamen auf einen Parameter zugreifen, eine `JCO.Exception` werfen, falls dieser nicht vorhanden ist. Dieses Fehlerverhalten steht im Kontrast zu der `null`-Semantik von `getFunction-Template`. Außerdem werfen typspezifische `get`-Methoden wie `get-Date` eine Exception, wenn der vorhandene Feldwert nicht in diesen Typ gewandelt werden kann.

Interessant ist noch das Verhalten bei Exceptions auf R/3-Seite. Dazu wird der Funktionsbaustein so abgeändert, dass er lediglich eine Exception wirft.

```
FUNCTION Z_PARAMETER .
...
RAISE EXCEPTION1.

ENDFUNCTION.
```

Tatsächlich lässt sich die Exception auf Java-Seite nicht durch irgendeine `get`-Methode des Funktionsobjekts abfragen. Stattdessen liefert die Ausgabe des `catch`-Blocks aus dem Rumpfprogramm diese Java-Exception:

```
com.sap.mw.jco.JCO$AbapException:
  (126) EXCEPTION1: Fehler zum Testen
```

6.2.4 Problemstellungen aus der Praxis

In der Praxis werden Sie mit einer Reihe von Problemen konfrontiert, die über den reinen Gebrauch des JCo-APIs hinausgehen.

Wertebereiche von Parametern

Wo irgend möglich rufen Sie vom System mitgelieferte Funktionsbausteine auf. Diese nutzen oft Feldinhalte, die auf den R/3-Kontext abgestimmt sind. So verfügen viele Felder über einen eingeschränkten Wertebereich, der über die Domäne oder über separate Prüftabellen festgelegt wird. Besonders beim schreibenden Zugriff müssen Sie darauf achten, nur zugelassene Werte zu verwenden.

Andere Felder besitzen eine kurze interne Darstellung und eine lange oder sprachabhängige Darstellung, die im SAP GUI angezeigt wird. An der BAPI-Schnittstelle bekommen Sie nur die interne Darstellung übergeben. Wenn Sie auf Java-Seite eine Benutzeroberfläche entwickeln, müssen Sie diese wiederum in verständliche Langdarstellungen umwandeln.

Das Datumsformat aus R/3, das Sie über die `getDate`-Methoden des JCos abfragen, weist einige Inkonsistenzen auf, da es sowohl vom ABAP-Typ `T` als auch vom Typ `D` befüllt wird. Währungsfelder werden in SAP platzsparend so formatiert, dass die irrelevanten Stellen abgeschnitten werden. Wenn in einem Land also die kleinste Münze den Wert 1000 hat, entfallen drei Stellen in der Darstellung.

Connection Pooling

Sehr wahrscheinlich ist Ihr Java-Programm keine alleinstehende Applikation, sondern selbst ein Server. In diesem Fall müssen Sie sparsam mit den JCo-Verbindungen umgehen, da diese sich relevant auf den Ressourcenhaushalt auswirken. Der JCo bietet für diesen Zweck einen Connection Pool an. Die folgende Aufrufsequenz aus unserem Codebeispiel können Sie durch eine Pool-basierte Variante ersetzen.

```
// Verbindungsobjekt ermitteln
JCO.Client connection = JCO.createClient(...);
connection.connect();
// Repository ermitteln
IRepository repository =
  new JCO.Repository("...", connection);
...
// Verbindungsobjekt freigeben
connection.disconnect();
```

Der äquivalente Code unter Verwendung des Connection Pools sieht so aus: Sie beschaffen sich ein Pool-Objekt, das mehrere Verbindungen zum R/3-System verwalten wird. Falls es noch nicht existiert, müssen Sie es anhand einer Properties-Datei initialisieren. Von diesem Pool erhalten Sie auf Anfrage über `getClient` eine einzelne Verbindung. Da alle Verbindungen des Pools auf dasselbe R/3-System zugreifen, wird das Repository für die Metadaten nicht über die Connection initialisiert, sondern über den Namen des Pools. Am Ende geben Sie die Connection an den Pool zurück, statt sie zu beenden.

```
// Verbindungsobjekt über Pool ermitteln
JCO Pool
pool = JCO.getClientPoolManager().getPool("pool1");
if (pool == null) {
  OrderedProperties connectionProperties =
    OrderedProperties.load("/connection.properties");
  JCO.addClientPool("pool1", 10, connectionProperties);
}
JCO.Client connection = JCO.getClient("pool1");
// Repository ermitteln
IRepository repository =
  new JCO.Repository("...", "pool1");
...
// Verbindungsobjekt an Pool zurückgeben
JCO.releaseClient(connection);
```

Auf diese Weise reduzieren Sie die Anzahl der Verbindungsauf- und abbauten. Diese sind in der Regel recht aufwändig. Die Properties-Datei, die beim Initialisieren des Pools benötigt wird, hat den folgenden Aufbau. Die genauen Werte erfahren Sie wiederum von Ihrem SAP Basis-Administrator.

```
jco.client.client=000
jco.client.user=jschultze
jco.client.passwd=drowssap
jco.client.ashost=hawaii
jco.client.sysnr=00
```

Da Sie das Connection Pooling nur dann einsetzen, wenn Sie mit mehreren Threads arbeiten, müssen Sie streng darauf achten, eine Connection nur in genau einem Thread zu verwenden. Auf keinen Fall dürfen Sie Verbindungen zwischen Threads vertauschen oder Verbindungen von mehreren Threads aus gemeinsam verwenden. Dann würden sich die unterschiedlichen Threads die zu sendenden Inhalte inkonsistent überschreiben und unberechenbare Fehler wären die Folge.

In der Vergangenheit hat es allerdings auch JCo-Versionen gegeben, die von sich aus nicht Thread-sicher waren. Falls Sie eine solche in Händen halten, werden Sie nicht umhin kommen, den Pool selbst zu implementieren.

Synchrone RFC

Wenn Sie sich für den Einsatz der RFC-Technik entscheiden, entscheiden Sie sich für eine synchrone Koppelung zweier unterschiedlicher Systeme. Das tut man in erster Linie dann, wenn man direkte Benutzerinteraktion hat. Wir unterstellen einfach, dass Ihr Java-Server dazu dient, für einen Anwender eine Oberfläche darzustellen. Wenn der Anwender auf einen bestimmten Button drückt, stößt der Java-Server einen RFC an. Der Anwender wartet so lange vor dem Bildschirm, bis das Ergebnis des RFC vom Java-Server empfangen und an ihn weitergeleitet wurde.

Synchrone Aufrufe haben einen Nachteil. Sie setzen voraus, dass beide Systeme gleichzeitig verfügbar sind und dass außerdem das Netzwerk zwischen beiden funktionsfähig ist. Mit solchen Konstellationen kann man die Ausfallsicherheit des Gesamtsystems schnell drücken. Drei synchron gekoppelte Systeme mit einer Ausfallsicherheit von passablen 99 Prozent ergeben ein Gesamtsystem mit einer Ausfallsicherheit von sehr mittelmäßigen 97 Prozent.

Ein konkreteres Problem ist das Lastverhalten. Wenn Sie eine synchrone Kopplung über RFC vornehmen, greifen auf der Strecke vom Browser des Endbenutzers bis zum Backend R/3-System eine Reihe von Timeouts. Der Browser des Anwenders wartet vielleicht eine oder ein paar Minuten auf eine Antwort vom Java-Server, die TCP/IP-Verbindung vom Java-Server zum R/3-Server hat ihren eigenen Timeout.

Bei Funktionsbausteinen mit rein lesenden Datenbankzugriffen stellt dies kein Problem dar. Bei zu übertragenden Datenmengen, die auf einen Bildschirm passen, braucht der RFC im Normalfall weniger als eine Sekunde. Anders sieht es aus, wenn Sie schreibend auf das R/3 zugreifen. Ein betriebswirtschaftliches Objekt anzulegen oder zu ändern erfordert eine Vielzahl von Änderungen in unterschiedlichen Tabellen. Wenn Sie gar eine ganze Liste von Objekten in einem RFC ändern wollen, vielleicht noch über das Batch-Input-Verfahren, kann die Ausführung viele Sekunden dauern. In Situationen, in denen das R/3-System unter Last steht, bedeutet das, dass der Anwender lange auf eine Reaktion warten muss, was allein schon unerfreulich ist. Falls die Reaktionszeit des RFC aber einen der Timeouts überschreitet, erhält er eine Fehlermeldung vom Java-Server. Der Funktionsbaustein arbeitet im Hintergrund wahrscheinlich erfolgreich weiter, wovon der Benutzer nichts erfährt. Eventuell stößt er die Aktion erneut an, die er für fehlgeschlagen hält und erzeugt so Inkonsistenzen und noch höhere Last.

Die synchrone Kopplung eines Java-Servers mit einem R/3-System birgt also eine Reihe von Risiken, die man sich bewusst machen muss, bevor man diesen Weg einschlägt.

Es gibt aber eine Alternative, die fast so gut ist wie eine synchrone Kopplung. Sie können einen RFC aufspalten in einen synchronen kurzen Teil und einen asynchronen länger dauernden Teil. Der kurze Teil sollte die Semantik haben: „Der Aufruf wurde fehlerfrei entgegengenommen. Die Verarbeitung wurde angestoßen." Diese Meldung wird an das aufrufende System in den Rückgabeparametern des RFC zurückgegeben. Der asynchrone Anteil läuft dann noch im Hintergrund weiter und erledigt aufwändige Verbuchungsaktionen. Im Hinblick auf die Benutzerführung bietet es sich an, dem Anwender eine Funktion in die Hand zu geben, mit der er nachsehen kann, ob seine Verbuchung schon erfolgt ist.

Technisch können Sie die Zweiteilung des Funktionsbausteins wie folgt realisieren.

```
FUNCTION Z_SYNCHRON .

* übergebene Parameter auf Konsistenz prüfen
...
* Rückgabeparameter vorbereiten
...
* asynchronen Aufruf abspalten
CALL FUNCTION 'Z_ASYNCHRON' IN BACKGROUND TASK.
COMMIT. " nicht immer notwendig

ENDFUNCTION.
```

Der RFC ruft den Funktionsbaustein Z_SYNCHRON auf. Dieser prüft, ob die eingegebenen Parameter vollständig und sinnvoll sind. Dies geht schnell und hilft, überflüssige Verbuchungsversuche zu vermeiden. Dann bereitet er die Rückgabemeldung für die vorläufige Erfolgsmeldung vor. Als drittes ruft er den Funktionsbaustein Z_ASYNCHRON mit dem Zusatz IN BACKGROUND TASK auf. Dadurch wird ein separater R/3-Task gestartet, der die lang laufende Verbuchungsaktion durchführt. Unter gewissen Umständen ist ein anschließendes COMMIT vonnöten, damit der gerufene Funktionsbaustein tatsächlich zu arbeiten beginnt. Der synchrone Funktionsbaustein ist nun schon beendet und gibt Rückmeldung an die aufrufende Seite. Der asynchrone Anteil arbeitet in Ruhe vor sich hin, bis er seine Aufgabe erledigt hat. Idealerweise protokolliert er den Erfolg oder Misserfolg der Aktion in einer Datenbanktabelle, die man später wieder auslesen kann.

Eine weitere Alternative zum synchronen RFC ist die asynchrone IDoc-Technologie, die in Kapitel 7 behandelt wird.

6.3 Debugging

Es ist immer hilfreich, beim Entwickeln die notwendigen Werkzeuge zur Hand zu haben, um den auftretenden Fehlern wirklich auf den Grund zu gehen. Wir wollen den verfügbaren Werkzeugkasten kurz vorstellen.

Der Debugger der ABAP Workbench ist eines der Debugging-Hilfsmittel. Wenn man in seinem Funktionsbaustein einen Breakpoint setzt und dann darauf hofft, dass der JCo-Aufruf darin stoppt, wird man enttäuscht. Das Programm läuft ohne anzuhalten durch. Das liegt daran, dass Breakpoints immer nur für eine Benutzersitzung Gültigkeit haben. Andernfalls könnten sich ja unterschiedliche Benutzer oder unterschiedliche Personen, die unter demselben R/3-User arbeiten, gegenseitig die Programme anhalten.

Wenn Sie dennoch den Debugger aus der Workbench verwenden wollen, müssen Sie einen Trick einsetzen. Sie haben nämlich die Möglichkeit, über die Transaktion SM50 ein laufendes Programm in den Debugger zu holen, auch wenn es von einer anderen Benutzersitzung aus gestartet wurde. Das Problem ist nur, Sie sind nicht schnell genug, um Ihren Prozess zu treffen. Er ist ja meist in Sekundenbruchteilen abgearbeitet. Daher behelfen Sie sich mit einer Endlosschleife am Anfang Ihres Funktionsbausteins. Die kann so aussehen und sollte auf jeden Fall eine Abbruchbedingung enthalten:

```
FUNCTION Z_PARMETER.

DATA flag TYPE I VALUE 1.
WHILE flag EQ 1.
ENDWHILE.
...
ENDFUNCTION.
```

Der Programmablauf stockt also in der Schleife, auch wenn Sie den Funktionsbaustein über den RFC-Mechanismus von Ihrem Java-Programm aus aufrufen. Dadurch gewinnen Sie die Zeit, die Sie benötigen, die Transaktion SM50 aufzurufen. In Abb. 6.5 sehen Sie einen Ausschnitt aus dieser Oberfläche. Sie können den vom JCo gestarteten R/3-Prozess anhand des Benutzernamens und der Funktionsgruppe identifizieren.

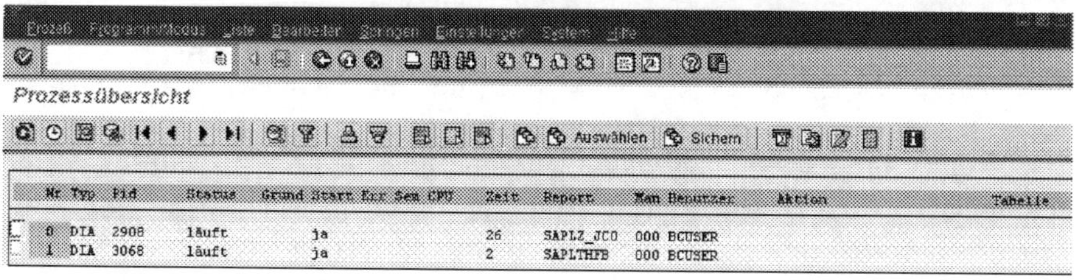

Abb. 6.5. Laufende ABAP-Programme aus Sicht der Transaktion SM50

Nun wählen Sie Ihren Prozess aus und wählen in der Kopfleiste „Programm/Modus / Programm / Debugging". Dann öffnet sich der Debugger. Sie sehen die gerade ausgeführte Codezeile und können sich unten auch die Inhalte lokaler Variablen anzeigen lassen. Abb. 6.6 zeigt diese Situation.

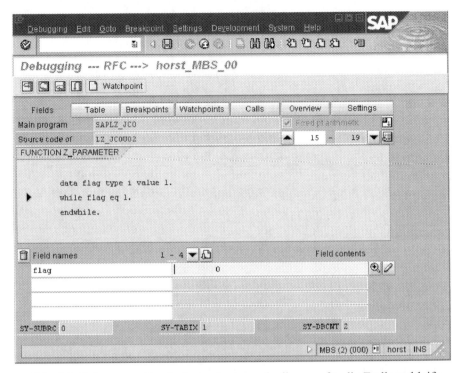

Abb. 6.6. Debugger mit geänderter Ausgangsbedingung für die Endlosschleife

Um den Funktionsbaustein nun aus der Endlosschleife zu befreien, lassen Sie sich die Variable `flag` anzeigen. Diese dient ja als Abbruchbedingung für die Endlosschleife. Nun ändern Sie den Wert von `flag` und können dann im Einzelschrittmodus die eigentliche Debug-Sitzung beginnen.

Auf keinen Fall sollten Sie vergessen die Endlosschleife zu entfernen, bevor Sie Ihren Code zum Transport freigeben.

Ein viel einfacheres, aber dennoch sehr nützliches Hilfsmittel bei der Fehlersuche ist die `writeHTML`-Methode des JCo-Funktionsobjekts. Sie können sich damit den vollständigen Inhalt des JCo-Aufrufs in eine HTML-Datei schreiben lassen. Dazu genügt der folgende Aufruf direkt nach dem Ausführen des RFC-Bausteins.

```
connection.execute(function);
function.writeHTML("C:\\temp\\rfc-parameter.html");
```

Als letztes Werkzeug sollten Sie den Tracing-Mechanismus über die Transaktion `TS05` kennen. Dort können Sie das Tracing für ein bestimmtes Protokoll – in unserem Fall RFC – aktivieren. Anschließend führen Sie einen zu tracenden RFC-Aufruf durch und deaktivieren das Tracing wieder. Die Ausgaben sind allerdings nur von begrenztem Nutzen. Sie dienen in erster Linie zu Profiling-Zwecken, da jeweils die Ausführungsdauer in Millisekunden angegeben wird. Außerdem können Sie dort die Verbindungsparameter ablesen, und den Code des aufgerufenen Funktionsbausteins ansehen. Aber dies sind eigentlich Informationen, die Sie ohnehin schon besitzen.

6.4 Weiterführende Themen

Bisher sind wir davon ausgegangen, dass das R/3-System immer die Rolle des Servers bei einem RFC-Aufruf spielt. Das war lediglich eine Reduzierung auf den typischen Fall. RFC-Aufrufe können sehr wohl auch von einem SAP-System in ein anderes SAP-System erfolgen. Außerdem können Sie über RFC auch einen Nicht-SAP-Server ansprechen.

Unabhängig davon, wie der RFC-Server nun geartet ist, erfolgt der RFC-Aufruf von einem ABAP-Client aus über

```
CALL FUNCTION 'Funktionsname'
  DESTINATION 'RFC-Destination'.
```

Der Unterschied zu einem lokalen RFC-Aufruf liegt also nur in der DESTINATION-Klausel. Diese verweist auf die so genannte RFC-Destination, ein Systemeintrag für mögliche Ziele von RFC-Aufrufen. RFC-Destinations lassen sich über die Transaktion SM59 verwalten. Dort werden in erster Linie technische Verbindungsparameter auf den logischen Namen abgebildet, den die DESTINATION-Klausel referenziert.

Wir wollen kurz skizzieren, wie die Kommunikation zwischen einem ABAP-Client und einem Java-Server über RFC aussehen kann. Dazu gehen wir davon aus, dass die RFC-Destination JCOSERVER bereits über die Transaktion SM59 konfiguriert wurde. Der ABAP-Client ruft über diese Destination die Funktion JCOSERVER_FUNCTION auf. Sie verfügt nur über einen Import- und einen Exportparameter. Nach dem Aufruf wird der erhaltene Exportparameter ausgegeben.

```
REPORT  Z_JCO_SERVERTEST.
DATA i_result(255).
call function 'JCOSERVER_FUNCTION' DESTINATION 'JCOSERVER'
  EXPORTING IN_PARAM1 = 'p_test'
  IMPORTING OUT_PARAM1 = i_result.
write i_result.
```

Der Java-Server ist von JCO.Server abgeleitet. Er nutzt dessen Konstruktur, um ihn mit den notwendigen Verbindungsparametern zu füllen. Diese sind in Konstanten abgelegt und werden der Einfachheit halber hart kodiert übergeben. Das Hauptprogramm übernimmt die mühselige Aufgabe, das Repository mit Metadaten zu füllen. Dies geschieht natürlich nicht automatisch, da unser Java-Server ja nur ein SAP-System emuliert. Am Ende des Hauptprogramms wird ein Server-Objekt instanziert und über die start-Methode zum Laufen gebracht. Wann immer nun ein RFC-Aufruf an diesen Server gerichtet wird, nimmt die Basisklasse `JCO.Server` ihn entgegen. Sie bereitet ihn so weit auf, dass sie ihn an die `handleRequest`-Methode in Form eines `JCO.Function`-Objekts weitergeben kann. In unserer eigenen Implementierung von `handleRequest` geben wir lediglich den Importparameter aus und füllen den Exportparameter mit dem Text „Antwort".

```java
import com.sap.mw.jco.*;

public class JCoServer extends JCO.Server {

// Verbindungsparameter
  final static String USER = "jschultze";
  final static String PASSWORD = "drowssap";
  final static String HOST = "hawaii";
  final static String GWSERVER = "sapgw00";
  final static String MANDANT = "000";
  final static String PROGRAMM_ID = "JCOSERVER_PROG_ID";
  final static String FUNCTION_NAME = "JCOSERVER_FUNCTION";

  private static JCoServer server;

  // Konstruktor, reicht Parameter an Superklasse weiter
  public JCoServer(Irepository repository){
    super(HOST, GWSERVER, PROGRAMM _ID, repository);
  }

  // Überladene Methode zum Behandeln von Aufrufen
  protected void handleRequest( JCO.Function function ){
    // Falls die erwartete Funktion aufgerufen wird
    if ( function.getName().equals(FUNCTION_NAME) ) {
      // Importparameter ausgeben
      System.out.println(function.getImportParameterList().
        getString( "IN_PARAM1" ) );
      // Exportparameter zurückschicken
      function.getExportParameterList().
        setValue( "Antwort", "OUT_PARAM1" );
    }
  }

  // Hauptprogramm
  public static void main(String[] args) {
    // Repository manuell vorbereiten
    JCO.MetaData metaData = new JCO.MetaData(
      FUNCTION_NAME );
    metaData.addInfo(
      "IN_PARAM1", JCO.TYPE_CHAR, 255, 0, 0,
      JCO.IMPORT_PARAMETER, null);
    metaData.addInfo(
      "OUT_PARAM1", JCO.TYPE_CHAR, 255, 0, 0,
      JCO.EXPORT_PARAMETER, null);
```

```
IRepository repository =
  JCO.createRepository( PROGRAMM_ID, "" );
repository.addFunctionInterfaceToCache( metaData );
// Server intanzieren und starten
server = new JCoServer(repository);
server.start();
}
}
```

Auf Basis dieser etwas knappen Codeskizze sollten Sie in der Lage sein, einen vollständigen RFC-Server zu implementieren. Ihnen kommt dabei zugute, dass Sie sich nicht an vorhandene umständliche Schnittstellen anpassen müssen. Den Server schreiben schließlich Sie, dann können Sie auch bestimmen, wie die Schnittstelle aussieht. Als Wermutstropfen bleibt aber die Mühsal beim manuellen Füllen des Repositorys.

7 IDocs

Schon früh in der Entwicklungshistorie von SAP entstand der Bedarf nach einem Format zum Datenaustausch zwischen SAP- und Fremdsystemen oder auch zwischen unterschiedlichen SAP-Systemen. Es sollte in erster Linie den Schriftverkehr zwischen verschiedenen Unternehmen in Papierform ersetzen. Das Ergebnis war das Intermediate Document, kurz IDoc. Das IDoc-Format erfüllt eine Reihe von Anforderungen, die es zum genügsamen Lastesel im Datenaustausch machen und ihm eine große Verbreitung bescheren.

Dies sind die wichtigsten Eigenschaften von IDocs:

- IDocs eignen sich zum asynchronen Datentransfer, da sie als Byteformat definiert sind und nicht an ein Transportprotokoll gekoppelt sind. Sie können somit als Files zwischengelagert, per Mail versandt oder über Message Queues verschickt werden.
- IDocs enthalten Informationen über den Absender und das Zielsystem. Dadurch kann trotz zeitverzögerter Bearbeitung sichergestellt werden, dass sie den gewünschten Adressaten erreichen.
- IDocs verfügen über eine mehrfach geschachtelte Struktur, die zum Übertragen von Listen oder optionalen Feldern geeignet ist.
- IDocs enthalten eine eindeutige Typbezeichnung, die als Verweis auf ihre Formatdefinition dient. So wird die Deutbarkeit der Daten jederzeit sichergestellt. Es gibt eine große Menge von standardisierten IDocs, mit deren Hilfe sich die meisten Kommunikationsvorgänge durchführen lassen. Bei Bedarf können Sie aber auch neue IDocs selbst definieren oder bestehende erweitern.
- Jedes IDoc enthält eine eindeutige Nummer, die genau dieses eine Exemplar identifiziert. Dadurch lässt sich Mehrfachverarbeitung vermeiden und nachvollziehen, welche Bearbeitungsstationen es erreicht hat.
- IDocs führen eine Bearbeitungshistorie mit, die protokolliert, welche Prozessschritte sie im SAP-System durchlaufen haben.

 IDocs ähneln XML-Dokumenten in zweierlei Hinsicht: Sie haben eine geschachtelte Struktur und sie enthalten einen Verweis auf ihre eigene Strukturdefinition.

Zu der grundsätzlichen Entscheidung, ob Sie einen synchronen oder einen asynchronen Kommunikationsmechanismus einsetzen wollen, sei noch einmal auf das vorhergehende Kapitel verwiesen. Unter der Überschrift „Synchrone RFC" werden dort ein paar Risiken synchroner Aufrufe zwischen zwei unterschiedlichen Systemen diskutiert. Diese Risiken drohen bei der IDoc-Technologie nicht. Wenn Sie nicht darauf angewiesen sind, dass Ihre Daten sofort von einem System zum anderen gelangen, sollten Sie in Erwägung ziehen IDocs einzusetzen. Die dadurch entstehende Systemlast lässt sich leicht auf betriebsarme Zeiten verschieben. IDocs setzen außerdem nicht voraus, dass beide Systeme zum gleichen Zeitpunkt verfügbar sind.

7.1 Aufbau eines IDocs

7.1.1 Physikalische Struktur

Ein IDoc besteht aus drei Teilen: dem Kontrollsatz, den Datensätzen und dem Statussatz. Abb. 7.1 verschafft Ihnen eine erste Anschauung dieser Teile. Sie zeigt ein Exemplar eines IDocs aus Sicht der Transaktion WE09.

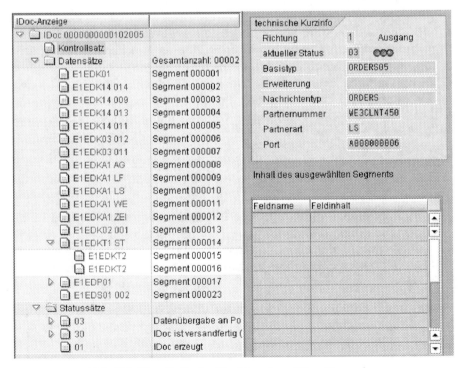

Abb. 7.1. Physikalische Struktur eines IDoc-Exemplars

Zweck des **Kontrollsatzes** ist einerseits, das IDoc anhand von IDoc-Nummer und -Typ zu identifizieren. Andererseits enthält der Kontrollsatz auch die Informationen über den Absender und Empfänger des IDocs. Der Kontrollsatz hat eine feste Länge.

Die eigentlichen Nutzdaten sind in einem oder mehreren **Datensätzen** enthalten. Ein Datensatz setzt sich aus einem kurzen Anteil fester Länge mit Verwaltungsinformationen und 1000 Bytes an Nutzdaten zusammen. Die Verwaltungsinformation besteht aus einem Rückverweis auf das IDoc über seine Nummer und einer Typisierung der Nutzdaten. Ein Datensatz enthält nämlich genau eine logische Struktur, Segment genannt. Damit das Segment richtig gedeutet wird, muss sein Typ bekannt sein. Daher wird dieser wie bereits angedeutet in den Verwaltungsinformationen des Datensatzes festgehalten. Zur Unterscheidung der Segmente gleichen Typs im selben IDoc fließt außerdem eine Segmentnummer in die Verwaltungsinformationen ein. Der logischen Struktur der Nutzdaten auf Ebene der Segmente werden wir uns gleich noch ausgiebig zuwenden.

IDocs sind immer als Teil eines Workflows zu verstehen. Sie enthalten nicht nur Daten, sondern sind gleichzeitig zur Verarbeitung in unterschied-

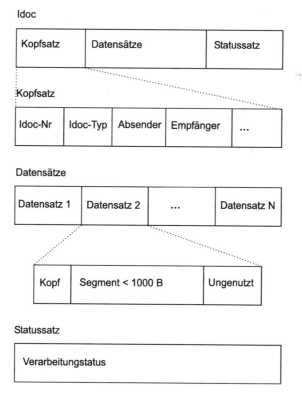

Abb. 7.2. Schemadarstellung der physikalischen Struktur eines IDocs

lichen Teilschritten in einer vorgegebenen Reihenfolge vorgesehen. Aus diesem Grund wird der gegenwärtige Verarbeitungsstatus eines IDocs im **Statussatz** vermerkt. Auch der Statussatz hat eine feste Länge.

7.1.2 Logische Struktur

Für die Verarbeitung eines IDocs ist die logische Struktur wichtiger als die darunter liegende physikalische Struktur. Die Dreiteilung des IDocs und die 1000-Byte-Restriktion sind unter dem Blickwinkel der logischen Struktur nur ein technisches Realisierungsdetail. Das logische IDoc setzt sich schlicht aus einer Reihe von aufeinanderfolgenden Segmenten zusammen.

Ein Segment besteht aus einzelnen Feldern. Es ist also mit einer ABAP-Struktur vergleichbar und lässt sich sogar über das ABAP Dictionary an-

Abb. 7.3. Logische Segmentstruktur des IDocs ORDERS05

sehen. Jedes Segment hat einen wohl definierten systemweit bekannten Typ. Über den IDoc-Typ ist festgelegt, von welchen Typen dessen Segmente sind, in welcher Reihenfolge sie auftreten und wie oft Segmente desselben Typs auftreten dürfen.

Der IDoc-Typ legt weiterhin eine mögliche Schachtelung von Segmenten in Form von Vater-Kind-Beziehungen fest. Ein IDoc-Typ für eine Bestellung besteht beispielsweise aus einem Segment für den Auftragskopf. Dieses darf nur genau einmal vorkommen. Darunter liegen beliebig viele Segmente für je eine Auftragsposition. Die Schachtelungsvorschrift ist keine Eigenschaft des Segmenttyps Auftragskopf, sondern des IDoc-Typs für die Bestellung. Dadurch ist gewährleistet, dass dieselben Segmenttypen in ganz unterschiedlichen IDoc-Typen verwendet werden können.

In Abb. 7.3 ist zur Veranschaulichung die Segmentstruktur des IDocs ORDERS05 dargestellt. Sie erkennen gut die Segmente der ersten Ebene. Über das Pluszeichen kann deren Struktur weiter expandiert werden. Diese Sicht auf die Definition beliebiger IDocs erreichen Sie über die Transaktion WE60.

7.1.3 Benennung von IDocs und Segmenten

Ein zentraler Gedanke der IDoc-Technologie ist der, dass das System eine große Sammlung standardisierter IDocs für eine Vielzahl von Verwendungszwecken zur Verfügung stellt. Dadurch wird sichergestellt, dass der Code zur Verarbeitung desselben Inhalts nicht mehrfach geschrieben werden muss. Außerdem wird durch standardisierte IDocs eine gemeinsame Basis für den Datenaustausch zwischen ansonsten disjunkten IT-Systemen geschaffen.

Das Dilemma einer eingefrorenen weil standardisierten Typisierung ist, dass das Format nicht an neue Anforderungen angepasst werden kann. SAP hat eine recht elegante Lösung dieses Problems gefunden. Die Evolution standardisierter IDoc-Segmente funktioniert durch eine Trennung von Typ und aktuellem Format.

Der Name eines IDocs besteht aus dem eigentlichen Namen und einer angehängten Versionsnummer. So ist das IDoc ORDERS03 die dritte Version vom Typ ORDERS. Eine neue Version entsteht jeweils nur durch Erweiterung aus der Vorgängerversion. Dadurch bleibt der ABAP-Code zum Verarbeiten des IDocs auch dann funktionsfähig, wenn er auf eine neuere Version desselben IDoc-Typs angewendet wird. Im Gegensatz zur Evolution von BAPI-Definitionen bedeutet die Existenz einer neueren IDoc-Version nicht, dass die alte nicht mehr unterstützt wird.

Bei der Bezeichnung von Segmenten wird noch klarer zwischen generellem Typ und versionierter Segmentdefinition unterschieden. Der Seg-

menttyp von SAP-eigenen Segmenten beginnt mit E1. Zu einem Segmenttyp E1XXX existiert zunächst eine konkrete Definition des Segmentfor-
mats namens E2XXX. Die Segmentdefinition ist versionsabhängig, der
Segmenttyp nicht. Sollten also neue Versionen der Segmentdefinition benötigt werden, so erhalten sie die Namen E2XXX001, E2XXX002, etc.
Doch auch die neuen Versionen werden als zugehörig zum Segmenttyp
E1XXX betrachtet. Eine neue Segmentdefinition kann ebenfalls nur durch
Zufügen von neuen Feldern aus der Vorgängerversion hervorgehen, nicht
aber durch Entfernen oder Ersetzen.

Noch einmal in Kürze: abstrakte Segmenttypen fangen mit E1 an, konkrete Segmentdefinitionen mit E2. Letztere enden mit einer dreistelligen
Versionsnummer, sofern es sich nicht um die nullte Version handelt.

Wie auch bei vielen anderen ABAP-Objekten ist der Anfangsbuchstabe
Z für benutzerdefinierte IDocs und Segmente reserviert. Bei Segmenten
wird zusätzlich das Typisierungsschema beibehalten. Benutzerdefinierte
Segmenttypen beginnen also mit Z1, benutzerdefinierte Segmentdefinitionen mit Z2.

Sämtliche Werkzeuge zum Ansehen, Versenden oder Definieren von
IDocs finden Sie unter dem Pfad „Werkzeuge / Business Communication /
IDoc-Basis". Die meisten für IDocs relevanten Transaktionen beginnen
mit WE.

7.2 Austausch von IDocs

Wir werden nun in mehreren Teilschritten die Kommunikation mit einem
Fremdsystems mittels IDocs erläutern. Bei dem Fremdsystem handelt es
sich in unserem Fall natürlich um ein Java-Programm. Um alle Aspekte
des Kommunikationsvorgangs zu behandeln, soll ein IDoc von SAP aus an
das Java-Programm gesendet werden und von dort wieder zurück.

Dazu wird zunächst auf SAP-Seite das IDoc zusammengestellt und in
der Datenbank abgespeichert. Ein Extraktionsmechanismus kopiert es
dann in das Filesystem. Da es für die Weiterverarbeitung auf Java-Seite
irrelevant ist, wie das IDoc dorthin gelangt, gehen wir davon aus, dass es
dort wiederum in einer lokalen Datei vorliegt. In der Praxis schaltet man
einen Kommunikationsmechanismus wie Mailversand oder eine Message
Queue dazwischen. Das Java-Programm parst das IDoc und greift exemplarisch auf einige Felder zu.

Für die Rückrichtung erzeugt das Java-Programm ein IDoc und schreibt
es ins Filesystem. SAP liest die Datei und wertet sie mittels ABAP-Code
aus.

In Abb. 7.4 ist der gesamte Vorgang graphisch dargestellt. Wir werden ihn entgegen dem Uhrzeigersinn durchlaufen. Beim Export aus SAP und beim Import nach SAP ist in der Graphik jeweils ein kleiner Pfeil mit der Bezeichnung Rückmeldung eingetragen. An diesen Stellen wird der Mechanismus zur Fehlerbehandlung angedeutet, aber nicht in voller Konsequenz bis zum Absender ausgeführt.

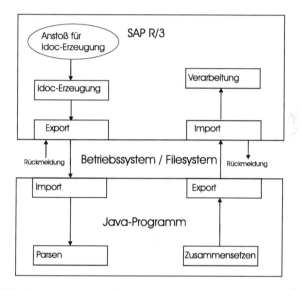

Abb. 7.4. Skizze des durchzuführenden IDoc-Austauschs

Wie bereits erwähnt existieren für die meisten Verwendungszwecke, die eine Kommunikation mit einem Fremdsystem notwendig machen, standardisierte IDocs. Auch die Export- und Importmechanismen sind für solche Fälle vorgegeben. Sie ersparen sich viel Arbeit, wenn Sie auf diese etablierten Mechanismen zurückgreifen. Selbst wenn Sie nicht alle Felder eines Standard-IDocs benötigen, sollten Sie es einer Eigenimplementierung vorziehen.

In den nächsten Absätzen wird dennoch skizziert, wie Sie den Austausch von IDocs auch für Eigenentwicklungen implementieren können. SAP nutzt dieselben Mechanismen für standardisierte IDocs. Daher tragen die Ausführungen auch dann zum Verständnis des Vorgangs bei, wenn Sie ihn nicht selbst implementieren wollen. Der Java-seitige Anteil der Ausführungen ist in jedem Fall für Sie relevant.

Für unser Kommunikationsbeispiel verwenden wir einen handlichen fiktiven IDoc-Typ, der zur Pizzabestellung genutzt wird. Es trägt den Namen ZPIZZA und besitzt nur die Ausprägung ZPIZZA. ZPIZZA besteht aus zwei Segmenttypen: Z1BESTELLER und Z1GERICHT. Z1BESTELLER muss genau einmal vorkommen, während die Anzahl der Z1GERICHT-Segmente beliebig ist. Zwischen Z1BESTELLER und Z1GERICHT besteht eine Vater-Kind-Beziehung. Der Einfachheit halber soll Z1BESTELLER lediglich über die Felder NAME und TELEFON verfügen. Z1GERICHT wiederum besteht aus NAME und ANZAHL. Ein IDoc vom Typ ZPIZZA könnte also folgendermaßen dargestellt werden:

```
[
   [Müller Consulting GmbH, 0123/456] = Z1BESTELLER
   [Tomatensalat, 2] = Z1GERICHT
   [Pizza Romana, 1] = Z1GERICHT
   [Pizza Primavera, 1] = Z1GERICHT
] = ZPIZZA
```

Bevor wir gleich den Code für die Pizzabestellung schreiben, soll noch eine Warnung ausgesprochen werden. Die Kommunikation über IDocs ist ein Vorgang, der tief mit der Administration des SAP-Systems verwoben ist. Wir gehen davon aus, dass Sie in einem Projekt die Rolle des Entwicklers haben, nicht aber die des SAP Basis-Administrators. Daher beschreiben wir in erster Linie den Java- und ABAP-Code, der für die Kommunikation notwendig ist. Die administrativen Aktionen, die außerdem notwendig sind, um den Prozess zum Laufen zu kriegen, werden nur skizziert. Sie werden ohnehin intensiv mit einem Administrator zusammenarbeiten müssen, wenn Sie eine IDoc-Schnittstelle in Betrieb nehmen.

7.2.1 Erzeugen eines IDocs in SAP

Anstoßen der IDoc-Erzeugung

Auf R/3-Seite wird ein IDoc in einem Funktionsbaustein erzeugt, dessen Name mit IDOC_OUTPUT beginnt. Er bekommt als Eingabe den Verweis auf ein beliebig geartetes Dokument im System und erzeugt daraus eine IDoc-Struktur, die er in einer Datenbanktabelle für das Abschicken bereitstellt.

Es kann unterschiedliche Anlässe geben, die ein IDoc erzeugen und deshalb diesen Funktionsbaustein anstoßen. Mögliche Auslöser dafür sind:

- ein Aufruf aus einem User Exit,
- ein Aufruf über die Nachrichtensteuerung oder
- ein manueller Aufruf.

Ein typisches Beispiel für das Auslösen eines IDocs über einen User Exit ist die Replizierung bestimmter Stammdaten. Wenn Sie etwa in einem Fremdsystem die Lieferantenadressen zum SAP-System synchron halten wollen, gehen Sie diesen Weg. Sie nutzen einen User Exit, der vom System ausgeführt wird, sobald sich eine Adresse geändert hat. In diesem fügen Sie einen Aufruf von IDOC_OUTPUT... entweder direkt ein oder stoßen ihn über IDOC_MASTER_DISTRIBUTE indirekt an.

Sie können aber auch aus einem beliebigen anderen Arbeitsablauf ein IDoc auslösen, indem Sie sich der sogenannten Nachrichtensteuerung bedienen. Deren Aufgabe ist es, die Erzeugung eines Dokuments wie etwa einer Rechnung von seiner Verschickung zu entkoppeln. Über die Nachrichtensteuerung können Sie festlegen, unter welchen Umständen die Rechnung auf Deutsch oder auf Englisch verschickt werden soll und welcher Kunde seine Rechnungen per Mail, per Post oder per IDoc entgegennimmt. Die Nachrichtensteuerung ist ein recht mächtiges, aber aufwändig zu bedienendes Instrument. Daher sei hier nur auf die Transaktionen NACE und NACO hingewiesen, die zu seiner Nutzung dienen. Es ist aber durchaus üblich, die IDoc-Erzeugung auf diesem Weg zu initiieren.

Schließlich können Sie zu Testzwecken die IDoc-Erzeugung auch manuell anstoßen. Dies geschieht über die Transaktion WE19. Auch dadurch wird derselbe Funktionsbaustein ausgeführt.

Funktionsbaustein zum Erzeugen des IDocs

Genau genommen lautet der Name des Funktionsbausteins zum Erzeugen eines IDocs IDOC_OUTPUT_XXX, wobei der Anteil XXX stellvertretend für den Namen des IDocs steht. Falls es sich dabei um ein Standard-IDoc handelt, existiert der Funktionsbaustein bereits. Wenn Sie dagegen das IDoc selbst definiert haben, müssen Sie auch den Baustein selbst implementieren. Dabei empfiehlt es sich, den Namen mit Z_IDOC_OUTPUT beginnen zu lassen. In beiden Varianten ist das Grundprinzip dasselbe. Die Signatur sieht folgendermaßen aus:

```
FUNCTION Z_IDOC_OUTPUT_ZPIZZA.
*"----------------------------------------------------------
*"*"Globale Schnittstelle:
*"IMPORTING
*"     VALUE(OBJECT) LIKE   NAST STRUCTURE   NAST
*"     VALUE(CONTROL_RECORD_IN) LIKE   EDIDC STRUCTURE   EDIDC
*"EXPORTING
*"     VALUE(OBJECT_TYPE) LIKE   WFAS1-ASGTP
*"     VALUE(CONTROL_RECORD_OUT) LIKE   EDIDC STRUCTURE   EDIDC
*"TABLES
*"     INT_EDIDD STRUCTURE   EDIDD
*"EXCEPTIONS
*"     ERROR_MESSAGE_RECEIVED
*"----------------------------------------------------------
```

Um die Bedeutung des ersten Parameters OBJECT zu verstehen, muss man sich in Erinnerung rufen, dass jedes zu erzeugende IDoc letztlich aus Daten zusammengesetzt wird, die sich bereits im SAP-System befinden.

Daher wird in OBJECT-OBJKY ein Schlüssel für den Datensatz mitgegeben, anhand dessen das IDoc gefüllt werden soll.

In CONTROL_RECORD_IN wird der eingangs beschriebene Kontrollsatz
des IDocs übergeben. Im Normalfall wird der Funktionsbaustein ihn soweit
möglich auffüllen und dann in CONTROL_RECORD_OUT übergeben.

In der Tabelle INT_EDIDD wird schließlich das vom Funktionsbaustein
erzeugte IDoc als eine Liste von Datensätzen zurückgegeben, die die Segmente enthalten. Das System speichert diese Inhalte in einer nicht über das
ABAP Dictionary einsehbaren Datenbanktabelle zwischen, um sie später
als Quelle für den Export des IDocs zu verwenden.

Wir wollen nun eine rudimentäre Implementierung dieses Funktionsbausteins nahtlos fortsetzen und sie dabei gleich abschnittsweise erläutern.
In realen Szenarien wird die Implementierung wesentlich umfangreicher
ausfallen.

Es folgen zunächst einige Konstantendefinitionen. Sie dienen später
dazu, den Namen des IDocs und der Segmente sauber typisiert zu setzen.
Außerdem werden exemplarisch zwei Hilfsstrukturen definiert, die jeweils vom selben Typ sind wie die Segmente des IDocs, und eine
(S_INT_EDIDD), die einem allgemeinen untypisierten 1000-Byte-Daten-
satz entspricht.

```
*- Konstantendefinitionen ----------------------------
*  Bezeichnungen des IDocs und der Segmente
CONSTANTS:
C_IDOCTYP LIKE EDIDC-IDOCTP VALUE 'ZPIZZA',
C_MESTYP LIKE EDIDC-MESTYP VALUE 'ZPIZZA',
C_Z1BESTELLER_SEGM LIKE EDIDD-SEGNAM VALUE 'Z1BESTELLER',
C_Z1GERICHT_SEGM LIKE EDIDD-SEGNAM VALUE 'Z1GERICHT'.

*- Datendefinitionen ------------------------
*  Strukturen zum Befüllen der Segmente
DATA:
S_Z1BESTELLER LIKE Z1BESTELLER,
S_Z1GERICHT LIKE Z1GERICHT,
S_INT_EDIDD LIKE EDIDD.
```

Die eigentliche IDoc-Erstellung beginnt mit dem Kontrollsatz. Dazu
wird CONTROL_RECORD_OUT initialisiert und der übergebene
CONTROL_RECORD_IN hineinkopiert. Anschließend lassen sich die noch
ungesetzten Parameter mit Hilfe der zuvor definierten Konstanten setzen.
Sender- und Empfängerinformationen wie Partnerart und Port bleiben je-
doch unberührt. Die IDOC_OUTPUT–Funktion hat nur die Aufgabe, den
Inhalt des IDocs entsprechend der Strukturdefinition aufzubauen und mit
Daten zu füllen. Für den Versand sind spätere Prozessschritte zuständig.

```
*- Kontrollsatz füllen ----------------------
CLEAR CONTROL_RECORD_OUT.
CONTROL_RECORD_OUT = CONTROL_RECORD_IN.
```

```
CONTROL_RECORD_OUT-IDOCTP = C_IDOCTP.
CONTROL_RECORD_OUT-MESTYP = C_MESTYP.
CONTROL_RECORD_OUT-DIRECT = '1'.
... " weitere Parameter setzen
```

Als nächstes nutzt man den Schlüssel, der im OBJECT-Parameter übergeben wurde, um die Nutzdaten vorzubereiten, die man verschicken möchte. Dieser Schlüssel ist in der Regel Primärschlüssel einer Tabelle, so dass Sie den betreffenden Datensatz eindeutig ermitteln können. Er wird Ihnen vom auslösenden User Exit oder über die Nachrichtensteuerung mitgeliefert. Auf beiden Seiten muss also Übereinstimmung darüber bestehen, auf welche Tabelle er sich bezieht. Hier im Funktionsbaustein legen Sie sich durch eine solche Abfrage auf die konkrete Tabelle fest.

```
*- Zu setzende Nutzdaten vorbereiten -----------
SELECT SINGLE * FROM ... WHERE ID = OBJECT-OBJKY.
...
```

Natürlich sind meist komplexere Verarbeitungsvorgänge und womöglich auch mehrere Abfragen notwendig, um die Nutzdaten richtig aufzubereiten.

Nun werden die Segmente des IDocs manuell zusammengesetzt. Dazu müssen Sie natürlich dessen Struktur genau kennen. Man fügt sie einfach eines nach dem anderen in eine Liste ein. Da die IDoc-Struktur auch auf Empfängerseite bekannt sein wird, reicht die Reihenfolge der Segmente aus, um die gesamte Struktur wiederherzustellen. Für eine Vater-Kind-Beziehung wird erst das Vatersegment eingefügt und danach die Kindsegmente.

Um ein einzelnes Segment einzufügen, füllt man zuerst die segmentspezifische Hilfsstruktur. Anschließend weist man diese zusammen mit der Konstante für den Segmenttyp an die allgemeine Datensatzstruktur S_INT_EDIDD für ein Segment zu. Das Feld S_INT_EDIDD-SDATA ist der am Anfang des Kapitels beschriebene Block von 1000 Byte Nutzdaten. Dann wiederum kann S_INT_EDIDD an die Rückgabetabelle INT_EDIDD angehängt werden. Dies ist die erwähnte Liste der Segmente.

So verfährt man sukzessive für alle Segmente. In der Realität werden die Feldinhalte nicht hart codiert wie hier, sondern dynamisch aus dem Ergebnis des vorhergehenden Selects ermittelt. Dieses hatte ja zum Zweck, die Nutzdaten zu beschaffen, die im IDoc verpackt werden sollen.

```
*- Datensätze füllen --------------------------
S_Z1BESTELLER-NAME = 'Müller Consulting GmbH'.
S_Z1BESTELLER-TELEFON = '0123/456'.
S_INT_EDIDD-SEGNAM = C_Z1BESTELLER_SEGMENT.
S_INT_EDIDD-SDATA = S_Z1BESTELLER.
APPEND S_INT_EDIDD TO INT_EDIDD.
```

```
S_Z1GERICHT-NAME = 'Tomatensalat'.
S_Z1GERICHT-ANZAHL = '2'.
S_INT_EDIDD-SEGNAM = C_Z1GERICHT_SEGM.
S_INT_EDIDD-SDATA = S_Z1GERICHT.
APPEND S_INT_EDIDD TO INT_EDIDD.

...
```

Am Ende muss der Funktionsbaustein noch abgeschlossen werden.

```
ENDFUNCTION.
```

7.2.2 Exportieren des IDocs aus SAP

Sobald der Funktionsbaustein IDOC_OUTPUT... ausgeführt wurde, erscheint das neue IDoc in der Datenbank. Sie können es über Transaktion WE02 ansehen.

Es ist die Aufgabe Ihres SAP-Administrators sicherzustellen, dass es darüber hinaus physikalisch exportiert wird. Dies geschieht über eine ALE (Application Link and Enabling) genannte Schicht des SAP-Systems. Die ALE-Schicht fungiert für den Entwickler als Black Box. Für Sie sind zur Orientierung lediglich zwei Parameter relevant, die das Ziel des Exports definieren: der Port und der Partner, an den das IDoc übermittelt werden soll.

Der Port legt den physikalischen Ausgang fest. Ein Port kann beispielsweise ein Verzeichnis auf Betriebssystemebene sein, in das IDocs exportiert werden. Sie können aber auch Mail- oder RFC-Ports definieren, also Ausgänge an einen bestimmten Mailempfänger oder einen Funktionsbaustein in einem anderen SAP-System.

Der Partner wiederum wird zum Bestimmen des Ports herangezogen. Aus dem Glossar in Kapitel 2 wissen Sie vielleicht noch, dass ein Partner eine natürliche Person oder Unternehmenseinheit ist, mit der Geschäftsbeziehungen unterhalten werden. Typische Partner sind Kunden oder Lieferanten. Die Information, welche IDocs an welche Partner über welche Ports übertragen werden, lässt sich über die Transaktion SALE warten.

Für unseren Fall gehen wir davon aus, dass das IDoc in ein bestimmtes Verzeichnis exportiert wird, also in einen Datei-Port. Typischerweise werden dabei mehrere IDocs gleichen Typs in eine Datei geschrieben.

Auch wenn ein IDoc exportiert wurde, verschwindet es nicht aus dem SAP-System. Es bleibt weiterhin in der Datenbank erhalten und ist über die eindeutige IDoc-Nummer identifizierbar. Das ist allein deswegen wichtig, weil in der weiteren Verarbeitung Fehler auftreten können, die ein erneutes Versenden notwendig machen.

Das Programm, das die exportierten IDocs weiterverarbeiten soll, sieht in periodischen Abständen im Exportverzeichnis nach, ob neue Dateien angelegt wurden, und verarbeitet diese. Die fertig verarbeiteten Dateien löscht es. Im Idealfall gibt es auch eine Rückmeldung über den Verarbeitungsstatus an das SAP-System. Dazu kann es den Funktionsbaustein EDI_STATUS_INCOMING aufrufen und ihm den Namen der verarbeiteten Datei zusammen mit einem Statuscode melden.

Da sich Funktionsbausteine nicht ohne weiteres von außen aufrufen lassen, bietet sich als Hilfsmittel das Programm startrfc an. Das Programm startrfc wird mit dem SAP GUI mitgeliefert. Seine Aufgabe ist es, Funktionsbausteine von Betriebssystemebene aus aufzurufen.

7.2.3 Einlesen des IDocs in Java

Wir gehen nun davon aus, dass das IDoc durch einen nicht näher definierten Übertragungsmechanismus auf der Java-Seite angekommen ist und als Datei vorliegt. Dort müssen wir nun das IDoc aus der Datei in den Speicher lesen und anschließend seine Felder parsen.

Einlesen der IDoc-Datei

Das Einlesen kann mit Code von dieser Gestalt geschehen. Er verwendet hauptsächlich die Klassen File und FileInputStream aus dem Java-Standardpaket java.io. Damit der Code kompakt bleibt, verzichten wir hier und im Folgenden darauf Exceptions zu behandeln. Für den produktiven Einsatz dagegen ist eine angemessene Fehlerbehandlung zwingend notwendig.

```
File f = new File("...");
FileInputStream fis = new FileInputStream(f);
int bytesRead=0;
byte[] buf = new byte[2048];
ByteArrayOutputStream bos = new ByteArrayOutputStream();
while((bytesRead=fis.read(buf, 0, 2048))>0) {
  bos.write(buf,0,bytesRead);
}
fis.close();
byte[] bytes = bos.toByteArray();
```

Bevor wir den Inhalt der bytes auswerten können, müssen noch einige Vorarbeiten geleistet werden. Sobald dies geschehen ist, werden wir an dieser Stelle fortfahren.

Vorbereitungen zum Parsen

Zum Parsen des IDocs nutzen wir eine Reihe von Hilfsklassen, die nichts anderes tun als die Bytes konform zum IDoc-Format abzuzählen. Ihr vollständiger Code ist im Anhang aufgeführt. Er ist recht leicht verständlich und so weit erprobt, dass Sie ihn wahrscheinlich nicht anfassen müssen. Für Sie ist interessanter, wie Sie die Hilfsklassen verwenden.

Dies ist eine kurze Übersicht über die Klassen und deren Bedeutung. Sie liegen alle im Package de.springer.javasap.idoc.

Tabelle 7.1. Übersicht über die verwendeten Hilfsklassen und ihre Funktion

Klasse	Funktion
BaseRecord	Basisklasse für Strukturen mit einer Menge benannter Einzelfelder von fester Länge
Attribute	Einzelfeld mit Namen und Länge
IDocObject	Allgemeine Struktur eines IDocs
IDocHeaderRecord	Struktur des IDoc-Headers
IDocSegmentRecord	Allgemeine Struktur eines IDoc-Segments

Die Klassen sind so geschrieben, dass sie die IDoc-Satzstruktur in der Version 4.0 unterstützten. Diese ist seit dem SAP-Release 4.0 gültig.

Um ein IDoc mit dem hier vorgeschlagenen Mechanismus parsen zu können, müssen Sie zunächst dessen Struktur in maßgeschneiderten Klassen festhalten. Beginnen wir mit einem Segment. Es wird durch eine eigene Klasse abgebildet, die von BaseRecord abgeleitet ist.

```
package de.springer.javasap.idoc.beispiel;
import java.util.HashMap;
import java.util.Map;
import de.springer.javasap.idoc.Attribute;
import de.springer.javasap.idoc.BaseRecord;

public class SegmentZ1BESTELLER extends BaseRecord {

  public static final String NAME = "Z1BESTELLER";
  public static final int LENGTH = 1000;
  private static Attribute[] attrs =
    new Attribute[] {
      new Attribute("NAME",20,true,false,"",null),
      new Attribute("TELEFON",10,true,false,"",null),
    };
  private static Map mapAttrs = new HashMap();

  static {
    BaseRecord.init( attrs, mapAttrs, LENGTH );
  }

  public SegmentZ1BESTELLER(byte[] pInput) {
```

```
      super( NAME, LENGTH, attrs, mapAttrs, (byte)0x20,
        pInput );
   }

   public SegmentZ1BESTELLER() {
      super(NAME, LENGTH, attrs, mapAttrs, (byte)0x20);
   }

}
```

Sie erkennen die Konstantendefinitionen für den Segmentnamen und die Länge des Segments. Letztere ist wegen der technischen Vorgabe bei Segmenten immer 1000. Die eigentliche Strukturdefinition wird in dem Array `attrs` festgehalten. Dieses ist aus mehreren Einträgen vom Typ `Attribute` zusammengesetzt. Jeder davon entspricht einem Feld des Segments. Die ersten beiden Konstruktorparameter von `Attribute` legen den Feldnamen und die Feldlänge fest. Damit ist die Struktur des Segments ausreichend spezifiziert. Die übrigen Methoden dienen zum Initialisieren des Objekts.

Da das Segment `Z1GERICHT` ganz ähnlich aufgebaut ist, gehen wir davon aus, dass es in der Klasse `SegmentZ1GERICHT` analog abgebildet wird.

Als nächstes benötigen wir eine Strukturdefinition für das ganze IDoc.

```
package de.springer.javasap.idoc.beispiel;
import java.io.IOException;
import java.util.Iterator;
import java.util.Vector;
import de.springer.javasap.idoc.IDocObject;
import de.springer.javasap.idoc.IDocHeaderRecord;
import de.springer.javasap.idoc.IDocSegmentRecord;

public class IDocZPIZZA {

   private IDocHeaderRecord idocHeader;
   private SegmentZ1BESTELLER segmentZ1BESTELLER;
   private Vector segmenteZ1GERICHT = new Vector();

   public static final String MESTYP = "ZPIZZA";
   public static final String IDOCTYP = "ZPIZZA";

   public IDocZPIZZA(IDocObject idoc) throws IOException {
      idocHeader = idoc.getHeader();
      Iterator iter = idoc.getSegments();
      while( iter.hasNext() ) {
         IDocSegmentRecord segment =
           (IDocSegmentRecord)iter.next();
         if( segment.getAttrAsString(
           "SEGNAM").startsWith(SegmentZ1BESTELLER.NAME) ) {
            segmentZ1BESTELLER = new SegmentZ1BESTELLER(
              segment.getAttrAsByteArray("SDATA"));
         } else if( segment.getAttrAsString(
           "SEGNAM").startsWith(SegmentZ1GERICHT.NAME) ) {
            segmenteZ1GERICHT.add( new SegmentZ1GERICHT(
```

```
                  segment.getAttrAsByteArray("SDATA")));
         }
       }
     }

   public String getBestellerName() {
     return segmentZ1BESTELLER.getAttrAsString("NAME");
   }
   public String getBestellerTelefon() {
     return segmentZ1BESTELLER.getAttrAsString("TELEFON");
   }
   public Vector getGerichte() {
     return segmenteZ1GERICHT;
   }

}
```

Diese Klasse ist nicht von einer der Hilfsklassen abgeleitet. Stattdessen aggregiert sie alle benötigten Strukturen. Das sind einerseits die beiden Segmentklassen, die wir oben selbst definiert haben. Zum anderen verfügt sie über ein Attribut `idocHeader`, das die Kopfstruktur des IDocs abbildet. Die entsprechende Klasse `IDocHeaderRecord` ist wiederum eine der Hilfsklassen.

Gefüllt werden Header und Segmente über den Konstruktor, der einen Parameter vom Typ `IDocObject` auswertet. Der Typ `IDocObject` ist eine allgemeine IDoc-Struktur, die keine typspezifischen Eigenheiten enthält. Sie kann nur Segmentgrenzen erkennen, nicht aber deren Feinstruktur. Die genaue Verwendung dieses Konstruktors wird gleich im Anschluss erläutert. Sie können aber auch so erkennen, dass er aus dem übergebenen Roh-IDoc die Segmente extrahiert und ihren Typ prüft. Handelt es sich um einen der beiden erwarteten Typen, so wird die Nutzlast des Segments in die Attribute `segmentZ1BESTELLER` bzw. `segmenteZ1GERICHT` übertragen. Letzteres ist ein Vektor von `Segment-Z1GERICHT`-Einträgen, denn Segmente dieses Typs können ja mehrfach vorkommen.

Da die Segmente nun mit Inhalt gefüllt sind, können die `get`-Methoden im unteren Teil der Klasse auf einzelne Attribute zugreifen und sie zurückliefern.

Parsen der eingelesenen IDoc-Datei

Jetzt sind die Bausteine beisammen, um eine ganze IDoc-Datei zu parsen, die zuvor aus SAP exportiert wurde. Zu Anfang des Kapitels wurde ihr Inhalt bereits in das Byte-Array `bytes` eingelesen. Mit diesen Zeilen können wir sie nun auch auswerten.

```
Vector idocs = IDocObject.getIDocs(bytes);
while (!idocs.isEmpty()) {
```

```
IDocZPIZZA idoc =
  new IDocZPIZZA((IDocObject)idocs.remove(0));
// Parameter auswerten
idoc.getBestellerName();
Vector gerichte = idoc.getGerichte();
while (!gerichte.isEmpty()) {
  SegmentZ1GERICHT g =
    (SegmentZ1GERICHT)gerichte.remove(0);
  g.getName();
  g.getAnzahl();
}
idoc.getDocnum();
// ...
}
```

Eine Hälfte der Arbeit erledigt die Methode getIDocs aus der Hilfsklasse IDocObject. Sie extrahiert alle IDocs ohne Ansehen des Typs
aus dem Byte-Array und überträgt sie in einen Vektor. In einer Schleife
kann man nun mit jedem dieser noch untypisierten IDocs den Konstruktor
von IDocZPIZZA befüllen. Das ist natürlich nur möglich, wenn man
sicher sein kann, dass die Datei nur IDocs von diesem Typ enthält. Der
Konstruktor parst wie wir wissen die Segmente aus dem rohen IDoc und
füllt sie in Attribute um. Nun kann man die get-Methoden nutzen, um den
Wert einzelner Felder auszulesen. Da mehrere Gerichte in einer Pizzabestellung enthalten sind, benötigt man eine weitere Schleife, um die Rück-
gabe von getGerichte auszuwerten. Man kann auch die geerbten Methoden der IDoc-Klassen verwenden und beispielsweise über getDocNum
die Nummer des IDocs auslesen.

In realen Einsatzszenarien werden Sie sicher mit komplexeren IDoc-
Strukturen konfrontiert, als es hier der Fall war. Sie müssen mehrfache
Schachtelungen behandeln und optionale Segmente berücksichtigen. Auch
die Auswertung des Kontrollsatzes haben wir noch vernachlässigt. Dies
alles bedarf natürlich noch einiger Programmierarbeit. Mit den vorgestell-
ten Werkzeugen sollten die Probleme aber mit überschaubarem Aufwand
zu meistern sein.

7.2.4 Erzeugen eines IDocs in Java

Setzen der IDoc-Inhalte

Für die Rückrichtung verwenden wir dieselben Strukturdefinitionen wieder. Wir möchten ein leeres IDoc instanzieren können, das wir dann feldweise füllen. Dazu benötigen wir einen weiteren Konstruktor in IDocZ-
PIZZA und passende set-Methoden. Im folgenden Codeauszug wird der
schon vorhandene Code der Klasse nur angedeutet, lediglich die neuen
Anteile sehen Sie vollständig.

```
public class IDocZPIZZA {

    ... // s.o.

    public IDocZPIZZA() {
        idocHeader = new IDocHeaderRecord();
        idocHeader.setAttrAsString("MESTYP",  MESTYP );
        idocHeader.setAttrAsString("IDOCTYP", IDOCTYP );
        idocHeader.setAttrAsString("DIRECT",  "2" );
        segmentZ1BESTELLER = new SegmentZ1BESTELLER();
    }

    public void setBestellerName(String name) {
        segmentZ1BESTELLER.setAttrAsTrimmedString(
          "NAME",name,false);
    }

    public void setBestellerTelefon(String telefon) {
        segmentZ1BESTELLER.setAttrAsTrimmedString(
          "TELEFON",telefon,false);
    }
    public void addGericht(String name, String anzahl) {
        SegmentZ1GERICHT seg = new SegmentZ1GERICHT();
        seg. setAttrAsTrimmedString("NAME", name, false);
        seg. setAttrAsTrimmedString("ANZAHL", anzahl, true);
        segmenteZ1GERICHT.add(seg);
    }

}
```

Der neue parameterlose Konstruktor instanziert eine leere Header-Struktur und eine leere Segmentstruktur für den Besteller. Dadurch wird ein neues IDoc benutzbar gemacht, ohne dass man den Inhalt über ein Byte-Array mitgeben müsste, wie es der andere Konstruktor verlangt. Allerdings muss dieser zweite Konstruktor noch ein paar Parameter im Header setzen. Der IDoc-Typ und der Nachrichtentyp sind unabdingbar, damit das empfangende SAP-System das IDoc identifizieren kann. Sie werden über die Attribute MESTYP und IDOCTYP gesetzt. Als Richtung muss im Feld DIRECT der Wert 2 für „Eingang" eingetragen werden, auch wenn das IDoc aus Java-Sicht hinausgeht. Für die Richtung ist nur die Sicht des SAP-Systems wichtig. Unter Umständen muss außerdem das Feld für die Nachrichtenvariante namens MESCOD gesetzt werden. Das ist für unsere Eigenentwicklung ZPIZZA nicht relevant. Wenn Sie aber standardisierte IDocs verschicken, kann es nötig sein.

Die Feldinhalte der Segmente lassen sich über die neuen set-Methoden bzw. die Methode addGericht füllen. Um sicherzustellen, dass die Felder von SAP richtig gedeutet werden können, werden sie intern mit der Methode setAttrAsTrimmedString gesetzt. Diese füllt den Feldinhalt entweder rechts mit Leerzeichen oder links mit Nullen auf. Je nachdem, ob der dritte Parameter anzeigt, dass der Inhalt numerisch (true) oder alphanumerisch (false) ist.

Setzen der technischen Parameter

Zusätzlich werden beim Versenden auch einige technische Parameter benötigt, die das SAP-System braucht, um die Nachricht korrekt einzuordnen. Da diese Parameter im IDoc-Header abgelegt werden, müssen die zugehörigen set-Methoden auf die Header-Struktur zugreifen, statt auf eines der Segmente. Somit wird die Klasse IDocZPIZZA noch um die folgenden Methoden erweitert:

```
void setEmpfaengerPartnerart(String empfaengerPartnerart) {
  idocHeader.setAttrAsTrimmedString(
    "RCVPRT", empfaengerPartnerart, false);
}
void setEmpfaengerPartnernr(String empfaengerPartnernr) {
  idocHeader.setAttrAsTrimmedString(
    "RCVPRN", empfaengerPartnernr, false);
}
void setEmpfaengerPort(String empfaengerPort) {
  idocHeader.setAttrAsTrimmedString(
    "RCVPOR", empfaengerPort, false);
}

void setSenderPartnerart(String senderPartnerart) {
  idocHeader.setAttrAsTrimmedString(
    "SNDPRT", senderPartnerart, false);
}
void setSenderPartnernr(String senderPartnernr) {
  idocHeader.setAttrAsTrimmedString(
    "SNDPRN", senderPartnernr, false);
}
void setSenderPort(String senderPort) {
  idocHeader.setAttrAsTrimmedString(
    "SNDPOR", senderPort, false);
}
```

Diese Setter erlauben Ihnen, für Sender und Empfänger die Parameter Port, Partner und Partnerrolle einzustellen. Falls Sie weitere Parameter im Header an Ihre Bedürfnisse anpassen wollen, verfahren Sie einfach analog zu dieser Implementierung. Die Namen der vorhandenen Parameter können Sie der Klasse IDocHeaderRecord entnehmen.

Erzeugen des IDocs im Byteformat

Jetzt fehlt nur noch eine Methode, die aus den gesammelten IDoc-Daten das IDoc im Byteformat erzeugt. Dazu fügen wir zu IDocZPIZZA noch eine export-Methode hinzu.

```
public byte[] export() throws IOException {
  IDocObject idoc = new IDocObject();
  idoc.setHeader(idocHeader.getByteArray());
  IDocSegmentRecord idocSegment = new IDocSegmentRecord();
```

```
idocSegment.setAttrAsTrimmedString(
  "SEGNUM","1",true);
idocSegment.setAttrAsTrimmedString(
  "SEGNAM",SegmentZ1BESTELLER.NAME,false);
idocSegment.setAttrAsTrimmedString(
  "HLEVEL", "01", false);
idocSegment.setAttrAsByteArray(
  "SDATA",segmentZ1BESTELLER.getByteArray());
idoc.addSegment(idocSegment.getByteArray());

int segnum = 2;
while(!segmenteZ1GERICHT.isEmpty()) {
  idocSegment.setAttrAsTrimmedString(
    "SEGNUM",""+segnum,true);
  idocSegment.setAttrAsTrimmedString(
    "SEGNAM",SegmentZ1GERICHT.NAME,false);
  idocSegment.setAttrAsTrimmedString(
    "HLEVEL", "02", false);
  SegmentZ1GERICHT tmpSeg =
    ((SegmentZ1GERICHT)segmenteZ1GERICHT.remove(0));
  idocSegment.setAttrAsByteArray(
    "SDATA",tmpSeg.getByteArray());
  idoc.addSegment(idocSegment.getByteArray());
}

return idoc.getByteArray();
}
```

Die Methode export erzeugt sich ein IDocObject-Objekt, wie es auch schon beim Auslesen eines IDocs unbekannten Typs genutzt wurde. Außerdem erzeugt sie ein temporäres IDocSegmentRecord-Objekt, das für die unterschiedlichen Segmente immer wiederverwendet wird. Dessen Segmentnummer wird über das SEGNUM-Attribut des Headers jeweils neu vergeben, beginnend mit 1. Das SEGNAM-Attribut wird auf den Namen des Segmenttyps gesetzt, über HLEVEL-Attribut legt man die Schachtelungstiefe fest. Die Schachtelungstiefe ist beim Besteller-Segment, das ja auf höchster Ebene liegt, gleich eins. Als nächstes füllt die export-Methode den Dateninhalt des Segments in Form der bekannten SDATA-Struktur von 1000 Byte Länge in das IDocSegmentRecord-Objekt.

Dessen gesamter Inhalt wiederum wird dann mit addSegment zu dem temporären IDoc-Objekt hinzugefügt. Für die Gerichtsegmente geschieht dasselbe in einer Schleife, allerdings ist die Schachtelungstiefe hier immer zwei. Abschließend wird der IDoc-Inhalt mit der Methode getByteArray zurückgegeben, die alle gesetzten Informationen in das Byteformat eines IDocs wandelt.

Aufruf der vorbereiteten Klasse

Mit einer so erweiterten IDocZPIZZA-Klasse lässt sich ganz einfach ein IDoc generieren. Sie instanzieren das Objekt mit dem parameterlosen Konstruktor, setzten technische und fachliche Parameter und können dann über die export-Methoden die entsprechende Bytestruktur gewinnen.

```
IDocZPIZZA idoc = new IDocZPIZZA();
idoc.setEmpfaengerPartnerart("..");
//...
idoc.setBestellerName("Tom Test");
idoc.setBestellerTelefon("0123/456");
idoc.addGericht("Tomatensalat","2");
idoc.addGericht("Pizza Romana","1");
//...
byte[] bytes = idoc.export();
```

Das fertige IDoc schreiben Sie ähnlich wie beim Einlesen über die Standard File-Klasse von Java in eine Datei.

```
File f = new File("...");
FileOutputStream fos = new FileOutputStream(f);
fos.write(bytes);
fos.close();
```

In realen Szenarien werden Sie allerdings nie dieselben Daten in beide Richtungen schicken. Dieses Beispiel dient also nur zum Verdeutlichen der technischen Möglichkeiten.

7.2.5 Importieren des IDocs nach SAP

Wie schon auf dem Hinweg gehen wir davon aus, dass die IDoc-Datei auf nicht näher benannte Weise in das Eingangsverzeichnis des SAP-Servers gelangt.

Dann können Sie entweder über startrfc oder auf andere Weise den Funktionsbaustein EDI_DATA_INCOMING ausführen und den Namen der IDoc-Datei als Parameter mitgeben. Dieser liest die Datei ein, parst sie und ruft entsprechend dem Typ der darin enthaltenen IDocs den passenden verarbeitenden Funktionsbaustein auf. Sie sollten auch die Rückgabeparameter von EDI_DATA_INCOMING auswerten, denn diese geben Aufschluss über eventuell aufgetretene Fehler bei der Verarbeitung.

7.2.6 Auswerten des IDocs in SAP

Wie auch beim Erzeugen eines IDocs in SAP erfolgt das Auswerten des eingelesenen IDocs über einen Funktionsbaustein. Dieser trägt analog zum

Ausgabebaustein   den   Namen   `IDOC_INPUT_...`   oder
`Z_IDOC_INPUT...` je nachdem, ob er sich auf ein benutzerdefiniertes
IDoc bezieht. Auch die Signatur des Bausteins ist vorgegeben.

```
FUNCTION Z_IDOC_INPUT_ZPIZZA.
*"----------------------------------------------------
*"*"Lokale Schnittstelle:
*"IMPORTING
*"    VALUE(INPUT_METHOD) LIKE   BDWFAP_PAR-INPUTMETHD
*"    VALUE(MASS_PROCESSING) LIKE   BDWFAP_PAR-MASS_PROC
*"EXPORTING
*"    VALUE(WORKFLOW_RESULT) LIKE   BDWF_PARAM-RESULT
*"    VALUE(APPLICATION_VARIABLE) LIKE   BDWF_PARAM-APPL_VAR
*"    VALUE(IN_UPDATE_TASK) LIKE   BDWFAP_PAR-UPDATETASK
*"    VALUE(CALL_TRANSACTION_DONE) LIKE   BDWFAP_PAR-CALLTRANS
*"TABLES
*"    IDOC_CONTRL STRUCTURE   EDIDC
*"    IDOC_DATA STRUCTURE   EDIDD
*"    IDOC_STATUS STRUCTURE   BDIDOCSTAT
*"    RETURN_VARIABLES STRUCTURE   BDWFRETVAR
*"    SERIALIZATION_INFO STRUCTURE   BDI_SER
*"EXCEPTIONS
*"    WRONG_FUNCTION_CALLED
*"----------------------------------------------------
```

Zum Verständnis der Funktionsweise sind die TABLES-Parameter am
wichtigsten. In der Tabelle `IDOC_CONTRL` werden die IDoc-
Kontrollsätze von allen eingelesenen, aber noch nicht verarbeiteten IDocs
übergeben. In der Tabelle `IDOC_DATA` sind die dazugehörigen IDoc-
Datensätze enthalten. Als Ergebnis der Verarbeitung liefert der Funktionsbaustein in `IDOC_STATUS` die aktualisierten IDoc-Statussätze zurück.
Auch die Tabelle `RETURN_VARIABLE` und der Exportparameter
`WORKFLOW_RESULT` liefern weitere Informationen über den Erfolg der
Verarbeitung zurück.

Die Aufgabe des Funktionsbausteins ist es also, die eingegangenen I-
Docs in `IDOC_CONTRL` und `IDOC_DATA` zu parsen und deren Inhalte in
der Datenbank zu verwahren. Dies geschieht im Wesentlichen in einer
langen doppelten Schleife über alle IDocs und deren Segmente.

```
DATA: S_BESTELLER LIKE Z1BESTELLER.
DATA: S_GERICHT LIKE Z1GERICHT.

LOOP AT IDOC_CONTRL.
  IF IDOC_CONTRL-MESTYP NE 'ZPIZZA'.
    RAISE WRONG_FUNCTION_CALLED.
  ENDIF.

  LOOP AT IDOC_DATA WHERE DOCNUM EQ IDOC_CONTRL-DOCNUM.
    CASE IDOC_DATA-SEGNAM.
      WHEN 'Z1BESTELLER'.
        S_BESTELLER = IDOC_DATA-SDATA.
        INSERT INTO ... VALUES
```

```
                (S_BESTELLER-NAME, S_BESTELLER-TELEFON).
         WHEN 'Z1GERICHT'.
         ..S_GERICHT = IDOC_DATA-SDATA.
            INSERT INTO ... VALUES
                (S_GERICHT-NAME, S_GERICHT-ANZAHL).
       ENDCASE.
     ENDLOOP.
   ENDLOOP.

   ENDFUNCTION.
```

Für jedes eingegangene IDoc wird erst einmal der Typ geprüft. Falls es sich nicht um den erwarteten handelt, wird eine Exception ausgelöst. Dann werden seine Segmente durchlaufen und in einer CASE-Verzweigung anhand des Typs unterschieden. Sobald der Segmenttyp bekannt ist, kann man dieses den entsprechend typisierten Hilfsvariable S_BESTELLER bzw. S_GERICHT zuweisen. Über die Hilfsvariable ist ein Zugriff auf die einzelnen Segmentfelder möglich. Stellvertretend für einen komplexeren realen Verarbeitungsvorgang schreiben wir im Beispiel die ausgelesenen Felder einfach in eine nicht näher benannte Datenbanktabelle.

Teil 3
Netweaver

8 Netweaver – Übersicht

Ende der neunziger Jahre sah SAP sich gezwungen, sich selbst neu zu erfinden. Zu jener Zeit standen Wirtschafts- und IT-Welt Kopf. Man hatte auf breiter Front verstanden, dass das Internet das Potential besaß, die Interaktion von Firmen untereinander und mit Kunden grundlegend zu revolutionieren. Unter dem Druck der Analysten warf manch etabliertes IT-Unternehmen unausgereifte Produkte auf den Markt. Oder es verausgabte sich zu sehr beim schnellen Paradigmenwechsel von konventioneller IT-Kultur zur Internetwirtschaft.

Da mag es beruhigen, dass SAP erst einige Jahre nach der Revolution mit einem eigenen Konzept auf der Barrikade erscheint. Die Netweaver getaufte Architektur wirkt wohl durchdacht. Sie setzt sowohl firmenintern als auch nach außen konsequent auf Web-Techniken, vereinfacht ausgedrückt: auf Java und Web Services. So entsteht neben der althergebrachten R/3-Infrastruktur eine ebenbürtige auf Netweaver-Basis.

Die Eile der späten Neunziger erscheint im Nachhinein unangebracht angesichts der Mühen, die die SAP-Kunden mit dem neuen Paradigma zu haben scheinen. Doch nun gibt SAP ein hohes Tempo vor. Anfangs werden Umsteiger mit günstigen Konditionen gelockt, doch früher oder später sind alle Kunden gezwungen, den Schritt zu Netweaver zu vollziehen.

In einem ersten Anlauf wollen wir in diesem Kapitel einen Überblick über die einzelnen Komponenten der Netweaver-Technologie vermitteln und die Netweaver-Architektur vorstellen. Anschließend werden den zugrunde liegenden Programmiertechniken jeweils eigene Kapitel gewidmet.

Wenn Sie genau darauf achten, erkennen Sie eine Reihe konzeptioneller Parallelen zum konventionellen R/3. An vielen Stellen hat SAP die Erfahrungen aus der ABAP-Welt mit in die Java-Welt gebracht und das Beste aus beiden Sphären zu einem neuen Ganzen verschweißt. Aus diesem Grund werden Sie in diesem Teil 3 ABAP-Assoziationsboxen vorfinden anstelle der Java-Boxen aus den Teilen 1 und 2.

8.1 Produkte und Technologien

8.1.1 Web Application Server

Das Fundament der meisten Netweaver-Komponenten bildet der SAP Web Application Server. Meist wird er verkürzt nur Web AS genannt. Der Web AS ist zum einen ein vollwertiger J2EE Server, andererseits enthält er auch eine ABAP-Laufzeitumgebung.

 Der Web AS spielt für die Netweaver-Architektur dieselbe Rolle wie der SAP Application Server im R/3.

Seine wichtigste Aufgabe ist es, eine einheitliche Abstraktionsebene für Zugriffe auf das Betriebssystem, die Datenbank und das Netzwerk zur Verfügung zu stellen. Programme, die im Web AS ablaufen, merken nicht, ob sie unter Unix oder Windows laufen oder ob sie auf eine Oracle- oder DB2-Datenbank zugreifen.

Doch anders als im R/3-Umfeld, wo der SAP Application Server immer mit demselben Inhalt beladen wird, nimmt der Web AS unterschiedliche Rollen an. Mal läuft in ihm ein Intranetportal, mal die im Portal auszuführenden Applikationen. Und auch die betriebswirtschaftliche Logik des konventionellen R/3 ist in seiner ABAP-Hälfte lauffähig und kann sogar über das SAP GUI angesprochen werden. Allerdings ist die Arbeitsweise über das SAP GUI nicht typisch für die Netweaver-Nutzung.

Stattdessen werden im Web AS in der Regel Java- oder ABAP-Programme ausgeführt, die eine Web-Oberfläche haben. Viele Teilprodukte des Netweaver sind so konzipiert. Sie haben kaum direkte Berührungspunkte mit dem Web AS, obwohl er allgegenwärtig ist. In einem voll ausgebauten Netweaver-Projekt werden Sie mehrere Web AS in unterschiedlichen Rollen nebeneinander einsetzen. Wir wollen uns die Teilprodukte und Techniken des Netweaver eines nach dem anderen kurz ansehen.

8.1.2 Enterprise Portal

Die erste Netweaver-Komponente, mit der ein Benutzer bewusst in Kontakt kommt, ist das Enterprise Portal (EP). Er greift darauf über seinen Web-Browser zu. Das Enterprise Portal bildet den Rahmen für sämtliche Web-Applikationen, die SAP bietet.

Dahinter steht der Gedanke, dass ein Benutzer sich am Morgen ein einziges Mal im Portal einloggt. Dort nutzt er SAP-eigene Applikationen zusammen mit portalfähigen Fremdprodukten unabhängig davon, ob sie in ABAP oder Java implementiert sind. Die Applikationen werden ihm gemäß seiner Rolle im Unternehmen vom Portal zusammengestellt. Im Idealfall verlässt er erst zu Feierabend das Portal und muss bis dahin keine andere Software benutzen.

Dies ist eine kurze Liste der wichtigsten Aufgaben und Eigenschaften des Enterprise Portals:

- einheitlicher Rahmen für unterschiedliche portalfähige Applikationen
- vereinheitlichte Authentifizierung (Single Sign On)
- Portalinhalte sind in Abhängigkeit von der Rolle des Benutzers und auf seine Bedürfnisse abgestimmt.
- Anpassung des Portalinhalts durch den Benutzer ist möglich.
- Benutzerführung durch applikationsübergreifende Arbeitsabläufe
- Datenaustausch zwischen unterschiedlichen Applikationen mittels Drag and Relate
- Client-seitige Portal-Events dienen zur Kommunikation der Applikationen untereinander und mit dem Portalrahmen.
- Das Portal bietet Hilfsmittel wie Foren, Instant Messaging, Mailinglisten, verteilte simultane Bedienung derselben Applikation, etc.
- Bindeglied zwischen selbst entwickelten und von SAP vorgegebenen Applikationen
- Bindeglied zwischen Java-Applikationen und ABAP-Webapplikationen auf Basis von BSP oder ITS (vgl. Kapitel 2)

Das Enterprise Portal wurde von SAP bereits als eigenständiges Produkt angeboten, bevor es den Begriff Netweaver gab. Nun ist es in das Netweaver-Paket integriert.

8.1.3 Web Dynpro und xApps

Woher aber kommen die Applikationen, die im Portal enthalten sind? Kann man auf die gewohnten Transaktionen aus dem SAP GUI auch ohne weiteres über das Portal zugreifen?

Die Antwort lautet Nein. Das Portal kann nur portalfähige Applikationen ausführen. Dies sind zunächst die von SAP als xApps bezeichneten Applikationen. Davon gibt es zum Zeitpunkt der Manuskripterstellung lediglich fünf. Dazu kommen in naher Zukunft portalfähige Varianten der Applikationen aus der mySap Business Suite. Diese sind bereits auf Basis der ITS-Technologie webfähig, sie sind allerdings nicht von Natur aus im Portal lauffähig.

Weiterhin bietet SAP eine große Liste von Mini-Applikationen, sogenannte iViews, an. Diese können auch von Fremdanbietern entwickelt werden. Zum gegenwärtigen Zeitpunkt sind 2000 davon in einer öffentlich zugänglichen iView-Liste verzeichnet und es werden ständig mehr.

Die gegenwärtig wichtigste Quelle für Portalapplikationen sind Sie selbst. SAP propagiert ein Web Dynpro genanntes Programmiermodell, mit Hilfe dessen Sie iViews erstellen können.

> (ABAP) Web Dynpros sind die Java-Entsprechung zu Dynpros in
> ○   der ABAP-Welt.

Aus technischer Sicht beschreitet die Web Dynpro-Architektur den Rich-Client-Ansatz. Er besteht aus einer leistungsfähigen JavaScript-Bibliothek, die im Webbrowser ausgeführt wird, dem Client Side Framework (CSF). Diese holt sich – wie das normale SAP GUI – nur bei Bedarf neue Daten vom Server. Die angezeigte Seite wird also nicht bei jedem Mausklick neu aufgebaut. Beispielsweise finden Konsistenzprüfungen von Eingaben direkt im Browser statt und erfolgen entsprechend direkt.

Doch mit dem Code, der Client-seitig im Browser ausgeführt wird, werden Sie nie direkt konfrontiert. Die Entwicklungsumgebung Netweaver Developer Studio unterstützt das Schreiben von Web Dynpro durch abstrakte, teilweise graphische Beschreibungen im Sinne der Model Driven Architecture. Sie definieren Oberflächen, Ereignisse und einen Zustandsautomaten und füllen dann vorgegebene Ereignisschnittstellen mit Java-Code. Wenn Sie die Übersetzung anstoßen, entsteht daraus das Web Dynpro mit besagter Client-seitiger Funktionalität.

Der Gedanke hinter diesem Ansatz ist der, dass Ihre Software auch bei wechselnder Client-Technologie lauffähig bleiben soll. In zukünftigen Versionen des Developer Studios könnte aus derselben abstrakten Beschreibung ein geringfügig anderer Client generiert werden, der auf die neusten Browserversionen angepasst ist oder gar ein Fat- oder Thin Client. Durch Marketingtexte geistert gelegentlich die Vision, dass die abstrakte Beschreibung des Web Dynpro bei Bedarf sogar in eine andere Serverseitige Zielsprache wie C# oder ABAP gewandelt werden könne. Das konnte bei den Untersuchungen für dieses Buch nicht belegt werden.

Auf dem Web AS führt der Server-seitige Anteil des Web Dynpro bei jeder Anfrage vom Client den ergänzenden Java-Code aus, mit dem Sie die Geschäftslogik implementiert haben. Die Geschäftslogik hat Zugriff auf eine eigene Datenbank ohne einen Umweg über den konventionellen R/3-Applikationsserver. Dabei nutzt sie standardisierte Java-Techniken zum Datenbankzugriff wie Entity Beans.

Die Geschäftslogik Ihrer Applikation kann aber auch auf Web Services oder mit Hilfe eines speziell gekapselten JCo auf Funktionsbausteine im R/3 zugreifen. Es ist aus Gründen der Wiederverwendbarkeit sogar zu erwägen, die Geschäftslogik ganz in einen Backend-Server zu verlagern, so dass das Web Dynpro über Web Services oder RFC darauf zugreift.

8.1.4 Mobile Infrastructure

Mobile Endgeräte wie PDAs und Organizer finden immer weitere Verbreitung. Der Verkaufsleiter, der schnell vor dem Meeting den Wochenumsatz abrufen möchte, nutzt den kleinen Gehilfen. Ebenso wie der Lagerarbeiter, der die aktuellen Bestände über ein tragbares mobiles Endgerät eingibt.

Netweaver trägt diesem Sachverhalt Rechnung und liefert unter der Bezeichnung Mobile Infrastructure (MI) einen Architekturentwurf für mobile Lösungen. Das Netweaver Developer Studio enthält ein eigenes Mobile Development Kit (MDK) für die Entwicklung der zugehörigen Software. Dieses ist auf die abweichenden Anforderungen dieser Hardwaregattung angepasst. Mobile Endgeräte haben kleinere Bildschirme, reduzierte Eingabemöglichkeiten, geringere Systemressourcen und verfügen nicht über einen permanenten Zugang zum Netzwerk.

Das MDK unterstützt alternativ zwei unterschiedliche Ansätze: Java/-AWT-basierte Fat Clients und webbasierte Thin Clients.

Die Entscheidung für den ersten Ansatz hängt davon ab, ob für Ihr Endgerät eine Java-Implementierung existiert und ob es über ausreichende Ressourcen verfügt. Außerdem müssen Sie dafür sorgen, dass die Software auf alle eingesetzten Geräte in der jeweils aktuellen Version installiert wird. Im Gegenzug werden Sie unabhängig von einer kontinuierlichen Netzwerkverbindung. Es genügt, wenn Sie Ihre lokalen Änderungen zu bestimmten Synchronisationszeitpunkten an das Netzwerk übermitteln.

Der zweite Ansatz ist sicherlich der ressourcenschonendere, allerdings setzt er die Existenz eines Browsers für das Endgerät voraus. Sie müssen keine Software vorinstallieren, da sie jederzeit aktuell vom Server abgerufen wird. Allerdings muss die Netzverbindung erheblich verlässlicher sein als in der ersten Variante.

Das MDK unterstützt das Fat-Client-Modell durch folgende Mechanismen:

- lokale Persistenz und Datensynchronisation
- Deployment auf die Endgeräte
- Benutzerverwaltung
- Benutzerschnittstelle, durch eine Java-Bibliothek auf Basis des AWT zu realisieren

Das Thin-Client-Modell nutzt diese Dienste des MDK:

- Datensynchronisation
- Benutzerverwaltung
- Benutzerschnittstelle, serverseitig durch JSPs mit Hilfe von speziellen Tags für Bildschirmaufbau und Erkennung der Browser-Eigenheiten zu realisieren

In beiden Fällen werden die übertragenen Daten zunächst an den Java MI-Server übermittelt. Dieser wiederum reicht sie über den JCo an den ·ABAP MI-Server weiter. Die MI-Server verfügen auch über eine Administrationskonsole, die unter anderem der Rollenverwaltung dient.

8.1.5 Exchange Infrastructure

Große Unternehmen setzen eine Vielzahl von IT-Systemen ein. Die IT-Landschaft ist über die Jahrzehnte gewachsen und besteht aus Host-Systemen, Unix-Servern und Windows-Clients in buntem Miteinander. Ebenso heterogen sind die Schnittstellentechnologien, die zwischen den auf diesen Rechnern laufenden Applikationen eingesetzt werden. Oft gibt es nicht einmal verlässliche Dokumente darüber, welches System auf welches zugreift.

Die einzige Möglichkeit, der Komplexität der Schnittstellen Herr zu werden, besteht in einem zentralisierten Ansatz. Wenn alle Kommunikationsvorgänge zwischen unterschiedlichen Applikationen über einen zentralen Punkt laufen, dann kann man jederzeit kontrolliert ein System durch ein anderes ersetzen.

Die Exchange Infrastructure (XI) von SAP hat den Anspruch, diesen zentralen Punkt für unternehmensweite Schnittstellen zu bilden. Das Ansinnen ist allerdings ehrgeizig, denn es sollen nicht nur SAP-Systeme verbunden werden, sondern beliebige. Unter dem Kürzel EAI wie Enterprise Application Integration tummelt sich eine Reihe von Produkten auf dem Markt, die demselben Zweck dienen.

Die Exchange Infrastructure befasst sich in erster Linie aber nicht ausschließlich mit Web-Service-basierten Schnittstellen. Da sich Web Services relativ leicht in ganz unterschiedlichen Systemumgebungen auf Altsysteme aufpfropfen lassen, sind sie als neutrales Kommunikationsmittel bestens geeignet.

Die wichtigsten Aufgaben der XI sind die folgenden:

* Zentrale Verwaltung aller Systeme in einer IT-Landschaft
* Zentrale Verwaltung der Schnittstellen dieser Systeme als abstrakte Formatbeschreibung
* Zentrale Verwaltung der Abbildungsvorschriften (Mappings) zwischen diesen Schnittstellen
* Formatwandlung zwischen unterschiedlichen eingehenden Protokollen

8.1.6 NWDS und JDI

Als Entwicklungsumgebung für sämtliche Java-Entwicklungen setzt SAP das Eclipse-Framework mit speziellen Plugins ein. Diese Kombination nennt sich Netweaver Developer Studio (NWDS). Da die Werkzeuge sehr stark spezialisiert sind, ist es nicht sinnvoll, von dieser Vorgabe abzuweichen. Für die folgenden Zwecke stellt das Netweaver Developer Studio eigene Werkzeuge zur Verfügung:

- Entwicklung von Web Dynpro
- Entwicklung von Web Services
- Allgemeine J2EE-Entwicklung
- Herstellerunabhängige Persistenz in Kopplung mit einem javaseitigen Datenbank-Repository, Bezeichnung: Open SQL JDBC und Java Dictionary
- Generierung von leicht benutzbaren Java-Proxys für RFC-Schnittstellen (im Gegensatz zu manueller JCo-Nutzung), Bezeichnung: Adaptive RFC
- Integrierter Server für Entwicklertests
- Spezialisierte Entwicklungsumgebungen für portalfähige und mobile Applikationen

Die Entwicklung mit dem NWDS ist in einen Gesamtprozess integriert, der den gesamten Lebenszyklus der Software überwacht. Gesteuert wird er von der Java Development Infrastructure (JDI). Ihre Bestandteile und deren Aufgaben sind die folgenden:

- Das Design Time Repository (DTR), eine für die vom NWDS generierten Objekttypen maßgeschneiderte Versionsverwaltung.
- Das Change Management System (CMS); reglementiert Testzyklen und die Weitergabe und Qualitätssicherung von Codeänderungen auf unterschiedlichen Testssystemen, entspricht dem Transportwesen im R/3.
- Der Component Build Server (CBS); übersetzt Codeänderungen und stellt sicher, dass jederzeit ein konsistenter übersetzbarer Softwarestand existiert.
- Im System Landscape Directory (SLD) werden fertige Softwareversionen registriert und neue grob geplant. Das SLD wird nicht nur im Zusammenspiel mit der JDI genutzt, sondern ist die zentrale Registratur aller konzernweit genutzten SAP-Produkte.

Mit diesen Hilfsmitteln gibt SAP ein Vorgehen für die Entwicklung eigener Software vor, das sich an den Bedürfnissen großer Unternehmen orientiert. Es garantiert Langlebigkeit, unterstützt die Zusammenarbeit von großen Entwicklerteams und ist für heterogene Systemlandschaften geeignet.

8.1.7 Weitere Produkte

Die Netweaver-Produktgruppe besteht nicht nur aus Neuenwicklungen, auch bestehende Produkte wurden mit einbezogen. So sind auch die Business Intelligence (BI) und das Master Data Management (MDM) Teil des Netweaver, obwohl sie nicht direkt von dem mit dieser Bezeichnung verbundenen Paradigmenwechsel betroffen sind.

Die BI ist ein Data-Warehouse-Produkt. Sie dient also zum Verdichten und Analysieren der ohnehin unternehmensweit vorhandenen Daten. Die BI hilft Ihnen, Daten aus unterschiedlichen Quellen abzugleichen, sei es in Hinsicht auf Primärschlüssel, sei es in Hinsicht auf andere statistisch relevante Eigenheiten wie Berichtzeiträume. Darauf aufbauend können Sie Statistiken und Berichte erstellen lassen, Warnmechanismen etablieren, Vorhersagen treffen und betriebswirtschaftliche Zusammenhänge analysieren.

Beim Konsolidieren von Daten arbeitet die BI eng zusammen mit dem Master Data Management, dessen Aufgabe das Bereinigen und Vereinheitlichen von Stammdaten ist.

8.2 Architektur

8.2.1 Architektur einfacher Netweaver-Applikationen

Angesichts der Vielzahl von Komponenten, aus denen Netweaver besteht, fällt es schwer ein Gesamtbild der Architektur zu zeichnen. Wir greifen uns hier das wichtigste Szenario heraus. Es ist zwar stark simplifiziert, zeigt aber auf einen Blick die Techniken, mit denen Sie es in Zukunft in einem typischen SAP-Projekt zu tun haben werden.

In Abb. 8.1 erkennen Sie drei Schichten: oben die Portalschicht als Web-Frontend, darunter den Application Server mit der Geschäftslogik und in der dritten Schicht die unterschiedlichen Backend-Systeme.

Das Portal enthält unterschiedliche Applikationen, unter anderem die von Ihnen entwickelte im Bild ganz oben links. Wir gehen davon aus, dass es sich um eine Web-Dynpro-Applikation handelt. Sie ist zusammen mit den übrigen Applikationen im Portal für den Benutzer über seinen Web-Browser zugänglich. Auf dem Browser nutzt sie das Client Side Framework (CSF), das in JavaScript implementiert ist.

Die eigentliche Geschäftslogik Ihrer Applikation läuft auf dem Web AS ab, und zwar in dessen Java-Hälfte. Der Web AS enthält daneben auch einen ABAP-Stack, auf den Ihre Applikation bei Bedarf über den JCo zugreifen kann. So nutzt sie die vielen ausgereiften ABAP-Funktionen des konventionellen R/3. Beide Hälften des Web AS nutzen jeweils eine eigene Datenbank. Das ist notwendig, da die Transaktionsmechanismen in ABAP und Java unterschiedlich sind.

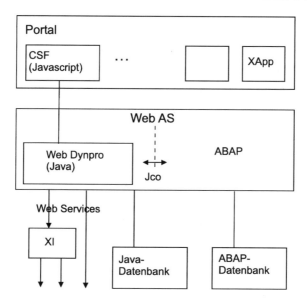

Abb. 8.1. Architektur einer typischen Netweaver-Applikation

Die Java-seitigen Datenbankzugriffe nutzen die etablierten Zugriffstechniken wie SQLJ und EJB. Allerdings werden diese auf die gemeinsame Abstraktionsschicht Open SQL JDBC abgebildet, die für eine vollständige Transparenz des Datenbankprodukts sorgt.

Als weitere Backend-Technik wird Ihre Applikation typischerweise auf den ein oder anderen Web Service zugreifen. Dies kann direkt geschehen oder aber über die XI als Mittler.

8.2.2 Enterprise Service Architecture

Hinter dem Begriff Enterprise Service Architecture (ESA) verbirgt sich eine Architekturphilosophie, die außerhalb der SAP-Welt auch SOA genannt wird, Service Oriented Architecture. Allerdings hat SAP die Grundgedanken für ihre Zwecke verfeinert und konkretisiert. Das Ergebnis ist eine Idealvorstellung davon, wie Kunden ihre Unternehmens-IT aufbauen sollten und wie die SAP selbst ihre Produkte aufbauen will. Es liegt auf der Hand, dass es einige Zeit in Anspruch nehmen wird, SAP-Produkte konsequent auf den ESA-Ansatz umzubauen. Und auch die Kunden werden bei Eigenentwicklungen aus pragmatischen Gründen von der konsequenten Umsetzung der ESA abweichen und ein vereinfachtes Design wählen. Dennoch sollte man zumindest wissen, wie das Architekturideal ESA aussieht und was dessen Vorteile sind.

Der Grundgedanke der ESA ist einerseits, dass Software in Form von Diensten auf Basis von Web Services angeboten wird – also durch wohldefinierte Schnittstellen, die HTTP zum Transport und XML zur Datenrepräsentation nutzen (SOAP). Zum anderen soll ein vielfältiges Angebot an Diensten es ermöglichen, neue Applikationen zu bündeln, deren Nutzen weit über den der Einzelteile hinausgeht.

SAP selbst führt zur Verdeutlichung gelegentlich das Beispiel einer Kreditbewilligung an. Sie möchten einen Dienst implementieren, der entscheidet, ob einem bestimmten Kunden für einen bestimmten Zeitraum ein gewisser Kredit eingeräumt wird. Dazu können Sie einen Web Service nutzen, der dessen Zahlungshistorie gegenüber Ihrer Firma zurückliefert. Außerdem erfragen Sie von einem weiteren Service, wie hoch seine gegenwärtigen Außenstände sind. Schließlich schalten Sie einen Dienst eines unabhängigen Fremdanbieters ein, der die Bonität von Firmen abschätzt. Anhand dieser drei Einzelinformationen können Sie eine durchaus fundierte Entscheidung treffen. Ohne das Zusammensetzen von Einzeldiensten wäre das nur schwer möglich gewesen. Daher wird eine solche Applikation auch Composite Application genannt.

Entsprechend geht der Architekturaufbau der ESA von bestehenden Applikationen aus (s. Abb. 8.2). Auf dem Rücken der Altsysteme ruht die Schicht der Application Services, solcher Services also, die lediglich eine monolithische Applikation ins Web abbilden. Orthogonal dazu spannen sich die Enterprise Services auf. Wie im Beispiel der Kreditbewilligung greifen sie selektiv auf Einzelfunktionen der Application Services zu. Aus deren Vielfalt setzen Sie eine neue Funktionalität zusammen.

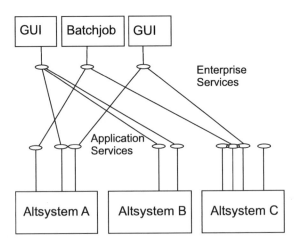

Abb. 8.2. Skizze der Enterprise Service Architecture

Ein Nebeneffekt der ESA ist der, dass die Dienstentwicklung ganz von der Entwicklung der Oberfläche entkoppelt ist. Denn Sie können den neuen Dienst je nach Belieben in ein GUI betten oder ihn oberflächenlos für die automatisierte Massendatenverarbeitung nutzen. Oder Sie belassen ihn als Web Service und stellen ihn nach außen Ihren Kunden zur Verfügung.

Soweit die Theorie. SAP liefert kein fertiges Produkt namens ESA, das nach dem beschriebenen Schema Ihre Probleme löst. Sie bekommen lediglich die Vision und eine Reihe von Hilfsmitteln, die den Weg dahin in kleinen Schritten ebnen. Es handelt sich einfach um einen konsequenten Sinneswandel in Richtung Web Services.

Jede beliebige RFC-fähige Schnittstelle aus dem R/3 können Sie mit Hilfe des Web AS leicht zu einem Web Service machen. Dadurch erhalten Sie einerseits eine Definition dieser Schnittstelle im WSDL-Format. Andererseits steht der Service sofort auf dem Server bereit. Auch die Client-Seite des Web Service ist schnell implementiert. Das Netweaver Developer Studio benötigt nur die soeben erzeugte WSDL-Datei und kann daraus sogleich eine Client-Schnittstelle in Java generieren. Ergänzend kommt hinzu, dass der XI-Server dafür prädestiniert ist Web Services zu verwalten und deren Datenströme aufzuspalten, zusammenzufügen oder zu modifizieren.

Somit sind die Werkzeuge für den Bau der ESA vorhanden, der Bauplan ist bekannt, das Gebäude muss nur noch fertig gestellt werden und Sie sind eingeladen mitzubauen.

8.3 Aufbau von Teil 3

Ziel dieses Buches ist es, die technischen Zusammenhänge zu beleuchten, die hinter SAP-Softwareprodukten stecken. Das soll in einem Maße geschehen, wie es für einen Entwickler oder Architekten interessant und relevant ist.

Nicht alle der Netweaver-Themen passen in diese Zielsetzung. So ist die Enterprise Service Architecture zwar durchaus interessant. Da sie zum jetzigen Zeitpunkt in erster Linie in fertigen Produkten vorzufinden ist, nicht aber von Tools unterstützt wird, hat sie allerdings keine praktische Relevanz. Die Business Intelligence-Komponente dagegen ist für einen Entwickler nicht allzu interessant, da es sich um ein Werkzeug handelt, das zu sehr mit der betriebswirtschaftlichen Fachlichkeit verquickt ist.

In diesem dritten Teil des Buches wird der Kern an Techniken und Werkzeugen aus dem Netweaver-Baukasten behandelt, mit denen Sie in Netweaver-Projekten zuerst in Kontakt kommen. Es handelt sich dabei um

- Entwicklungsprozess und Entwicklungsumgebung, also die Java Development Infrastructure und das Netweaver Development Studio (Kapitel 9)
- Web Dynpro, das Netweaver-Frontend (Kapitel 10)
- Backend-Anbindung von Web Services und RFC-Bausteinen (Kapitel 11)
- Java-Persistenz als spezielle Backend-Implementierung (Kapitel 12)
- Exchange Infrastructure (Kapitel 13)

Dies sind allesamt technische Themen, die Programmierung ermöglichen oder erfordern und oft auch Architekturentscheidungen beeinflussen.

9 Entwicklungsumgebung und -prozess

Das Netweaver-Paket enthält eine eigene Entwicklungsumgebung, die unter dem Namen Java Development Infrastructure (JDI) geführt wird. Ihre Oberflächen sind recht ansprechend und können dazu verleiten, einfach draufloszuklicken. So läuft man Gefahr in gelben Puzzlemustern und blauen Fabriken zu denken und darüber die Konzepte hinter der Oberfläche zu übersehen.

Dabei hat SAP eine Reihe guter neuer Konzepte zusammengetragen und in Software gegossen. Wir wollen der bunten Versuchung widerstehen und zuerst ein wenig Theorie betreiben. Falls es zu trocken wird, blättern Sie einfach vor zum Web-Dynpro-Kapitel. Spätestens bei Ihrem ersten richtigen Netweaver-Projekt werden Sie hier noch den einen oder anderen Sachverhalt nachschlagen.

Die JDI gibt Ihnen detailliert einen Entwicklungsprozess vor, der sich an den Bedürfnissen ganzer Konzerne orientiert. Er ermöglicht das Arbeiten in großen Teams und begleitet den Lebenszyklus der unterschiedlichen Systeme in einer komplexen IT-Landschaft. Wenn Sie zum Ziel haben, schnell eine Applikation auf die Beine zu stellen, ist er definitiv überdimensioniert. Daher erlaubt es die Netweaver-Entwicklungsumgebung auch, die einzelnen Programmiertechniken zu benutzen, ohne sich der JDI zu unterwerfen. Wenn Sie dies vorhaben, sollten Sie bei Abschnitt 9.3 über das Netweaver Developer Studio weiterlesen. Im Folgenden wir nun der JDI-konforme Ablauf eines Projekts beschrieben.

9.1 Gliederung von Code und Projekt

Der Entwicklungsprozess in der JDI gliedert den Code in eine Hierarchie von Gruppierungseinheiten. Jede davon hat ihre eigene Daseinsberechtigung. Hinter jeder dieser Einheiten steht ein ausgeklügelter Gedankengang oder wenigstens eine technische Notwendigkeit. Da ist es ein Dilemma, dass die Bezeichnungen so wenige Assoziationen wecken.

In Tabelle 9.1 sind die Gruppierungseinheiten aufgeführt, beginnend mit der kleinsten.

Tabelle 9.1. Code-Gruppierungseinheiten im Netweaver

Gruppierungseinheit	Zweck	Umfang
Development Object (DO)	Minimale Versionierungseinheit	Eine Datei oder Tabelle
Development Component (DC)	Code-Strukturierung, Build-Einheit	Mehrere Java-Packages oder Tabellen, etc.
Software Component (SC)	Deployment-Einheit, Planungseinheit für die Grobstruktur	Software-Schicht
Produkt	Maximale Gruppierungseinheit	Vollständige Applikation

9.1.1 Development Object

Es liegt nahe, dass die kleinste Einheit, die man in die Versionsverwaltung einchecken kann, einer Datei entspricht. Das schließt übrigens Java-Klassen und Ressourcen wie JPG-Bilder oder Properties-Dateien gleichermaßen ein. Beide werden als Development Objects bezeichnet. Nicht ganz so selbstverständlich ist, dass man auch Tabellendefinitionen versionieren kann. Hier hat das bewährte Versionierungskonzept von ABAP Pate gestanden. Denn dort funktioniert die Versionierung ja auf Basis von Funktionsbausteinen, Reports oder Tabellendefinitionen, die ebenfalls Objekte genannt werden.

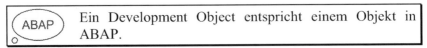

ABAP · Ein Development Object entspricht einem Objekt in ABAP.

9.1.2 Development Component

Die nächstgrößere Gruppierungseinheit, die Development Component, fasst eine Gruppe von Development Objects zu einer Build-Einheit zusammen. Das können mehrere Java-Packages sein oder mehrere inhaltlich zusammengehörige Datenbanktabellen. Sie können aber auch einen Web Service oder eine Gruppe von EJBs in eine Development Component gruppieren. Die Entwicklungsumgebung steuert implizit, welche Objekte Sie zu einer DC gruppieren, indem sie beim Anlegen einer DC eine Typangabe verlangt. Sie können also keine Web-Service-DC anlegen, die gleichzeitig Datenbanktabellen enthält. Die Gruppierung in DCs ist daher auch eine Gruppierung in technisch gleichartige Objekte.

In ihrer Java-Ausprägung behebt die Development Component ein altes Manko von Javas Package-Konzept. Da sich ein großer Teil Ihrer Entwicklungsprojekte in Java-DCs abspielen wird, lohnt es sich, diesen Sachverhalt gründlicher zu durchleuchten. Packages sind zu klein und zu schwach definiert, um die saubere Strukturierung von Projekten zu erzwingen. Allzu leicht passiert es, dass sich Packages gegenseitig oder in Zyklen referenzieren. In großen Projekten kann das die Wartbarkeit dramatisch beeinflussen. Sie können nur schwer Komponenten gezielt ersetzen oder umschreiben, da Sie unnötig viele Abhängigkeiten haben. Oft ist es unmöglich, einzelne Klassen zu übersetzen, ohne das ganze Projekt zu kompilieren. In Abb. 9.1 sind solche natürlich gewachsenen Übersetzungsabhängigkeiten beispielhaft dargestellt.

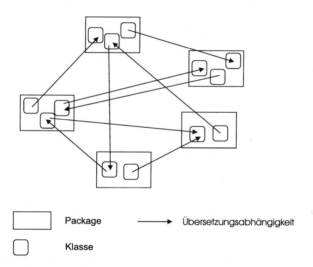

| Package | ⟶ Übersetzungsabhängigkeit |
| Klasse | |

Abb. 9.1. Unstrukturierte Übersetzungsabhängigkeiten auf Basis des reinen Package-Konzepts von Java

Eigentlich verfügt das Java-Package über ein Mittel, um wenigstens die Abhängigkeiten zu reduzieren. Klassen, die man ohne `private`- oder `public`-Modifikator deklariert, sind nur innerhalb des Packages sichtbar. Man hat also durchaus die Möglichkeit, die Implementierungsdetails eines Aspekts im Inneren des Packages zu verbergen. Nur die Schnittstelle zur Implementierung macht man dann in einigen wenigen `public`-Klassen nach draußen verfügbar. In der Praxis wächst aber meist die Anzahl der benötigten Klassen so weit an, dass man weitere Packages für denselben Aspekt hinzunehmen muss. Als Konsequenz ist man gezwungen, die zuvor internen Klassen `public` zu deklarieren, damit diese aufeinander zugreifen können. Schon ist die saubere Struktur verloren, da sie nun auch von allen anderen Packages aus erreichbar sind.

Ein konsequenter Build-Manager kann dem Wildwuchs manuell vorbeugen. Er achtet darauf, dass der Code in Schichten angeordnet wird, die jeweils nur schmale Schnittstellen untereinander haben. Verweise auf andere Schichten werden nur in eine Richtung zugelassen, Verweiszyklen verbietet er ganz. Dafür muss er unermüdlich Überzeugungsarbeit bei den Kollegen leisten und ständig deren Code überprüfen.

Eleganter ist es natürlich ein Bündelungskonzept zu nutzen, das die gebotenen Strukturierungsregeln von allein unterstützt. Die Java-Development Component erfüllt diese Anforderung. Typischerweise enthält eine DC mehrere Packages. Einige wenige Klassen fungieren dabei als Schnittstelle nach außen zu anderen DCs. Eine DC darf nur dann Klassen aus einer anderen DC verwenden, wenn diese in deren Schnittstelle enthalten sind. Außerdem muss dazu eine Abhängigkeit auf DC-Ebene deklariert werden. Die JDI-Übersetzungsumgebung überprüft diese Regeln. Dadurch haben Sie nur mit wenigen groben Übersetzungseinheiten zu tun, deren Abhängigkeiten explizit deklariert und leicht zu überblicken sind. Außerdem verfügen die DCs selbst über das Wissen, welchen Fremdcode sie für die eigene Übersetzung benötigen.

In Abb. 9.2 ist eine Bündelung von Klassen in DCs dargestellt. Die DC besteht aus einem internen Abschnitt (links) und einer öffentlichen Schnittstelle (rechts). Wenn eine Abhängigkeit zwischen zwei DCs erklärt wurde, dürfen beliebige Klassen der ersten DC auf die Klassen aus der Schnittstelle der zweiten zugreifen. Natürlich dürfen die Klassen innerhalb einer DC beliebig gemäß den normalen Java-Sichtbarkeitsregeln aufeinander zugreifen. Zur Vereinfachung wurden diese Beziehungen in der Abbildung weggelassen.

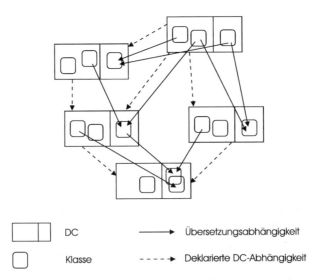

	DC		Übersetzungsabhängigkeit
	Klasse		Deklarierte DC-Abhängigkeit

Abb. 9.2. Durch das DC-Konzept strukturierte Übersetzungsabhängigkeiten

DCs können auch geschachtelt werden. Eine äußere DC A darf mehrere innere DCs X, Y, Z enthalten. Für die inneren DCs gelten untereinander dieselben Zugriffsregeln wie bisher. Die äußere DC verbirgt allerdings auch die Schnittstellen von X, Y und Z nach außen. Eine weitere DC B, die nicht in A enthalten ist, darf also nicht ohne weiteres auf X oder Y zugreifen. Nur wenn A explizit eine Schnittstelle von X nach außen freigibt, darf B auch darauf zugreifen.

Somit hat man durch das Konzept der Development Components ein Hilfsmittel zur Hand, mit dem man bei Bedarf beliebige Bündelungen definieren kann. Doch die DCs dienen nicht nur zum Strukturieren des Codes, auch bei der Übersetzung sind sie sehr nützlich.

Wenn Sie eine neue Version einer DC implementiert haben ohne deren Schnittstelle geändert zu haben, müssen Sie nur diese eine DC übersetzen. Zum Übersetzen selbst benötigen Sie nur die Schnittstellen der anderen DCs, die von Ihrer DC verwendet werden. Die Übersetzungszeit reduziert sich damit auf das theoretisch mögliche Minimum.

Doch auch falls Sie einmal die Schnittstelle ihrer DC ändern müssen, hält sich der Folgeaufwand in Grenzen. Sie müssen nur diejenigen DCs anpassen, die offiziell darauf zugreifen und auch nur diese müssen neu übersetzt werden. In unstrukturierten Projekten wächst der Übersetzungs- und Wartungsaufwand annähernd quadratisch mit der Anzahl der Klassen, in strukturierten Projekten nur linear mit der Anzahl der Klassen in den DC-Schnittstellen. Das bedeutet konkret, dass Ihre Entwicklungsiterationen Minutenbruchteile dauern statt mehrerer Minuten. Ein Entwicklungsvorhaben, das 50 Iterationen verlangt, dauert entsprechend eine Stunde statt einem Tag.

Die zuletzt angestellten Überlegungen lassen sich übrigens auf DCs übertragen, die keinen reinen Java-Inhalt haben. Zusammenfassend lässt sich festhalten: Die Development Component ist die wichtigste Einheit für den Buildvorgang.

9.1.3 Software Component

Ganze Schichten von Software werden in einer Software Component (SC) zusammengefasst. So kann die Benutzeroberfläche einer Applikation in einer SC enthalten sein, sämtliche Backend-Bausteine für den Zugriff auf die Java-Datenbank gehören einer zweiten SC an, die Bausteine, die die Geschäftslogik als Web Service exportieren, bilden wiederum eine eigene SC.

Eine Software Component setzt sich aus einer Reihe von Development Components zusammen. Die SC selbst definiert aber keine Schnittstelle, denn zu diesem Zweck sind die Schnittstellen der enthaltenen DCs ausreichend. Als Voraussetzung dafür, dass eine DC auf die Schnittstelle einer DC in einer anderen SC zugreift, muss man aber explizit eine Abhängigkeit auf SC-Ebene definieren. Die deklarierten Abhängigkeiten auf SC-Ebene spielen also dieselbe Rolle wie die deklarierten Abhängigkeiten auf DC-Ebene. Sie stellen eine notwendige Voraussetzung für einen Zugriff auf der jeweils darunter liegenden Ebene dar.

Auf diese Weise kann man schnell die Grobstruktur eines ganzen Softwareprodukts überblicken. Und gerade dies ist ein wichtiger Zweck der Software Component. Zu Anfang eines großen Projekts können Sie erste Designentscheidungen auf Basis der SCs treffen. Ohne weit ins Detail zu gehen schieben Sie die SCs wie Bauklötze hin und her und fügen bei Bedarf eine Abhängigkeitsbeziehung ein.

Der zweite Zweck der Software Component ist ihre Bedeutung als Deployment-Einheit. Es wurde bereits erwähnt, dass die Neteweaver-JDI ein Transportwesen ähnlich dem ABAP-Transportwesen im R/3 umfasst. Auch im Neteweaver existieren Entwicklungs-, Konsolidierungs- und Produktivsystem nebeneinander. Das Deployment bzw. der Transport finden auf der Ebene von Software Components statt.

 Die Software Component spielt im Deployment-Prozess dieselbe Rolle wie die Entwicklungsklasse im Transportwesen.

9.1.4 Produkt

Ein Produkt ist die gröbste Gruppierung in der Hierarchie von Bündelungseinheiten. Anschaulich entspricht ein Produkt einer ganzen Applikation oder auch einer Reihe von Applikationen, die gemeinsam genutzt werden sollen. Wie Sie das Produkt als Abstraktionseinheit letztlich einsetzen, ist Ihnen überlassen. Neteweaver bietet allerdings keine weiteren übergeordneten Einheiten und Produkte lassen sich nicht schachteln.

Eine Eigenschaft von Produkten ist bemerkenswert: sie dürfen sich überlappen. Während für eine DC noch eindeutig feststeht, in welcher SC sie enthalten ist, ist dies für SCs innerhalb von Produkten nicht richtig. Zur Verdeutlichung greifen wir noch einmal die drei SCs aus dem vorhergehenden Abschnitt auf. Die Datenbank-SC kann zusammen mit der Oberflächen-SC ein Produkt bilden. Dieselbe Datenbank-SC kann aber auch zusammen mit der Web-Service-SC ein anderes Produkt bilden.

9.2 Entwicklungszyklus

Bevor Sie in der JDI mit einer eigenen Entwicklung beginnen können, müssen Sie eine Vorarbeit leisten: Sie müssen sich ein Namensraumpräfix reservieren lassen. Zweck dieses Präfixes ist es auszuschließen, dass die von Ihnen entwickelten Objekte mit denen anderer Hersteller namentlich kollidieren. Da das nur an zentraler Stelle koordiniert werden kann, wickelt SAP die Präfixvergabe selbst ab, und zwar über die Webseite des SAP Service Marketplace. Während das Nutzen eines Präfixes in ABAP noch optional war, ist es in der JDI verpflichtend. Sie müssen das Namensraumpräfix allerdings nur einmal für Ihre Firma reservieren lassen und können es dann für unterschiedliche Projekte verwenden.

9.2.1 Produkt- und Trackdefinition

Ein JDI-Projekt beginnt im System Landscape Directory (SLD). Das SLD ist ein Verzeichnis der in Ihrer Firma installierten SAP-Produkte und deren Versionen. Fertige Produkte werden darin genauso abgelegt wie selbst entwickelte. Das SLD hat eine stark vereinfachte Sicht der Dinge. Für ein neues selbst zu entwickelndes Produkt legen Sie dort dessen Namen und Version fest. Anschließend modellieren Sie seine Software-Grobstruktur anhand der Software Components und deren Abhängigkeiten untereinander. Die Projektdefinition im SLD ist – abgesehen von der Versionsnummer – eine eher statische Festlegung.

Das dynamische Eigenleben des Entwicklungsprozesses wird im Change Management System (CMS) gesteuert. Das CMS haben wir ja im Übersichtskapitel 8 als Neteweaver-Pendant zum Transportwesen identifiziert. Als zweiten Punkt zu Beginn eines neuen Projekts legen Sie im CMS einen Track für das Entwicklungsvorhaben an. Ein Track ist eine zeitlich begrenzte Einheit, die aus einer Gruppe von Änderungen an einer SC besteht. Gleichzeitig entspricht ein Track einem Release der SC.

> **ABAP** Ein Track im JDI entspricht einem Änderungsauftrag im ABAP-Transportwesen.

Ebenfalls im CMS legen Sie fest, auf welchem Server das Entwicklungssystem für diesen Track laufen soll und welche anderen SCs zum Ausführen benötigt werden. Im Normalfall entwickelt man nur an einer SC. Die übrigen SCs werden als feste Basisschichten lediglich dazukopiert.

In einer Struktur namens Development Configuration werden alle relevanten Informationen zur Entwicklung Ihrer SC zusammengefasst. Das umfasst den Ablageort Ihrer SC, die benötigten Fremd-SCs und den Server, auf dem die SC übersetzt und ausgeführt werden soll. Verwechseln Sie die Development Configuration nicht mit der Development Component, die eine der oben beschriebenen Gruppierungseinheiten ist. Die Development Configuration wird beim Erzeugen eines Tracks im CMS erzeugt und im SLD registriert.

Ähnlich zum Entwicklungsprozess im R/3 wird die Software in den unterschiedlichen Entwicklungsphasen auf das Entwicklungs-, das Konsolidierungs-, das Test- oder das Produktivsystem deployt. Für die ersten beiden dieser Phasen muss man eine eigene Development Configuration anlegen. In der dritten und vierten Phase findet keine Entwicklung mehr statt. Im Gegensatz zu den Development Configurations ist der Track eine phasenübergreifende Einheit, er existiert also nicht separat für das Entwicklungs- und das Konsolidierungssystem.

Wenn der Track für die zu entwickelnde Version der SC und die zugehörigen Development Configurations festgelegt sind, ist Schritt zwei abgeschlossen. Die Vorarbeiten im CMS sind dadurch beendet.

In Abb. 9.3 wird der bisher beschriebene Ablauf des Projektbeginns noch einmal stark vereinfacht dargestellt. Die Zeitachse ist senkrecht angeordnet, wobei die Zeit nach unten weiter fortschreitet. Zuerst legt man fest, aus welchen Komponenten sich das neue Produkt zusammensetzt. Im Beispiel sind zwei davon bereits bestehende Komponenten, die lediglich verwendet, nicht aber weiterentwickelt werden. Die dritte Komponente ist die eigentliche zu entwickelnde. Man legt für ihre erste Version einen Track an. In diesem Track werden die benötigten Development Components erzeugt und der Code geschrieben. Wenn dieser abgeschlossen ist,

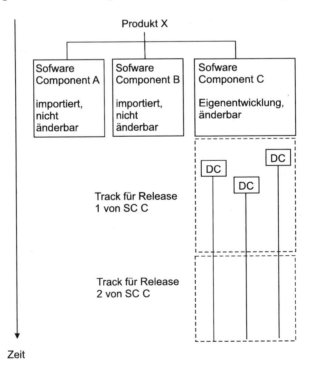

Abb. 9.3. Zeitlicher Ablauf des Projektbeginns und Bedeutung des Tracks

kann man für die Komponente weitere Tracks definieren; sei es für Fehler-
korrekturen, sei es für eine Erweiterung.

9.2.2 Entwicklung und lokaler Test

Verlassen wir die globale Perspektive und betrachten den Entwicklungs-
vorgang aus Sicht eines einzelnen Entwicklers. Sobald er die Berechtigung
bekommen hat, an einem Track mitzuwirken, kann er das Produkt auf seinen eigenen Rechner kopieren. Dazu holt er sich die zugehörige Development Configuration in seine Entwicklungsumgebung. Sie wirkt wie ein
Rundum-Sorglos-Paket, das sicherstellt, dass er zur richtigen Versionsverwaltung (DTR) und zum richtigen Buildserver verbunden wird und dass
er die passenden Versionen der Fremd-SCs kennt.

Aus dem DTR ruft er das Produkt ab. Dadurch entstehen auf seiner
Festplatte je eine Kopie der importierten SCs und des gegenwärtigen
Stands der zu entwickelnden SC. Für letztere ist er schreibberechtigt, erstere liegen ohnehin in einer stabilen Version vor. Daher müssen sie nicht
geändert werden.

Nun nimmt der Entwickler im Netweaver Developer Studio Änderungen
am Code seiner SC vor, genauer: an den DCs seiner SC. Gerade zu Anfang
eines Projekts wird er auch neue DCs zur SC hinzufügen. An dieser Stelle
kommt der zuvor reservierte Namensraum ins Spiel, denn bei der Neuan-
lage von DCs ist die Angabe eines registrierten Namensraumpräfixes
zwingend notwendig. Anhand zweier DCs, die gleichnamige Datenbanktabellen enthalten, lässt sich leicht veranschaulichen, wie wichtig er für die
unbeschwerte Koexistenz unterschiedlicher Softwareprodukte ist.

Der Entwickler kann die erweiterten oder neu angelegten DCs lokal ü-
bersetzen und auch auf dem Testserver ausführen. Der Testserver ist lediglich ein weiterer Prozess auf seinem Rechner. Er hat noch nichts mit dem
Testsystem zu tun, denn dieses nutzt eigenständige Hardware und Code
kann nur über das Freigabeverfahren dorthin gelangen.

9.2.3 Check-in und Aktivierung

Wenn der Entwickler mit den lokalen Tests zufrieden ist, checkt er seine
Änderungen ins DTR ein. Für jede Software Component sind dort zwei
sogenannte DTR-Workspaces abgelegt. DTR-Workspaces sind Entwick-
lungsstände der Software Component. Einer von beiden DTR-Workspaces
ist inaktiv, der andere aktiv. Im inaktiven DTR-Workspace findet die Weiterentwicklung statt, der darin enthaltene Code muss nicht unbedingt übersetzbar sein. Der aktive DTR-Workspace enthält nur erfolgreich übersetz-

ten Code. Er spiegelt den aktuellsten Gesamtstand der SC wider, der übersetzbar ist.

Der soeben vom Entwickler eingecheckte Code landet erst einmal im inaktiven DTR-Workspace. Nehmen wir der Einfachheit halber an, er hat nur eine einzelne Development Component geändert. Nun versucht der Entwickler diese DC zu aktivieren.

 Das Wort „aktivieren" hat in ABAP und im JDI dieselbe Bedeutung. Es steht für übersetzen und freigeben.

Dadurch wird diese DC an den Component Build Service (CBS) ausgeliefert. Dieser stößt einen Build der SC an, wobei er die geänderte DC zusammen mit den aktuellsten übersetzbaren Versionen der übrigen DCs verwendet. Da die Übersetzungsabhängigkeiten der DCs untereinander genau definiert sind, lässt sich schnell feststellen, ob die neue Version der geänderten DC übersetzbar ist. Nur wenn das der Fall ist, ist die Aktivierung erfolgreich. Andernfalls bricht sie wie in ABAP mit einer Fehlermeldung ab. Die neue DC wird in den aktiven Workspace übernommen. Somit ist auch geklärt, woher die Bezeichnung „aktiv" für den Workspace rührt. Wenn nun in der Folge weitere geänderte DCs aktiviert werden, gehört die gerade aktivierte DC zur Menge der DCs, gegen die die nun neue DC gebaut wird. Auf diese Weise ist jederzeit sichergestellt, dass der aktive DTR-Workspace wirklich übersetzbar ist. Die Entwickler werden so zur frühen Integration gezwungen.

9.2.4 Transport

Durch die Aktivierung steht die Software auf dem Entwicklungssystem zum Testen bereit. Im JDI-Jargon heißt die Einheit, in der Änderungen weitergeleitet werden, Activity.

 Eine Activity in der JDI entspricht einem Transport- oder Änderungsauftrag im R/3.

Wenn die Tests erfolgreich waren, gibt der Entwickler den getesteten Stand frei. Mit der Freigabe des Codes endet seine Zuständigkeit. Ein Administrator ist für den weiteren Ablauf zuständig.

Der Administrator transportiert die freigegebene Software auf das Konsolidierungssystem. Da DTR-Workspaces systemspezifisch sind, existiert auch dort ein eigenständiger Workspace und auch der CBS stellt eine dedizierte Build-Umgebung bereit. Analog zum Build-Vorgang auf der Entwicklungsumgebung werden auch hier die neuen Änderungen durch sukzessives Übersetzen in den bereits vorhandenen Softwarestand übernommen. Dadurch wandern sie wiederum vom inaktiven in den aktiven Workspace. Nun können sie auf dem Konsolidierungsserver getestet werden.

Für die Abnahme der Software werden fachlich ausgereifte ganze Software Components auf das Testsystem transportiert. Wenn dort die Abnahme erklärt werden konnte, erhält die Komponente endgültig die zum Track gehörende Versionsnummer. Mit dieser Nummer wird sie nun im SLD registriert. Dadurch steht sie bereit für den Transport auf das Produktivsystem.

Außerdem kann eine abgenommene SC auch in den Workspace einer noch zu entwickelnden anderen Komponente importiert werden. Sie erinnern sich, dass bei der Definition eines neuen Tracks in dessen Development Configuration festgelegt wurde, welche Fremd-SCs benötigt werden? Dies ist nur für abgenommene und mit einer Versionsnummer versehene SCs möglich.

Der Transportprozess und dessen Stufen sind in Abb. 9.4 noch einmal dargestellt.

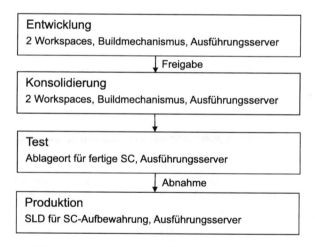

Abb. 9.4. Die Stufen des JDI-Transportsystems

Eine unscheinbare Eigenheit des DTR-Workspaces soll noch erwähnt werden, denn sie hat es in sich. Das Workspace-Paar existiert nämlich nicht nur einmal pro Entwicklungsstufe, sondern auch noch separat pro SC-Version. Dass die Stufen Entwicklung und Konsolidierung beide dasselbe Verfahren nutzen, ist nur konsequent. Dass die DTR-Workspaces aber nach SC-Version unterschieden werden, behebt ein unangenehmes Problem aus der ABAP-Welt. Aus Kapitel 4 wissen Sie, dass der Transport von der Entwicklungsstufe in die Konsolidierungsstufe immer dann nervenaufreibend ist, wenn nicht alle Änderungen transportiert werden sollen.

Das ist insbesondere dann der Fall, wenn man mehrere Releases gleichzeitig entwickelt, aber zunächst nur einen transportieren möchte.

Genau für diese Konstellation wird der DTR-Workspace nach Release unterschieden. Dann kann man unterschiedliche Releases parallel weiterentwickeln und auf voneinander unabhängige Folgestufen transportieren. Für jedes Release für sich gesehen können alle Änderungen in genau der Reihenfolge transportiert werden, in der sie entwickelt wurden. Und das ist eine Garantie dafür, dass das Resultat aus einem Guss ist und sich im Betrieb so verhält wie es ursprünglich entwickelt wurde.

9.2.5 Zusammenfassung des Entwicklungszyklus

Da die Beschreibung des Entwicklungszyklus so lang und inhaltsreich war, sind hier die wichtigsten Schritte stichpunktartig zusammengefasst. Um ein neues Produkt zu entwickeln müssen Sie

1. im SLD das neue Produkt anlegen,
2. im CMS einen neuen Track anlegen und dabei die Development Configuration definieren, also Zielserver, benötigte Fremd-SCs und Ablageort der eigenen SC,
3. Code schreiben, dazu falls nötig DCs anlegen, Code lokal testen,
4. Änderungen einchecken und aktivieren, also die DC durch den CBS auf Übersetzbarkeit prüfen lassen,
5. aktivierte Änderungen auf dem Entwicklungssystem testen und freigeben,
6. Änderungen weitertransportieren und testen bis, das Produktivsystem erreicht ist.

Die Punkte 3 bis 6 werden in unterschiedlicher Häufigkeit wiederholt. Falls Sie an einem bestehenden Produkt Änderungen vornehmen wollen, steigen Sie bei Punkt 2 ein.

9.3 Netweaver Developer Studio

9.3.1 Eclipse als Basis

Als Java-Entwickler wird es Sie freuen zu hören, dass die von SAP vorgesehene Entwicklungsumgebung für Netweaver-Applikationen das Eclipse-Framework ist. Eclipse ist eine durch Plugins erweiterbare Entwicklungsumgebung, die ursprünglich von IBM entwickelt wurde. IBM stellte sie aber bald der Open-Source-Entwicklergemeinde zur Verfügung, woraufhin das Projekt eine enorme Dynamik entwickelte. Es ist nicht unwahrscheinlich, dass Sie Eclipse oder das kommerzielle Pendant WSAD bereits in einem Projekt eingesetzt haben.

Für diejenigen unter Ihnen, die noch keine Erfahrung mit Eclipse sammeln konnten, hier ein paar Hinweise zur Orientierung. Die Eclipse-Oberfläche enthält in den meisten Situationen ein schmales, baumartig strukturiertes Navigations-Panel auf der linken Seite. Auf der rechten Seite befindet sich die eigentliche Arbeitsfläche, deren Inhalt sich in Abhängigkeit von der Navigation auf der Linken ändert. Sie können beides in Abb. 9.5 erkennen.

Der Navigationsbaum links stellt meist einen Ausschnitt aus dem Filesystem als passende Abstraktion dar. So kann man typischerweise dort durch die Package-Struktur zu einzelnen Klassen navigieren. Auf der rechten Seite erscheint oft ein Code-Editor.

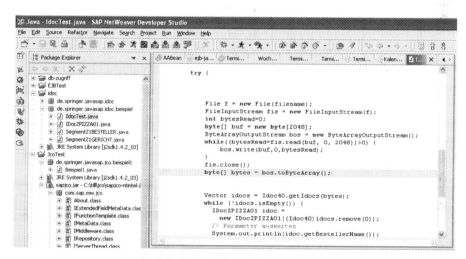

Abb. 9.5. Aufbau der Eclipse-Oberfläche

Dass man den Aufbau der Eclipse-Oberfläche nicht präziser beschreiben kann, liegt im Konzept begründet. Eclipse bietet dem Benutzer eine Reihe von unterschiedlichen Perspektiven zur Auswahl an. Beispielsweise stellt die Java-Perspektive Java-Klassen mit passendem Syntax-Highlighting dar und markiert Übersetzungsfehler. In der XML-Perspektive dagegen erscheinen Java-Klassen nur als einfache Dateien, während dort XML-Strukturen farblich hervorgehoben werden.

9.3.2 Erweiterungen für das NWDS

Das Plugin-Konzept erlaubt es interessierten Herstellern, eigene Abstraktionen zu entwerfen. Für das Netweaver Developer Studio hat SAP eine

Reihe von Abstraktionen für die Netweaver-Konzepte maßgeschneidert. In Abb. 9.6 ist als Ausschnitt die Leiste für die Perspektivauswahl mit den wichtigsten Netweaver-Perspektiven zu sehen. Zuoberst sehen Sie das Symbol zum Hinzufügen weiterer Perspektiven, darunter in dieser Reihenfolge die Web-Dynpro-Perspektive, die Java-Dictionary-Perspektive, die Web-Services-Perspektive, die Design-Time-Repository-Perspektive und die Development-Configurations-Perspektive.

Da die einzelnen Perspektiven stark mit den dahinter liegenden Konzepten verwoben sind, werden sie in den entsprechenden Kapiteln zu Web Dynpro, etc. genauer erläutert.

Abb. 9.6. Perspektivauswahl im Netweaver Developer Studio

Ganz unabhängig von der Perspektive bündelt Eclipse die bearbeiteten Dateien zu Projekten. Das vielstrapazierte Wort Projekt soll hier nur bedeuten, dass es sich um die größte Bündelungseinheit handelt, die Eclipse anbietet. Jedes Projekt hat einen bestimmten Zweck und damit eine bevorzugte Perspektive. So wird ein J2EE-Projekt bevorzugt in der J2EE-Perspektive genutzt. Die eventuell darin enthaltenen XML-Konigurations-ateien bearbeiten Sie aber in der XML-Perspektive. Die Auswahl der Projektart ist dennoch beim Anlegen des Projekts wichtig, denn entsprechend bindet Eclipse die benötigten Bibliotheken ein und legt die passenden Unterstrukturen an. Bei einem J2EE-Projekt etwa ist dies die Verzeichnis-struktur, die später zu einem EAR-File gepackt wird.

Im Netweaver Developer Studio ist ein Eclipse-Projekt oft gleichbedeutend mit einer Development Component.

Es ist für Sie hilfreich zu wissen, dass Sie die meisten Einstellungen entweder global vornehmen können oder aber gesondert für ein Projekt. Die projektspezifischen Einstellungen erreichen Sie über das Kontextmenü des Projekts im Navigationspanel auf der linken Seite; also durch Rechtsklick und „Properties". Auch über den Menüpunkt „Projekt" in der waagerechten Menüleiste ganz oben können Sie projektspezifische Aktionen anstoßen. Die projektübergreifenden Einstellungen finden Sie oben in der Menüleiste unter „Window / Preferences".

9.3.3 Die Development-Configurations-Perspektive

Eine Perspektive des Netweaver Developer Studios wollen wir jetzt schon betrachten, da sie allgemeingültiger Natur ist: die Development-Conigura-ions-Perspektive. In ihr finden Sie die Bündelungsstrukturen wieder, die zu Anfang dieses Kapitels erläutert wurden.

Abb. 9.7 zeigt die Development-Configurations-Perspektive für ein fiktives Projekt zur Reisebuchung. Es befindet sich ganz in der lokalen Entwicklungsumgebung. Daher ist es in der Teilperspektive „Local DCs" zu finden. Auf der ersten Ebene liegen die lokal verfügbaren Software Components. Die SC `BI_UDI` ist eine Netweaver-eigene SC, `MyCompo-nents` ist die Default-SC für eigene Entwicklungen. Sie entspricht der Entwicklungsklasse `$TMP` in ABAP. Unter `MyComponents` sehen Sie die Komponenten, aus denen sich das Projekt zusammensetzt. Es sind vier DCs, wobei die Abkürzung auf dieser Ebene für Development Component steht, also die Bündelungs- und Build-Einheit.

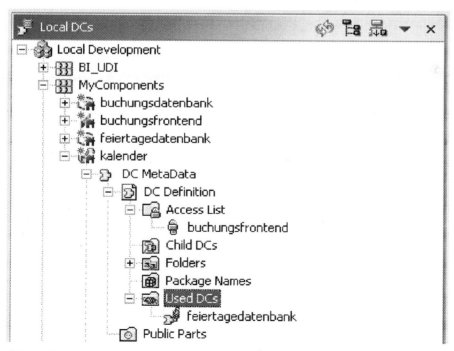

Abb. 9.7. Development Configuration-Perspektive im Netweaver Developer Studio

Die erste verwendete DC ist eine Datenbank für Reisebuchungen, die zweite das dazugehörige Buchungs-Frontend in Form einer Web Dynpro-DC. Dazu kommt eine DC für eine Datenbank, in der die gesetzlichen Feiertage abgelegt werden und eine Web-Service-DC, die einen Kalender verfügbar macht. An den unterschiedlichen DC-Icons kann man Web-Service-DCs von Datenbank-DCs und Web Dynpro-DCs unterscheiden.

Die Kalender-DC ist aufgeklappt, so dass man ihre Abhängigkeiten zu anderen DCs erkennen kann. Im darunter liegenden Ordner „Used DCs" ist die DC für die vom Kalender verwendete Feiertagedatenbank aufgeführt. Im Ordner „Access List" wiederum ist vermerkt, dass die DC des Buchungs-Frontends auf die öffentlichen Teile des Kalenders zugreifen darf. Diese wiederum sind ganz unten unter „Public Parts" festgelegt. Die hier deklarierten Abhängigkeiten entsprechen übrigens den Deklarationspfeilen für DC-Abhängigkeiten in Abb. 9.2.

Die eingangs dieses Kapitels aufgeworfene Frage, wofür die bildlichen Symbole stehen, ist nun beantwortet. Die gelben Puzzlemuster sind Software Components, die blauen Fabriken stehen für typisierte Development Components, allgemein werden Development Components aber durch einzelne gelbe Puzzlesteine dargestellt. Da die Symbole durchaus technische Relevanz haben, können wir Ihnen die eingebaute Legende empfehlen. Sie ist auf dem Panel „Local DCs" oben rechts über das Pfeilsymbol und „Display Legend" erreichbar.

10 Web Dynpro

Die Web-Dynpro-Technologie ist ein Bausatz für sämtliche Aspekte der Frontend-Entwicklung. Mit diesem Bausatz können Sie Oberflächen bis auf die Ebene von einzelnen Elementen wie Buttons oder Eingabefeldern definieren. Sie können die Elemente zu Masken zusammenfassen und die Navigationspfade zwischen den Masken festlegen. Sie können Oberflächenereignisse an Navigationsaktionen koppeln. Und schließlich können Sie die dahinter liegenden Daten strukturieren.

Der Backend-Zugriff ist nicht integraler Bestandteil von Web Dynpro. Dafür ist unter anderem das Java Dictionary zuständig. Dennoch sind die Frontend- und Backend-Technologien über das Netweaver Developer Studio nahtlos aneinander gekoppelt.

Wenn Sie ein Frontend als Web Dynpro modellieren, müssen Sie sich nicht mit den unangenehmen Details der Client-seitigen Zieltechnologie herumschlagen. Auch wenn ein Web Dynpro typischerweise auf dem Client-Rechner in einem Browser abläuft, müssen Sie keine Zeile JavaScript selbst schreiben. Als Folge können Sie aber die Wahl der Zieltechnologie auch nicht beeinflussen. Sie wird von der Entwicklungsumgebung diktiert. Außerdem haben Sie, ähnlich wie bei den Dynpro in ABAP, keinen Einfluss darauf, welcher Teil des Frontends auf dem Client und welcher auf dem Server ausgeführt wird. Das reduziert die Komplexität Ihrer Entwicklung deutlich und delegiert die technischen Details an eine ausgereifte Bibliothek.

Ihre Geschäftslogik müssen Sie aber nach wie vor selbst in Java codieren. Es ist also zum jetzigen Zeitpunkt nicht möglich, die graphisch entworfene Programmstruktur auf Knopfdruck nach ABAP oder C# zu portieren.

Um die Ausführungen überschaubar zu halten, wird in diesem und in den beiden folgenden Kapiteln für das Deployment nicht das JDI-konforme Verfahren beschrieben. Daher kommen beispielsweise Eclipse-Projekte anstelle von Development Components zum Einsatz. Der gesamte Bedienvorgang reduziert sich somit auf seine wesentlichen Bestandteile.

10.1 MVC und Web Dynpro

Es gibt kaum ein GUI-Framework, das sich nicht auf das MVC-Modell von Smalltalk beruft. Die Dreiteilung von Oberflächen in Model, View und Controller ist genauso verbreitet wie die Deutung der Begriffe variiert.

In Smalltalk steht das Model für den statischen Ablageort von Daten, also beispielsweise eine Terminliste. Der View stellt die Daten für den Benutzer dar, etwa in Form eines Kalenders mit bunt markierten Terminen. Der Controller wiederum führt Änderungen an den Daten im Model durch, in unserem Fall also Terminänderungen.

Die Hersteller von GUI-Frameworks bedienen sich gern dieses etablierten Vokabulars. Dadurch suggerieren sie dem Anwender von vornherein eine Vertrautheit mit dem Produkt. Allzu oft enden die Gemeinsamkeiten zum MVC-Konzept aber bei den Bezeichnungen, während die dahinter stehenden Sachverhalte ganz andere sind. Daher ist in einem für Sie neuen Kontext gerade bei den Begriffen Model, View und Controller große Sorgfalt geboten.

Der Zusammenhang zwischen den ursprünglichen MVC-Elementen und den zentralen Bausteinen in der Web-Dynpro-Architektur ist in der folgenden Tabelle aufgeführt.

Tabelle 10.1. Gegenüberstellung von Web-Dynpro-Begriff und Bedeutung aus MVC-Sicht

Web-Dynpro-Begriff	Bedeutung
View	Zusammenhängender Ausschnitt einer Maske, durchaus mit dem MVC-View vergleichbar
Context	Ablageort für Daten, existiert in einer View-spezifischen und einer globalen Ausprägung. Die globale Ausprägung ist mit dem MVC-Model vergleichbar. Man kann sich den Context aber auch wie einen Session Context eines Servlets vorstellen.
Controller	Verwaltet Events, existiert in einer View-spezifischen und einer globalen Ausprägung. Zusammengenommen sind die Controller mit dem MVC-Controller vergleichbar.

Das Zusammenspiel der Web-Dynpro-Bausteine aus Tabelle 10.1 ist trotz der verwirrenden Begrifflichkeit schnell beschrieben und durchaus einleuchtend.

Ein Web-Dynpro-View ist ein kleiner, logisch und gestalterisch zusammenhängender Anteil einer Seite. Der zuvor erwähnte Kalender-View trifft den Sachverhalt ganz gut. Auch eine feste Gruppe von Eingabefeldern für eine Adresse könnte als View realisiert werden. Jeder View verfügt über einen View Context, der dessen Daten enthält. Außerdem werden Änderungen am View Context über den zugehörigen View Controller durchgeführt.

Mehrere Views inclusive ihrer Controller und Contexte werden zu einer Web Dynpro Component zusammengefasst. Die Web Dynpro Component ist keine Development Component, wie sie im vorigen Kapitel über den Entwicklungsprozess beschrieben wurde, sondern eine feinere und GUI-spezifische Gruppierung. Eine Web Dynpro Component enthält genau einen Component Controller. Dieser hat die Aufgabe, unterschiedliche Views bei Bedarf sichtbar oder unsichtbar zu machen und Events an sie weiterzuleiten. Stellvertretend für den View werden die Events von deren View Controller entgegengenommen. Außerdem enthält die Component einen Component Context, der die Nutzdaten der Component verwaltet. Die View-Kontexte sind immer nur Ausschnitte des Component Contexts.

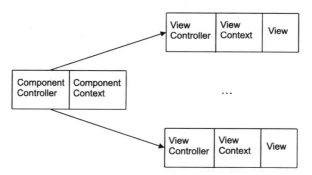

Abb. 10.1. Grobe Skizze des Zusammenspiels von Controller, Context und View

Bevor wir das Zusammenspiel von View, Context und Controller anhand der Entwicklungsumgebung genauer erörtern, wollen wir Sie noch auf die folgenden Ausdrücke aufmerksam machen. Sie ähneln den MVC-Ausdrücken, haben aber teils eine ganz andere, teils eine geringfügig andere Bedeutung. Wenn man darauf gefasst ist, kann man jedoch aus dem Zusammenhang erschließen, wie sie zu verstehen sind.

Tabelle 10.2. Begriffe, die auf irreführende Weise MVC-Termini ähneln

Begriff	Bedeutung
View	Auch die Entwicklungsumgebung Eclipse nutzt den Ausdruck View. Ein Eclipse-View ist ein spezialisierter Editor oder Wizard, der ein Panel der Eclipse- bzw. NWDS-Oberfläche einnimmt. Wir bemühen uns, diese Art von View nur in der Übersetzung Sicht oder in Kombination mit einem anderen Ausdruck wie Layout-View zu verwenden.
iView	Ein ganzes Web Dynpro, das portalfähig ist, wird als iView bezeichnet.
Model	Wenn im Zusammenhang mit Web Dynpro von Model die Rede ist, dann bezieht sich dies oft auf eine graphische Strukturbeschreibung eines Programms im Sinne der Model Driven Architecture.
Model Node	Unterstruktur im Context, die zur Anbindung eines Backend-Systems dient. Entspricht dem MVC-Model unter der Einschränkung, dass dieses über ein Backend befüllt wird.

10.2 Web Dynpro in der Entwicklungsumgebung

Wie sehen Views nun wirklich aus? Wie kann man sich anschaulich vorstellen, welche Aufgabe der Controller hat? Wenn man sich diese Objekte in der Entwicklungsumgebung anschaut, wird ihre Bedeutung klarer. Wir wollen dies anhand einer Beispielapplikation zum Verwalten von Terminen tun. Damit Sie sich vorstellen können, wie die Applikation funktioniert, zeigen wir vorweg das Endergebnis. Anschließend erläutern wir die Entwicklung der Applikation von Anfang an.

Auf der Einstiegsseite (s. Abb. 10.2) geben Sie an, für welche Kalenderwoche Sie sich Termine anzeigen lassen wollen. Über den Weiter-Button gelangen Sie auf die zweite Seite.

Abb. 10.2. Erste Seite der Beispielapplikation, Wochenauswahl

Die in Abb. 10.3 dargestellte zweite Seite enthält eine Übersicht über die vorhandenen Termine in der ausgewählten Woche. Über „Woche wechseln" gelangen Sie zurück zur Einstiegsseite und können dort eine andere Kalenderwoche eingeben. Über „Ändern" und „Einfügen" gelangen Sie auf eine Seite, in der Sie einen einzelnen Termineintrag bearbeiten können. Der Löschen-Button entfernt lediglich den gegenwärtig selektierten Termin, verzweigt aber auf keine andere Seite.

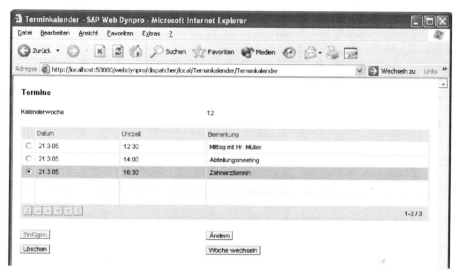

Abb. 10.3. Zweite Seite der Beispielapplikation, Terminübersicht

Die letzte Seite (s. Abb. 10.4) erlaubt es, die drei Anteile eines Termins – Datum, Uhrzeit und Bemerkung – zu ändern. Über „Zurück" gelangen Sie auf Seite zwei.

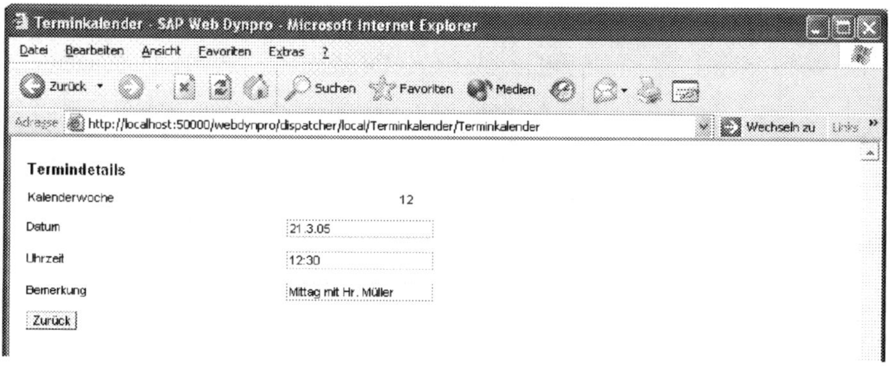

Abb. 10.4. Dritte Seite der Beispielapplikation, Termindetails

10.2.1 Views, Navigationspfade und Oberflächenereignisse

Sie beginnen ein neues Projekt mit dem Anlegen einer Component und deren Views. Das geschieht zunächst aus übergeordneter Sicht, so dass jeder View nur durch seinen Namen gekennzeichnet wird. Beim Anlegen von Component und Views wird automatisch der Code für deren Controller und Contexte generiert.

Einrichten von Navigationspfaden

Als nächstes können Sie Navigationsbeziehungen zwischen den Views aufbauen. Sie bilden die Voraussetzung für die Navigation von View zu View; auf welchem dieser Wege tatsächlich navigiert wird, ist dadurch allerdings noch nicht festgelegt.

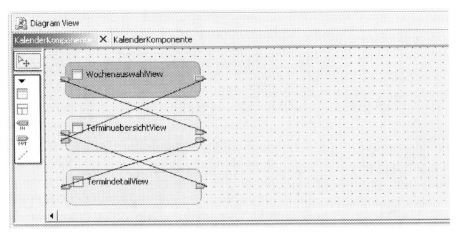

Abb. 10.5. Navigationsschema zwischen unterschiedlichen Views

In Abb. 10.5 sehen Sie die Views und Navigationspfade der Terminkalender-Applikation. Sie besteht aus dem WochenauswahlView, dem TerminuebersichtView und dem TermindetailView, die den weiter oben abgebildeten Bildschirmseiten 1-3 entsprechen. Die Navigation zwischen den Views soll in der Reihenfolge der Erwähnung, aber auch in der entgegengesetzten Richtung möglich sein. Die Richtung einer Navigationslinie ist an ihren roten und blauen Endpunkten erkennbar. Bei genauem Hinsehen sieht man, dass sie pfeilförmig sind.

Definieren von Oberfläche und Oberflächenereignissen

Um die Navigation zwischen unterschiedlichen Views tatsächlich nutzbar zu machen, muss man zweierlei definieren: eine benannte Aktion, die die

Navigation durchführt und ein Oberflächenelement, das wiederum die Aktion anstößt. Beginnen wir mit dem Oberflächenelement.

Die Oberfläche eines Views lässt sich mit einem GUI-Editor zusammenklicken. Wer Erfahrung mit Swing hat, wird sich schnell damit zurechtfinden, denn das Vorgehen ist ähnlich. Sämtliche Oberflächenelemente sind in einer Hierarchie angeordnet. Sie werden also dem gesamten View zunächst beispielsweise ein GridLayout zuordnen. Dann fügen Sie die einzelnen Oberflächenelemente als Kinder dem View hinzu, wobei Sie sich der gitterartigen Struktur bedienen, die das GridLayout bietet. In Abb. 10.6 ist die Hierarchie der Oberflächenelemente für den Wochenauswahl View zu sehen. Beim Vergleich mit Abb. 10.2 können Sie die einzelnen sichtbaren Elemente wiederfinden.

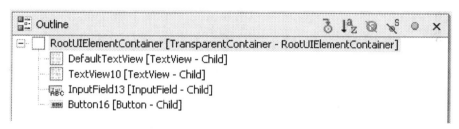

Abb. 10.6. Layout-Sicht für den Wochenauswahl View

Bedenken Sie, dass Sie eine allgemeingültige Beschreibung der Oberfläche festlegen, die nicht auf ein bestimmtes Endgerät zugeschnitten ist. So wie der Inhalt eines Webbrowsers sich der Größe des Browserfensters anpasst, so flexibel verhält sich auch Ihre Applikation. Entsprechend dynamisch sind die Strukturen, durch die Sie Ihre Oberfläche definieren.

In Abb. 10.7 sehen Sie denselben View wie zuvor im View-Editor. Die Ansicht passt sich bei jeder Änderung in der Elementhierarchie automatisch an. Am unteren Rand des View-Editors befindet sich eine Reihe von Reitern. Gegenwärtig ist der Layout-Reiter ausgewählt.

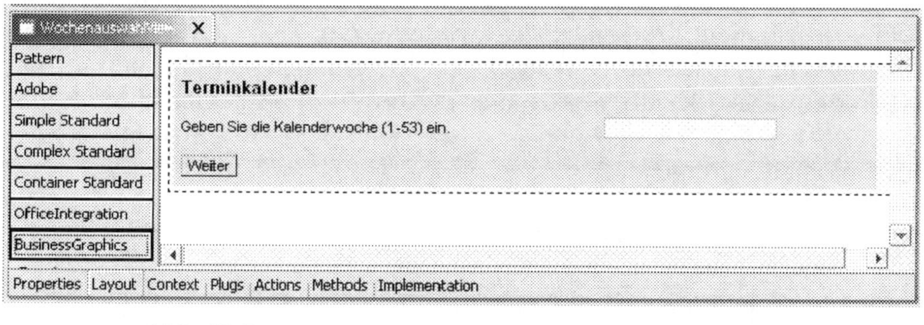

Abb. 10.7. Der Wochenauswahl View im View-Editor

Über den Actions-Reiter können Sie die weiter oben erwähnten Aktionen zum Navigieren definieren. Für die Beispielaktion legen Sie an dieser Stelle eine Aktion namens Weiter an und koppeln sie an den Navigationspfad zum TerminuebersichtView. Anschließend ordnen Sie im Properties-Reiter der onAction-Eigenschaft des Buttons die soeben definierte Aktion zu, wie in Abb. 10.8 zu sehen. Nun ist der Navigationspfad von dem WochenauswahlView zum TerminuebersichtView tatsächlich nutzbar.

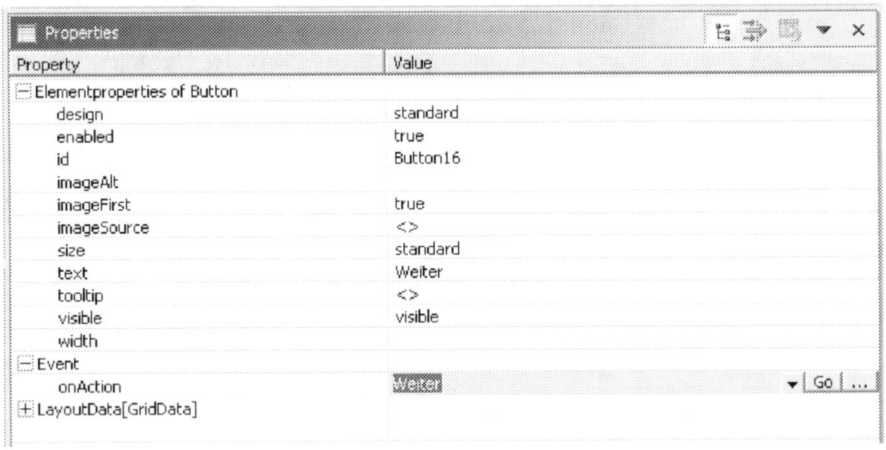

Property	Value
Elementproperties of Button	
design	standard
enabled	true
id	Button16
imageAlt	
imageFirst	true
imageSource	<>
size	standard
text	Weiter
tooltip	<>
visible	visible
width	
Event	
onAction	Weiter
LayoutData[GridData]	

Abb. 10.8. Properties-Reiter des Weiter-Buttons

Wie hier beim Button-Element ist im Editor für jedes Element, das ein Ereignis auslösen kann, bereits eine Ereignismethode bereitgestellt. Beispielsweise können Buttons oder Eingabefelder die Ereignisse onAction bzw. onEnter auslösen. Einer Überschrift dagegen ist kein Ereignis zugeordnet.

Insgesamt fällt auf, dass mögliche Ereignisse äußerst sparsam angeboten werden. So gibt es für ein Eingabefeld wirklich nur dieses eine Ereignis. Aus anderen Umgebungen sind Sie vielleicht gewohnt, dass ein Eingabefeld auch dann ein Ereignis auslöst, wenn es den Fokus erhält oder in das Feld hineingeklickt wurde. Web Dynpro beschränkt sich hier nur auf das Allernötigste und stellt dadurch sicher, dass die Komplexität Ihrer Applikation beherrschbar bleibt und dass sie sich leicht auf eine andere Zieltechnologie übertragen ließe.

Implementierung der Ereignisbehandlung

Im Implementation-Reiter des View-Editors können Sie sich den generierten Code ansehen. Er entspricht dem View Controller, den wir zu Beginn dieses Kapitels skizziert haben. Lassen Sie sich nicht davon irritieren, dass die Controller-Klasse einen Namen trägt, der mit `View` endet. Jeder View-Controller wird durch eine einzelne Klasse implementiert, die den Namen des zugehörigen Views trägt. Den Code für den eigentlichen View bekommen Sie nicht zu Gesicht.

Für jedes Ereignis, das wir im Actions-Reiter definiert haben, enthält der View Controller eine Methode. Hier sehen Sie die Methode, die innerhalb des View Controllers des `TerminuebersichtView` zum `TermindetailView` verzweigt, nachdem der Einfügen-Button gedrückt wurde:

```
public class TerminuebersichtView {

// viel Code ausgelassen
...

   public void onActionEinfuegen(
      IWDCustomEvent wdEvent ) {
      //@@begin onActionEinfuegen(ServerEvent)
      wdThis.wdFirePlugToTermindetailView();
      //@@end
   }
// viel Code ausgelassen
...
}
```

Die Kommentarzeilen mit dem doppelten Klammeraffen sind Markierungen der Entwicklungsumgebung. Sie kennzeichnen den Codebereich, den man manuell abändern darf. An diese Stellen werden wir später den Code einfügen, der die Terminliste modifiziert. Damit wird der Controller seiner Aufgabe gerecht, Datenänderungen vorzunehmen. Gleichzeitig wird klar, dass der Zustandsautomat für die Navigation von einem View zum nächsten über sämtliche beteiligten View Controller verteilt ist. Dieser Zusammenhang sollte für Ihre Anschauung des View Controllers hilfreich sein.

10.2.2 Datenelemente

Wenden wir uns nun den Kontexten zu. Sie fungieren ja als Ablageort für die Daten, die an der Oberfläche angezeigt werden sollen. Das Web-Dynpro-Konzept trennt sorgfältig die Daten, die für die unterschiedlichen Views benötigt werden und die Daten, die komponentenweit genutzt werden. Erstere werden in den View-Kontexten abgelegt, letztere im Component Context. Zur Veranschaulichung sei an dieser Stelle noch einmal auf Abb. 10.1 verwiesen.

Bei der Entscheidung dafür, wo man ein Datenfeld ansiedelt, spielen zwei Gesichtspunkte eine Rolle. Einerseits soll ein View Context nicht mehr Daten enthalten, als für die Darstellung des Views notwendig sind. Andererseits müssen manche Felder zentral für die ganze Komponente abgelegt werden, da sie für unterschiedliche Views benötigt werden und dort jeweils denselben Wert haben sollen. Um doppelte Datenhaltung zu vermeiden, werden in diesem Fall die Felder der View-Kontexte durch einen Verweis auf das jeweils entsprechende Feld im Component Context realisiert. Dieses Vorgehen nennt man Context Mapping.

Datenelemente des Terminkalenders

Am Beispiel des Terminkalenders lassen sich die Eigenheiten des Context-Konzepts gut untersuchen. Die Applikation benötigt zwei unterschiedliche Informationen: die Nummer der Kalenderwoche und eine Liste von Terminen für diese Woche. Außerdem muss ein Eintrag in der Terminliste als der gegenwärtig ausgewählte erkennbar sein, damit der `Termindetail-View` darauf operieren kann. In Abb. 10.9 ist die Aufteilung dieser Daten auf die verfügbaren Kontexte dargestellt. Der Component Context enthält ein Feld namens `Woche` und eine Liste namens `Termine`. Auch der `WochenauswahlView` enthält ein Feld namens `Woche`, das als Verweis auf das gleichnamige Feld im Component Context realisiert ist.

Die eingegebene Kalenderwoche soll später dazu dienen, alle für diesen Zeitraum vorhandenen Termine aus einer Datenbank zu holen und in die Terminliste zu füllen. In Kapitel 12 über Persistenz wird beschrieben, wie sich Datenbankzugriffe implementieren lassen. Für den Moment soll es genügen, dass die eingegebenen Termine in der Terminliste im Component Context abgelegt werden. Dies ändert nichts an der Beziehung der Context-Attribute untereinander.

Die Liste der Termine wird dem View Context des `Terminueber-sichtView` wiederum durch einen Verweis auf den Component Context verfügbar gemacht. Damit der `TerminuebersichtView` die Kalenderwoche als Überschrift anzeigen kann, erhält er außerdem Zugriff auf die `Woche` im Component Context.

Die Terminliste wird in einem weiteren View wiederverwendet, im `TermindetailView`. Der greift allerdings nicht auf die gesamte Liste zu, sondern nur auf den gegenwärtig ausgewählten Eintrag – die sogenannte Lead Section. Daher enthält der View Context des `Termindetail-View` keine ganze Liste, sondern nur einen Verweis auf die Lead Section der Terminliste im Component Context. Der Übersichtlichkeit halber wurde dieser im Diagramm als `Termin` im Singular bezeichnet.

Es gibt mehrere Gründe dafür, die Applikationsdaten wie beschrieben zu strukturieren. Zum einen soll später der Backend-Zugriff, der die Da-

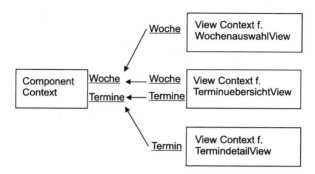

Abb. 10.9. Beziehung zwischen den Kontexten der Beispielapplikation

tenfelder befüllt, an zentraler Stelle angesiedelt sein. Das kann gut im Component Context geschehen. Des Weiteren möchte man doppelte Datenhaltung vermeiden. Daher referenzieren die View-Kontexte die Daten des Component Context, statt sie zu duplizieren. Und schließlich sollen die View-Kontexte nicht mehr Datenfelder sehen, als sie wirklich benötigen. Dadurch lassen sich unerwartete Seiteneffekte vermeiden.

Definieren von Datenelementen im Context

Wir wollen nun die Kontexthierarchie aus Abb. 10.9 in der Netweaver-Entwicklungsumgebung definieren. Man erreicht dort den Component Context über den Context-Reiter des Component Controllers. Er wird als silbrige Perle dargestellt, wie in Abb. 10.10 zu sehen.

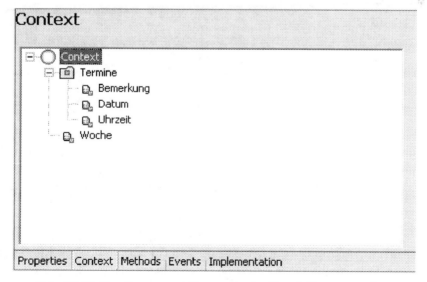

Abb. 10.10. Der Component Context in der Entwicklungsumgebung

Für unser Beispiel enthält der Component Context die Elemente Ter-mine und Woche. Da die Untergliederung eines Context baumartig struk-turiert ist, bezeichnet man die Knoten des Baums wie Termine als No-des. Die Blätter des Baums wie Woche werden Attribute genannt.

Die Attribute, die unterhalb von Termine liegen, also Bemerkung, Datum und Uhrzeit bedürfen einer Erklärung. Jeder Node können Sie eine Kardinalität zuweisen. Die Kardinalität legt fest, wie oft die unterhalb der Node angeordneten Elemente vorkommen dürfen. Mögliche Kardinali-täten sind „0..1", „1..1", „0..n" und „1..n". Für das Beispiel weisen wir der Node Termine die Kardinalität „0..n" zu. Die Attribute Bemerkung, Datum und Uhrzeit dürfen also mehrfach vorkommen, dürfen aber auch ganz fehlen. Die Besonderheit dieser Notation ist die, dass die drei Attribute nur zusammen vorkommen dürfen. Sie stellen also eigentlich Felder eines Datensatzes dar, und genau das benötigen wir ja, um eine Terminliste zu realisieren.

Die Definition des View Context und die Abbildung auf den Component Context sehen Sie in Abb. 10.11 und Abb. 10.12 für den Wochenaus-wahlView und den TermindetailView. Ersterer enthält nur ein Att-ribut namens Woche, das auf das gleichnamige Attribut im Component Context abgebildet wird. Auf diese Weise gelangt die Kalenderwoche, die Sie auf der ersten Seite eingeben, in den globalen Context.

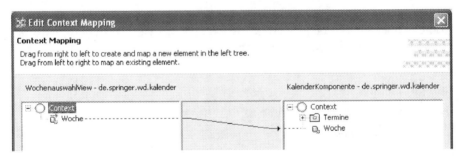

Abb. 10.11. View Context des WochenauswahlView

Der TerminuebersichtView enthält dieselbe Unterstruktur wie der Component Context, also Termine und Woche. Beide werden auch di-rekt auf ihre Entsprechung im Component Context abgebildet.

Interssanter ist der TermindetailView, dessen Context Mapping in Abb. 10.12 gezeigt wird. Termindetails werden ja nur für einen einzelnen Termindatensatz angezeigt. Deswegen besitzt der Context des Termin-detailView neben dem Attribut Woche lediglich die weiteren Attribu-te Bemerkung, Datum und Uhrzeit, nicht aber einen strukturierten Knoten. Das Mapping bildete die drei Termineigenschaften auf die

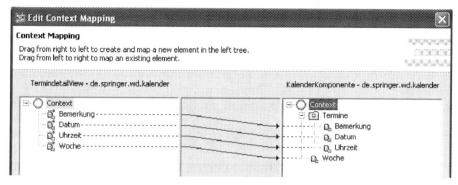

Abb. 10.12. View Context des `TermindetailView`

entsprechenden Attribute im Component Context ab, die unterhalb der `Termine`-Node liegen.

Solch eine Zuordnung wirkt auf den ersten Blick unsinnig, denn `Termine` ist ja eine Liste, enthält also viele Exemplare der besagten Attribute. Auf welches davon sollte sich die Zuordnung beziehen? In der Tat bezieht sich dieses Mapping nur auf ein einziges Dreitupel von Attributen, nämlich die weiter oben erwähnte Lead Section. Die Lead Section ist diejenige Zeile einer Liste, die sich gegenwärtig in Bearbeitung befindet. Diese Bedeutung wird unter anderem dann mit Leben gefüllt, wenn die Liste an ein entsprechendes Oberflächenelement zur Listendarstellung gekoppelt wird. Dann entspricht die Lead Section der jeweils ausgewählten Listenzeile.

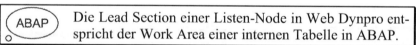 Die Lead Section einer Listen-Node in Web Dynpro entspricht der Work Area einer internen Tabelle in ABAP.

Es bleibt anzumerken, dass nicht alle Attribute oder Nodes eines View Context auf den Component Context abgebildet werden müssen. Es kann durchaus Daten geben, die nur innerhalb eines Views benötigt werden und nicht mit anderen Views oder dem Backend-System ausgetauscht werden. Denken Sie an eine Rechnung aus mehreren Einzelpositionen, von der nur der Endbetrag in der Datenbank gespeichert wird. Die Einzelpositionen sind als Attribute des View Context ohne Abbildung zum Component Context angemessen modelliert.

Einbinden der Datenelemente in die Oberfläche

Doch wofür treibt man so großen Aufwand mit den Datenelementen im Context? Doch nur, um sie schließlich an der Oberfläche anzuzeigen! Sie können im Properties-Reiter eines Views an den meisten Stellen, an denen Sie freie Texte eingeben, alternativ ein Context-Element angeben. Dafür ist am rechten Ende des Feldes ein Auswahl-Button vorgesehen. Auf diese Weise

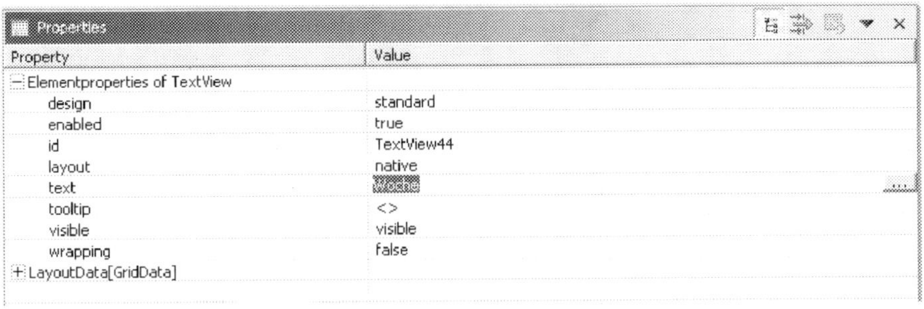

Property	Value
Elementproperties of TextView	
design	standard
enabled	true
id	TextView44
layout	native
text	Woche
tooltip	< >
visible	visible
wrapping	false
LayoutData[GridData]	

Abb. 10.13. Einbinden des Woche-Attributs über den Properties-Reiter

gelangt die Kalenderwoche in die ersten Zeilen des TerminuebersichtView und des TermindetailView, siehe Abb. 10.3 und 10.4.

Ein wenig komplizierter ist es, die Terminliste aus dem View Context des TerminuebersichtView an das Oberflächenelement für die entsprechende Tabelle zu koppeln. Dazu gehen Sie in die Layout-Sicht dieses Views und rufen das Kontextmenü der Tabelle auf. Über „Create Binding" können Sie nun den Tabellenspalten Context-Attribute zuordnen.

10.2.3 Java-Code der Präsentationslogik

Bei den Untersuchungen für dieses Buch hat sich die deklarative Beschreibungsweise von Web Dynpro als durchaus tragfähig erweisen. Mit einigen Klicks und Parametereinstellungen gelingt es, das Grundgerüst einer navigierbaren Benutzeroberfläche zusammenzustellen. Das Ergebnis wirkt sauber strukturiert, so dass es zu mehr als nur zum schnellen Prototyping geeignet ist.

Früher oder später gelangt man aber an den Punkt, an dem man Code schreiben muss, um die gewünschte Logik festzuhalten. Dafür sieht das Web-Dynpro-Konzept eine klare Aufgabenteilung vor. Die Bedienlogik ist im Frontend anzusiedeln, also im Web Dynpro. Die Geschäftslogik der Applikation findet ihren Platz im Backend, also typischerweise in Session Beans, wie in Kapitel 12 beschrieben.

Innerhalb des Frontends ist wiederum eine Aufgabenteilung zwischen Component Controller und den View Controllern vorgesehen. Der Component Controller fungiert als Bindeglied zum Backend. Er beschafft also die zur Anzeige benötigten Daten und schreibt sie bei Bedarf wieder zurück. Die View Controller dagegen bereiten den Informationsstrom von und zum Benutzer auf. Sie führen also Format- und Plausibilitätsprüfungen an den Benutzereingaben durch und stellen andererseits vorhandene Daten so dar, dass der Benutzer damit etwas anfangen kann. Im weiteren Sinne umfasst der zuletzt genannte Punkt auch die Navigation zwischen unterschiedlichen Views.

Der Java-Code, der die Bedienlogik innerhalb der View Controller abwickelt, lässt sich hier sehr gut anhand des Terminkalenders erläutern. Der Code des Component Controllers wird ebenfalls im Persistenz-Kapitel 12 beschrieben, da dazu noch ein paar Grundlagen fehlen, unter anderem die bereits angekündigte Model Node.

Jeder Knoten und jedes Attribut innerhalb eines View Context ist über eine Java-Schnittstelle erreichbar. Das ist notwendig, um innerhalb des View Controllers die gewünschten Aktionen vorzunehmen. Betrachten wir dazu den `TerminuebersichtView`. Wenn man auf den Einfügen-Button drückt, wird die Aktion `Einfuegen` angestoßen. Sie hat nicht nur den Zweck, zum `TermindetailView` zu wechseln, in dem man die Werte für den neuen Termin eingeben kann. Vielmehr muss sie zunächst sicherstellen, dass ein neuer leerer Eintrag in die Terminliste eingefügt wird. Außerdem muss sie die Lead Section auf den neuen Termin bewegen. Hier ist die entsprechende Methode der Klasse `Terminuebersicht View` zu sehen:

```
public void onActionEinfuegen(IWDCustomEvent wdEvent ) {
  //@@begin onActionEinfuegen(ServerEvent)
  ITermineElement t =
    wdContext.nodeTermine().createTermineElement();
  wdContext.nodeTermine().addElement(t);
  wdContext.nodeTermine().setTreeSelection(t);
  wdThis.wdFirePlugToTermindetailView();
  //@@end
}
```

Sämtliche Zugriffe auf den View Context nimmt man über das vorgegebene Java-Attribut `wdContext` vor. Es enthält für jeden Unterknoten eine eigene Zugriffsmethode, hier `nodeTermine`. Die Lead Section verschiebt man über `setTreeSelection`. Analog dazu geschieht das Löschen eines Termineintrags aus der Liste. Die gegenwärtig ausgewählte Zeile ermittelt man über `getCurrentElement`. Da nach der Löschaktion weiterhin die Terminliste angezeigt werden soll, entfällt in der Methode `onActionLoeschen` der Aufruf von `wdFirePlugTo...`, der in `onActionEinfuegen` noch notwendig war.

```
public void onActionLoeschen(IWDCustomEvent wdEvent ) {
  //@@begin onActionLoeschen(ServerEvent)
  wdContext.nodeTermine().removeElement(
    wdContext.nodeTermine().getCurrentElement());
  //@@end
}
```

10.3 Weitere Web-Dynpro-Mechanismen

Das kurze Beispiel eines Web Dynpro zur Terminverwaltung kann keinen vollständigen Überblick über diese Technologie geben. Wenn Sie Web Dynpro in Ihrem Projekt einsetzen wollen, sollten Sie noch eine Reihe weiterer Mechanismen kennen.

10.3.1 Windows, View Sets, etc.

Unsere Beispielapplikation wird immer in einem einzigen Browserfenster angezeigt. Sie können alternativ auch Applikationen entwickeln, die sich über mehrere Fenster erstrecken. Die Abstraktion eines Fensters im Netweaver Developer Studio nennt sich Window. Eine Applikation kann also mehrere Windows enthalten, von denen aber immer eines als Hauptfenster markiert werden muss.

Innerhalb eines Fensters befindet sich im Normalfall ein View. Sie können aber auch sogenannte View Sets definieren. Das sind Gruppen von Views, von denen jeder einzelne View in einer View Area Platz findet.

Im Normalfall verfügt Ihre Applikation über einen Component Controller und mehrere View Controller. Gelegentlich ist es aber auch sinnvoll, zusätzliche Controller zu definieren, die nicht an einen speziellen View gekoppelt sind. Diese Controller können einem bestimmten Zweck dienen wie etwa der Backend-Anbindung.

10.3.2 Web Dynpro im Enterprise Portal

Ihren vollen Nutzen entfalten Web Dynpro in Kombination mit dem Enterprise Portal. Das Portal bietet wie in Übersichtskapitel 8 beschrieben eine vereinheitlichte Ausführungsumgebung für unterschiedliche Applikationen.

Web Dynpro, die im Enterprise Portal laufen, werden als „iView" bezeichnet. Es sind allerdings keine Änderungen am Web Dynpro nötig, um es zu einem iView zu machen. Voraussetzung ist, dass Ihr Web Dynpro bereits auf einem Web AS deployt ist und dass Sie über ein laufendes Enterprise Portal verfügen. Über die Verwaltungskonsole des Portal-Servers machen Sie dem Portal ihr Web Dynpro bekannt. Der Bezug wird über die URL des Web AS hergestellt, auf dem es deployt wurde, und über den Namen der Development Component, die Ihr Web Dynpro enthält.

Ist Ihr Web Dynpro einmal in das Portal integriert, kann es an dem Client Side Eventing teilnehmen, mit dem unterschiedliche Applikationen innerhalb des Browsers miteinander kommunizieren. Durch einen Aufruf von `WDPortalEventing.fire` in Ihrem Web-Dynpro-Code lösen Sie ein solches Event aus. Als Parameter geben Sie die Portal-URL, den E-vent-Namen und einen Parameter mit. Bereits zum Übersetzungszeitpunkt wird daraus ein Aufruf im Client Side Framework generiert. Er bewirkt, dass in einer anderen Applikation, die sich für besagtes Event angemeldet hat, eine Web-Dynpro-Aktion ausgeführt wird. Das Anmelden für ein E-vent erfolgt über `WDPortalEventing.subscribe`, wobei Sie wiederum die Portal-URL und den Event-Namen und als drittes die anzustoßende Aktion übergeben.

An dieser Stelle kommt die Mächtigkeit des Web-Dynpro-Konzepts besonders gut zur Geltung. Man überlege sich, welche Umsetzung notwendig ist, um durch den Server-seitig hinterlegten Code einen Kommunikations-mechanismus innerhalb des Clients zu steuern. Sie können dem Netweaver dabei ein wenig in die Karten schauen. Dies ist ein Auszug aus dem Quell-text der Webseite, die von dem ersten View der Terminkalender-Applikation generiert wird:

```
<!DOCTYPE HTML PUBLIC "-//W3C//DTD HTML 4.01
  Transitional//EN">
<html>
...
<body ...>
...
<script language="JavaScript1.2">
if (!window.csf) {
  csf = parent.csf;
  csf.initialize(window, csf);
}
var appWindow = window;
new CSF_CSFManager(appWindow,...);
</script>
...
```

So bekommt das Client Side Framework als JavaScript-Objekt `csf` ein Gesicht, auch wenn sich der von der Entwicklungsumgebung generierte Code prinzipiell von einer Version zur anderen vollständig ändern könnte.

11 Backend-Zugriff

11.1 Konzept

Nach der Lektüre des vorhergehenden Kapitels halten Sie die Mittel in Händen, um Benutzeroberflächen nach der Web-Dynpro-Architektur zu entwickeln. Was Ihnen zu Ihrem Glück noch fehlt, ist die Anbindung an ein Backend-System, von dem Sie sich die anzuzeigenden Daten beschaffen können und in das Sie geänderte Daten zurückschreiben können.

Wider Erwarten sieht das Netweaver-Konzept nicht vor, dass Sie direkt in Ihrem Web-Dynpro-Controller ein SQL-Statement formulieren und dieses etwa über JDBC auf einer Datenbank ausführen. Vielmehr zwingt Sie die Entwicklungsumgebung sanft dazu, Frontend und Backend separat zu entwickeln. Das erkennt man daran, dass das Netweaver Developer Studio keine direkte Unterstützung für die Anbindung einer Persistenzschicht an einen Web Dynpro Context bietet. Stattdessen stehen spezielle Werkzeuge für die RFC- und Web-Service-Anbindung bereit.

Natürlich haben Sie die Freiheit, den Code für den Datenbankzugriff manuell in den Component Controller zu schreiben. Und sicher wird auch das stabil laufen und schnell zu einem Ergebnis führen. Wir wollen hier aber die Philosophie des Netweaver ergründen und uns auf den vorgegebenen Weg einlassen. Es wird sich zeigen, dass das Konzept für große langlebige IT-Landschaften eine Reihe von Vorteilen bietet.

Als in den sechziger Jahren die erste Generation von Unternehmensapplikationen entstand, hat kaum einer der Entwickler daran gedacht, dass sie bis ins nächste Jahrhundert überdauern würde. Heute dagegen weiß man die erprobten Altsysteme um so mehr zu schätzen – sind sie doch durch Jahrzehnte der Fehlerbereinigung so ausgereift und stabil wie kaum eine andere Software. Lediglich der Zugriff auf solche Systeme hat sich geändert. Sie sitzen nun nicht mehr an einem schwarzgrünen prozessorlosen Terminal um sie zu nutzen. Stattdessen baut Ihr Application Server die Verbindung zum Host für Sie auf und stellt Ihnen dessen Funktionalität auf Ihrem PC zur Verfügung. In fünf Jahren ist der Zugriffsweg wahrscheinlich noch ein anderer, und Sie nutzen den Host von Ihrem Organizer oder Auto aus.

Die Lehre aus dem Gedankengang ist die: erprobte Backend-Funktionalität wird sehr alt, das Frontend dagegen wechselt. Für langfristig denkende IT-Architekten empfiehlt es sich daher, die Frontend- und Backend-Entwicklung als zwei fast unabhängige Aufgaben zu betrachten. Das Net-weaver-Konzept unterstützt diese Herangehensweise und ermutigt Sie, Ihre Investitionen in die Entwicklung der Geschäftslogik dadurch zu sichern, dass Sie sie nicht unnötig mit dem Code zu deren Darstellung vermischen. Die Trennung erfolgt wie erwähnt in Form von RFC- oder Web-Service-Schnittstellen.

Abb. 11.1 zeigt die typischen Konstellationen für die Trennung von Web-Dynpro-basiertcm Frontend und den eingesetzten Backend-Systemen. Es bietet sich an, dass Ihr Web Dynpro auf Daten und Geschäftlogik aus einem R/3-System zugreift. Dazu wird der RFC-Mechanismus genutzt, um einen dort verfügbaren Funktionsbaustein auszuführen. Oder aber Ihr Frontend nutzt einen bestehenden fremden Web Service, der eine für Ihre Zwecke passende Funktionalität anbietet. Schließlich können Sie Ihren eigenen Backend-Server entwickeln und so die Geschäftslogik maß-schneidern und auf eine eigene Datenbank zugreifen. Auch der selbst entwickelte Backend-Server sollte in Gestalt eines Web Service in das Frontend eingebunden werden.

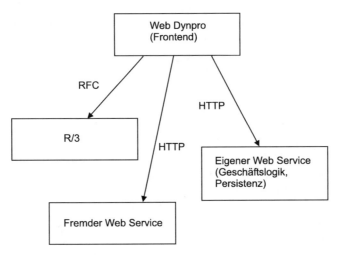

Abb. 11.1. Trennung von Web-Dynpro-Frontend und Backend-System

In diesem Kapitel wird beschrieben, wie Sie ihre Web-Dynpro-Benutzer-oberfläche über RFC oder Web Services an ein R/3-System bzw. an einen Netweaver-Java-Server koppeln. Für letzteren Fall wird weiterhin gezeigt, wie Sie das Rahmenprogramm für Ihre Geschäftslogik implementieren. Dass der Netweaver über eigene Persistenzmechanismen verfügt, die Sie beim Entwickeln der Geschäftslogik auf Java-Seite nutzen sollten, ist ein anderes Thema. Es wird in dem eigenständigen Persistenzkapitel 12 behandelt.

11.2 Backend-Zugriff über Web Services

Ein sehr eleganter Weg verteilte Systeme miteinander zu koppeln, ist der über Web Services. Web Services sind nicht nur eine modische Erscheinung, sondern vielleicht das Bindeglied für heterogene Systemlandschaften, auf das die IT-Welt lange gewartet hat.

SAP hat diese technologische Strömung konsequent aufgegriffen und auch mitgestaltet. Als Ergebnis erlauben sowohl R/3 als auch Netweaver in verschiedensten Zusammenhängen Schnittstellen als Web Services zu exportieren oder solche einzubinden. Insofern ist der Einsatz von Web Services zur Backend-Anbindung von Web Dynpro nur ein kleiner Baustein einer übergreifenden Strategie. In Kapitel 13 über die Exchange Infrastructure wird das firmenübergreifende Vernetzungskonzept der SAP erläutert, das in erster Linie auf Web Services aufbaut.

Ausführliche Einführungen in das Thema Web Services finden sich zur Genüge. Wir fassen hier nur die wesentlichen Gesichtspunkte dieser Technologie noch einmal zusammen.

11.2.1 Die Technologie

Web Services tauschen Daten im XML-Format aus, als Transportprotokoll dient das sonst von Webbrowsern genutzte HTTP. Der SOAP-Standard spezifiziert genau, auf welche Weise dazu ein XML-Dokument in einen HTTP-Request verpackt wird. Die Gesamtheit aller Informationen, die zum Nutzen eines Web Service benötigt werden, werden in einer WSDL-Struktur zusammengefasst. WSDL steht für Web Services Description Language und ist seinerseits in XML formuliert.

Da WSDL-Dateien eine sprachneutrale Definition der Schnittstelle darstellen, kann man mit Hilfe eines passenden Code-Generators einen Client für eine beliebige Zielsprache generieren. Das ist oft Java, kann aber auch ABAP sein.

Obwohl Web Services relativ schnell beschrieben sind, ist ihr Nutzen bemerkenswert. Es sind Kleinigkeiten, die den entscheidenden Unterschied zu anderen Techniken ausmachen.

Zunächst einmal ist XML für den Menschen lesbar. Das erleichtert das Debuggen von Web-Service-basierten Applikationen. Man kann einfach einen Monitor in den Datenstrom einhängen und die Aufrufe mitlesen oder sogar zum Testen Aufrufe per Hand hinschreiben. Auch Ihr Systemadministrator wird sich leichter tun, die Firewall für einen Datenstrom freizuschalten, der im Klartext durchläuft.

Weiterhin ist XML kein Binärformat und somit gut geeignet, zwischen unterschiedlichen Rechnerarchitekturen übertragen zu werden. Es drohen keine Alignment-, Byte Ordering- oder Codierungsprobleme. Sie können XML-Nachrichten problemlos auf Ihrem Unix-Server in eine Datei schreiben und später auf Ihrem Windows-PC weiterverarbeiten.

XML eignet sich gut dazu, ein empfangenes Dokument maschinell weiterzuverarbeiten. Mit Hilfe von XSLT-Transformationen können Sie Teile des Dokuments ausblenden, ersetzen oder aufspalten, ohne die einzelnen Aktionen mühsam in Programmcode zu formulieren.

Auch das Übertragungsprotokoll HTTP ist bestens geeignet, durch Firewalls übertragen zu werden, schließlich erlauben die meisten Firmen ihren Mitarbeitern den Web-Zugang über ebendieses Protokoll. Hilfreich ist dabei auch, dass HTTP im Gegensatz etwa zu dem unter Corba liegenden IIOP nur einen einzigen TCP-Port nutzt und nicht eine undefinierbare Menge von wechselnden Ports.

Zum Nutzen von Web Services benötigen Sie keine aufwändige Client-Installation. In der Regel werden Sie einen kleinen Parser verwenden, HTTP-Clients sind ohnehin elementarer Bestandteil der relevanten Programmiersprachen.

Schließlich sind Web Services ein Industriestandard, der über alle Lager und Allianzen hinweg akzeptiert wird. Dies allein ist schon ein Wunder.

11.2.2 Die Vision dahinter

Man hofft, in Web Services endlich den Programmieransatz gefunden zu haben, mit dem eine effiziente Wiederverwendung von einmal implementierter Funktionalität gelingt. Ursprünglich sollte dies schon mit der Objektorientierten Programmierung geschehen. Wer ehrlich ist, wird zugeben müssen, dass er kaum mehr als eine Datumsklasse oder eine Sortierfunktion von einem Projekt ins nächste übernommen hat. Zu unterschiedlich sind die Programmierumgebungen oder die Eigentumsrechte am Code.

Mit Web Services könnte dies anders werden, da man nicht mehr nur denselben Code wie zuvor verwendet, sondern sogar dieselbe öffentlich zugängliche Serverinstanz. Im Baukastenprinzip wird man so von unterschiedlichen Providern einen Kalender, einen Taschenrechner oder gar ein Buchungsmodul nutzen und zu einer neuen Gesamtapplikation kombinieren. Derselbe Denkansatz liegt ja auch der zuvor beschriebenen Enterprise Service Architecture von SAP zugrunde, auch wenn er dort weiter konkretisiert wird.

Noch ist dieses Vorgehen wenig verbreitet, doch von den möglichen Perspektiven ist es die mit Abstand aussichtsreichste. Wenn man also eine Kommunikationstechnologie einsetzen möchte, die nicht schlechter ist als die Alternativen und außerdem das Potential hat, zumindest im konzernweiten Intranet Synergien zu entfesseln, sind Web Services das Mittel der Wahl.

11.2.3 Einbinden von Web Services in Web Dynpro

Um eine Backend-Schnittstelle von Web Dynpro aus zu nutzen, erzeugt man in dem passenden Context maßgeschneiderte Nodes und Attribute, die den Inhalt des Backend-Systems repräsentieren. Mit diesen kann man so arbeiten, als wären es reguläre Nodes. Bei Bedarf ruft man eine Methode des Controllers auf, der den Inhalt der Nodes aus dem Backend aktualisiert.

Zur begrifflichen Trennung werden die einfachen Nodes und Attribute, wie sie in Kapitel 10 beschrieben wurden, als „Value Nodes" und „Value Attributes" bezeichnet. Nodes und Attribute, die direkt mit einem Backend-System verbunden sind, werden „Model Nodes" bzw. „Model Attributes" genannt. Die Namensgebung rührt von dem Model des MVC-Konzepts her, auch wenn hier das Model auf Backend-Daten beschränkt ist. In der grafischen Darstellung des Context werden Value Nodes und Attribute rot gekennzeichnet, während Model Nodes und Attribute blau markiert sind.

Ein spezieller Wizard unterstützt Sie beim Erzeugen von Model Nodes und Attributen, die zu einem publizierten Web Service passen. Der Wizard hat die Eigenart, dass er einen separaten Controller generiert, der nur für die Web-Service-Anbindung genutzt wird. Daher wollen auch wir diesen Weg beschreiten, auch wenn Sie genauso gut den Component Controller zum Einbetten der Web Services verwenden könnten. Der neue Controller wird als Custom Controller bezeichnet. So nennt man Controller, die nicht einem einzelnen View zugeordnet sind, die sich aber vom Component Controller unterscheiden.

Bevor Sie den Wizard nutzen können, müssen Sie den einzubindenden Web Service Ihrer Applikation bekannt machen. In Abb. 11.2 sehen Sie das Ergebnis dieses Vorgangs. Der Web Service `TerminWS` erscheint sowohl unter dem Models-Knoten als auch unter „Used Models". Für den ersten von beiden Einträgen wählen Sie im Kontextmenü von Models den Navigationspfad "Create Model / Import Web Service Model / Select WSDL Source: Local Server". Dann können Sie aus der Liste der auf Ihrem Server publizierten Web Services den Service `TerminWS` auswählen. Beachten Sie, dass Sie keinen Bezug auf den Code oder eine in der Entwicklungsumgebung vorhandene Schnittstellendefinition von `TerminWS` nehmen müssen. Es genügt wirklich, dass der Service auf einem Server publiziert ist. Auf diese Weise können Sie also auch ganz fremde Web Services einbinden. Für den Eintrag unter dem „Used Models"-Knoten wählen Sie in dessen Kontextmenü „Add" und wählen wiederum `TerminWS` aus.

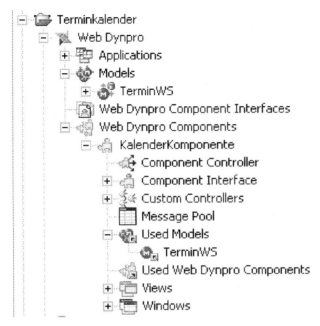

Abb. 11.2. Terminkalender mit `TerminWS`-Model in der Navigationssicht

Um nun den Wizard aufzurufen, der den importierten Web Service in einen Custom Controller einbindet, nutzen Sie das Kontextmenü des Knotens „Custom Controllers", der ebenfalls in der Navigationssicht in Abb. 11.2 zu finden ist. Dort navigieren Sie über „Template / Apply / Service Controller" zu einer Maske, in der Sie die Methoden des Web Service angezeigt bekommen. Wählen Sie dessen erste Zeile aus. Im Folgefenster markieren Sie alle Elemente als zu importierend und schließen die Bearbeitung ab. Das Ergebnis dieser Aktion ist ein neuer Controller namens `TerminWSController`.

Der Diagram View der Entwicklungsumgebung, den Sie über den Komponenten-Knoten der Navigationssicht erreichen, vermittelt einen guten Überblick über die nun verfügbaren Controller und Views. In Abb. 11.3 ist der Diagram View zu sehen.

In der oberen Reihe sind die drei Views unserer Applikation erkennbar. Aufgrund des Context Mappings verweisen sie alle auf den Component Controller. Außerdem verweist der `TerminuebersichtView` bereits auf den neuen `TerminWSController`, der wiederum das TerminWS Model nutzt, das den Web Service repräsentiert. Um die abgebildete Verbindung zwischen `TerminuebersichtView` und `TerminWS-Controller` herzustellen, müssen Sie einen Link herstellen. Dies geschieht über das Pfeil-Werkzeug, das ganz links im Werkzeugmenü an unterster Stelle steht. Mit dessen Hilfe können Sie die bei Ihnen noch feh-

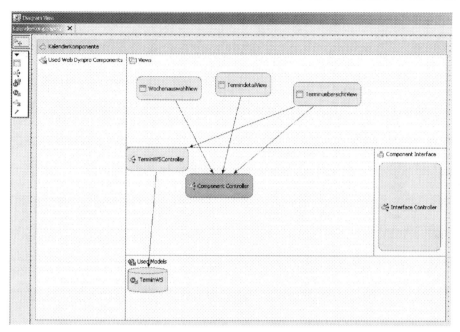

Abb. 11.3. Übersicht über Views und Controller im Diagram View

lende Verbindungslinie zwischen View und Controller mit der Maus her-
stellen. Sobald dies geschehen ist öffnet, sich ein Fenster, in dem Sie die
Beziehung genau spezifizieren müssen. Der Link ist mit einem Context
Mapping vergleichbar und bedarf derselben Detaillierung.

In Abb. 11.4 sehen Sie, wie aus den Methoden und Parametern des Web
Services, die bereits im Context des TerminWSController vorhanden
sind, Kontexteinträge im TerminuebersichtView werden. Gleichzeitig sehen Sie, welche Funktionalität der Web Service überhaupt bietet. Er
enthält lediglich eine Methode getTermineNachWoche, die zu einer
Kalenderwoche eine Liste aller gespeicherten Termine zurückgibt.

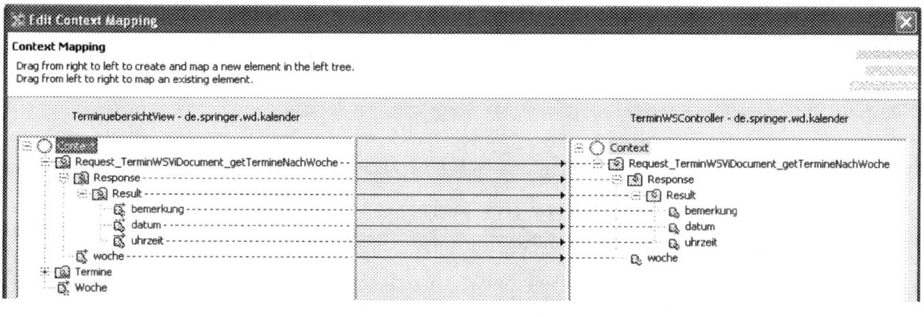

Abb. 11.4. Abbildung zwischen den Unterstrukturen von Terminuebersicht-
View und TerminWSController

In der Darstellung sehen Sie ebenfalls noch die zuvor genutzten Value Attribute und Value Nodes für die Terminliste und die Woche innerhalb des `TerminuebersichtView`. Um eine schnelle erste Anbindung vorzunehmen, ersetzten Sie einfach überall an der Oberfläche des `TerminuebersichtView` die alten durch die neuen Nodes und Attribute. Durch den folgenden Code in der bereits im `TerminuebersichtView` vorhandenen Methode `onPlugFromWochenauswahlView` können Sie dann einen Web-Service-Zugriff anstoßen.

```
public void onPlugFromWochenauswahlView(
   IWDCustomEvent wdEvent ) {
   //@@begin onPlugFromWochenauswahlView(ServerEvent)
   wdThis.wdGetTerminWSController().
    executeRequest_TerminWSViDocument_getTermineNachWoche();
   //@@end
}
```

Diese Methode wird dann ausgelöst, wenn Sie in dem ersten View die Woche ausgewählt und den Weiter-Button ausgelöst haben. Über `wdThis.getGetTerminWSController()` erhalten Sie Zugang zum Custom Controller. Die dort verfügbare Methode `execute...getTermineNachWoche` führt den Backend-Zugriff durch. Auffällig ist, dass sie weder Eingabe- noch Ausgabeparameter benötigt. Dazu werden die zuvor generierten Strukturen im Context von `TerminWSController` verwendet. Das Model Attribut `woche` fungiert also als Eingabeparameter. Sobald der Aufruf geschehen ist, enthält die Model Node `Result` die Ergebnisliste des Aufrufs. Ein Nebeneffekt von `execute...getTermineNachWoche` ist der, dass alle Oberflächenelemente, die von dem Aufruf betroffen sind, aktualisiert werden.

Um Veränderungen an der Terminliste wieder zurückzuschreiben, müssen Sie noch einige Erweiterungen vornehmen. Zuerst müssen Sie den Web Service um eine Methode erweitern, die die Liste der geänderten Termine entgegennimmt. Dann müssen Sie auch diese Methode wie beschrieben einbinden und eine schlüssige Abbildung der Parameter auf Kontexte finden.

11.2.4 Erstellen eines eigenen Web Service

Das Frontend des Terminkalenders ist nun an einen bestehenden Web Service angebunden. Wie aber wird der Web Service selbst entwickelt?

Falls es sich um einen Web Service handelt, der auf Basis des Netweaver Developer Studios realisiert wird, sollten Sie wie folgt vorgehen. Sie definieren eine Session Bean, die die Geschäftslogik und den Datenbankzugriff kapselt. Anschließend erzeugen Sie zu der Bean mit ein paar Klicks

automatisch einen entsprechenden Web Service. Sie schnüren das Ganze
zu einer Deployment-Einheit und lassen es auf dem Netweaver-Server
laufen.

Session Beans

Eine Session Bean ist ein Java-Objekt, das die Geschäftslogik eines klar
umrissenen Bedienszenarios kapselt und dessen Implementierungsdetails
gegenüber dem Frontend verbirgt. Sie ist dazu geeignet, von einem entfernten Rechner aus angesprochen zu werden, kann aber auch lokal genutzt
werden. Ihre Schnittstelle wird durch ein Java-Interface beschrieben, das
sowohl auf der Client- als auch auf der Server-Seite verwendet wird. Auf
dem Client wird es vom Benutzer nur aufgerufen, auf dem Server wird es
implementiert.

Die Lebensdauer einer Session Bean ist entweder auf einen einzigen
Zugriff beschränkt, dann spricht man von einer Stateless Session Bean.
Oder aber sie existiert für die Dauer einer Benutzersitzung und enthält
auch sitzungsspezifische Daten. Dann spricht man von einer Stateful Session Bean.

Session Beans sind eine spezielle Form der Enterprise Java Bean (EJB).
Sie sind Bestandteil des J2EE-Standards und als solcher gut in der Fachli-
teratur dokumentiert. Im Folgenden werden daher EJB-Zusammenhänge
nur so weit ausgeführt, wie sie in der Netweaver-Umgebung zielführend
sind.

Session Beans im Netweaver Developer Studio

Um selbst eine Session Bean anzulegen, müssen Sie sich aus der Web-
Dynpro-Perspektive in die J2EE-Development-Perspektive begeben. Zunächst legen Sie dort über „New Project / J2EE / EJB Module Project" ein
neues EJB-Projekt an. Über das Kontextmenü des neuen Projekts legen Sie
zuerst ein neues Java-Package an, das die Bean aufnehmen wird, dann
erzeugen Sie die Bean selbst über „New Stateless Session Bean in Package". Im Navigationspanel auf der linken Seite können Sie nun den Knoten
`ejb-jar.xml` aufklappen, und es wird die neu angelegte Bean sichtbar.
Um der Bean die gewünschten Methoden hinzuzufügen, klicken Sie darauf
und wechseln Sie in den Methods-Reiter. In Abb. 11.5 sehen Sie diese
Seite für die `TerminSessionEJB`.

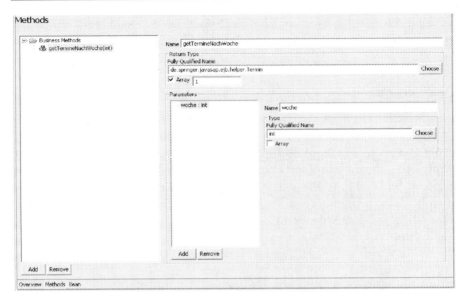

Abb. 11.5. Methodendefinition im Methods-Reiter der Bean-Sicht

Dies ist genau die Bean, die wir zuvor als Web Service in den Web Dynpro importiert haben. Sie verfügt über eine einzige Methode, `get-TermineNachWoche`. In der Abbildung ist gut zu erkennen, wie man deren Parameter festlegt. Als Eingabeparameter dient die Nummer der Kalenderwoche. Als Ausgabe wird ein Array von `Termin`-Objekten verwendet. Es ist üblich, solche Hilfsklassen zu definieren, die lediglich zur Datenübertragung dienen. Sie enthalten nur die zu übertragenden Daten, aber keine Implementierungsdetails und müssen daher bei einer Änderung der Implementierung nicht angepasst werden. Da sie als Parameter einer EJB auf einen anderen Rechner verschickt werden, müssen sie serialisierbar sein. Dies ist die Implementierung der Klasse `Termin`.

```
package de.springer.javasap.ejb.helper;
import java.io.Serializable;
public class Termin implements Serializable {
    public Termin(String in_datum, String in_uhrzeit,
        String in_bemerkung) {
        datum = in_datum;
        uhrzeit = in_uhrzeit;
        bemerkung = in_bemerkung;
    }
    public String datum;
    public String uhrzeit;
    public String bemerkung;
}
```

Die Implementierung der Bean selbst erreichen Sie über den Bean-Reiter in Abb. 11.5. Sie fügen dort in den vorbereiteten Rumpf die Geschäftslogik der Methode `getTermineNachWoche` ein, also die Berechnungsvorschrift, um von der Nummer der Kalenderwoche im aktuellen Jahr auf die Daten der darin enthaltenen Tage zu schließen und die entsprechenden Termine aus einer Datenbanktabelle zu lesen. Wir zeigen hier nur eine Ersatzimplementierung. In Kapitel 12 werden unterschiedliche Ansätze erläutert, um den Datenbankzugriff zu programmieren.

```
public Termin[] getTermineNachWoche(int woche) {
    Termin[] termine = new Termin[3];
    termine[0] = new Termin(
        "23.04.05","16:00","Reifenwechsel");
    termine[1] = new Termin(
        "24.04.05","11:00","Steuerberater");
    termine[2] = new Termin(
        "26.04.05","14:30","Handwerker kommen");
    return termine;
}
```

Für eine minimale Bean-Implementierung brauchen Sie keine weiteren Einstellungen vorzunehmen.

Deployen der Session Bean als Web Service

Sie wollen nun aus der Bean einen Web Service machen. Dazu öffnen Sie links in der Navigationssicht das Kontextmenü von `TerminSessionEJBBean` und navigieren über „New / WebService" zu einem Fenster, in dem Sie auswählen, welche Bean-Methoden in den Web Service übernommen werden sollen. Sie markieren die gewünschten Methoden, in unserem Fall ist dies `getTermineNachWoche`, und beenden den Dialog. Schon ist der Web Service fertig.

Um den Web Service wirklich nutzen zu können, müssen Sie ihn mitsamt der Bean deployen. Dazu schnüren Sie zunächst aus Ihrem Projekt über "Build Ejb.jar File" eine entsprechende Jar-Datei. Wenn Sie bereits Erfahrung mit EJB haben, wissen Sie, dass Sie zum Deployment einer Enterprise Bean ein Enterprise Application Archive (EAR) benötigen. Für dieses benötigen Sie im Netweaver Developer Studio ein eigenes Projekt. Das ist sinnvoll, da Sie EJBs aus unterschiedlichen Projekten zu einem EAR bündeln können. Das EAR-Projekt erzeugen Sie über „New Project / J2EE / Enterprise Application Project", wobei Sie bereits ankreuzen, dass Sie für dieses EAR-Projekt die `TerminSessionEJB` verwenden wollen. Über das Kontextmenü des EAR-Projekts können Sie nun die davon referenzierte Bean in eine EAR-Datei verpacken. Abschließend deployen Sie die Bean über das Kontextmenü des EAR-Files im EAR-Projekt.

Ab diesem Zeitpunkt ist die Bean als Web Service auf Ihrem lokalen Server verfügbar. Dieser Zustand genügt als Ausgangssituation, um den Web Service in Ihr Web Dynpro einzubinden, wie am Anfang dieses Kapitels beschrieben.

11.3 Backend-Zugriff über RFC

Wenig Neues bietet für Sie die Anbindung eines R/3-Systems als Backend für Ihr Web Dynpro. Die Voraussetzungen auf R/3-Seite sind genau dieselben wie in Kapitel 6 über RFC beschrieben, kurz: Sie benötigen einen remote-fähigen Funktionsbaustein. Auf Java-Seite dagegen ergeben sich einige Vereinfachungen.

Adaptive RFC

Auch in einer Netweaver-Umgebung wird der Java Connector aus Kapitel 6 zum Aufrufen eines RFC eingesetzt. Allerdings wurde er in eine zusätzliche Schicht namens Adaptive RFC gekapselt, um seine Handlichkeit zu verbessern. Das Ergebnis verbindet die Vorteile einer zur Entwicklungszeit vorgenerierten Schnittstelle, wie sie etwa auch EJB verwenden, mit der Laufzeitdynamik des reinen JCo.

Der Generator für den Client-Code für einen Adaptive-RFC-Aufruf greift auf das R/3-System zu, um die Parameter des Funktionsbausteins zu ermitteln. Als Ergebnis wird Ihnen automatisch eine typisierte Schnittstelle geliefert. Sie müssen also nicht mehr auf R/3-Seite nachlesen, wie die zu erwartenden Felder heißen und sie dann in Anführungszeichen in Ihren Java-Code einfügen.

Da ein vorgenerierter Client zu unflexibel für die Praxis ist, wurde ihm ein gesundes Maß an Flexibilität mitgegeben. Das erklärt das Adjektiv „Adaptive" in Adaptive RFC. Ein Adaptive-RFC-Client ist nämlich auch dann noch lauffähig, wenn sich Feldlängen auf R/3-Seite geändert haben. Auch Änderungen an Wertemengen und Beschreibungstexten werden dynamisch ausgewertet. Und ein solcher Client verkraftet es, wenn in eine bestehende Struktur ein weiteres Feld eingefügt wird, auch wenn dieses natürlich über das vorgenerierte API nicht zugreifbar ist.

Außerdem erlaubt die Adaptive-RFC-Technik, dass Sie zur Laufzeit auf Informationen aus dem ABAP Dictionary zugreifen, die über den einfachen JCo nicht erreichbar sind. Das betrifft wiederum Feldlängen, Wertebereiche und Beschreibungstexte. Doch Sie müssen den Code zum Aufrufen des generierten Clients nicht zwangsweise selbst programmieren. Auch dafür gibt es einen Wizard in der Netweaver-Entwicklungsumgebung.

Schließlich behebt Adaptive RFC ein Manko des reinen JCo: Adaptive RFC ist J2EE-konform in Bezug auf die Verwendung der eingebundenen C-Bibliothek. In Kapitel 6 wurde beschrieben, dass dies für JCo allein nicht gilt. Adaptive RFC nutzt dagegen die Java Connector Architecture (JCA), die dafür geschaffen wurde, Treiber der unterschiedlichsten Art in einen J2EE-Server einzubinden, ohne dass dessen Stabilität leidet.

RFC-Anbindung im Netweaver Developer Studio

Um den verbesserten RFC-Mechanismus von der Entwicklungsumgebung aus zu nutzen, beginnen Sie auf dieselbe Weise wie bei der Verwendung eines Web Service. Im Navigationsbaum auf der linken Seite öffnen Sie das Kontextmenü des Models-Knotens und wählen dann „Create Model / Import RFC Model". Zunächst müssen Sie nun den Namen des Models und das Java-Package angeben, in dem es angelegt werden soll. In einer weiteren Maske legen Sie fest, zu welchem R/3-System der zugehörige RFC-Baustein gehört. Sie ist in Abb. 11.6 zu sehen.

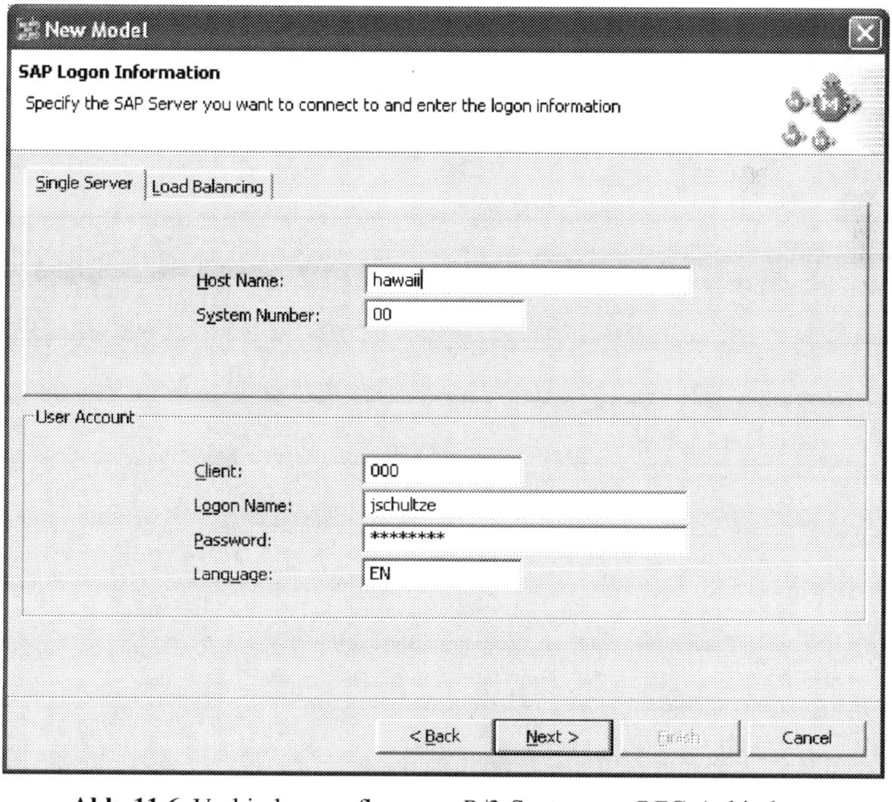

Abb. 11.6. Verbindungsaufbau zum R/3-System zur RFC-Anbindung

Die dazu benötigten Parameter sind dieselben, die Sie in Kapitel 6 auch für den manuell codierten RFC-Zugriff verwendet haben. Anschließend können Sie den gewünschten RFC auswählen.

Auch das weitere Vorgehen ist sehr nah an dem zum Einbinden eines Web Service. Sie definieren einen Custom Controller, der den RFC-Zugriff durchführt. Dann mappen Sie dessen Context auf den Context desjenigen Views, in dem die Daten angezeigt werden sollen. Schließlich koppeln Sie eine Methode des Custom Controllers, die den Backend-Zugriff durchführt und den Context auffrischt, an ein passendes Oberflächen-Event.

12 Persistenz

Dieses Kapitel ist der Persistenz gewidmet, also der Art und Weise, wie Datenbankzugriffe von der Netweaver-Architektur vorgesehen sind. Am besten lässt sich dieses recht technische Thema anhand eines Fallbeispiels mit Leben füllen. Dafür bietet sich die fehlende Persistenz des Terminkalenders aus dem Web-Dynpro-Kapitel an. Sie soll als roter Faden für die Ausführungen dienen. Wenn es sich anbietet, werden wir aber ein wenig abschweifen oder ergänzende Betrachtungen anstellen.

In Abb. 12.1 sehen Sie den Gesamtaufbau der Applikation. Das Web Dynpro, den Web Service und die Session Bean haben wir in den vorherigen beiden Kapiteln bereits besprochen. Allerdings besitzt die Session Bean bisher nur leere Methodenrümpfe.

Als nächstes nehmen wir das Java Dictionary unter die Lupe, mit dessen Hilfe sich Tabellen und Typen anlegen lassen. Es steht etwas abseits der Kontrollfluss-Schichtung, da es von unterschiedlichen Ebenen genutzt wird, nicht zuletzt um die definierte Tabelle physikalisch in der Datenbank zu erzeugen.

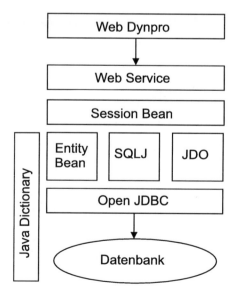

Abb. 12.1. Aufbau der gesamten Terminkalender-Applikation

Dann werden drei unterschiedliche Java-basierte Zugriffstechniken erläutert, die dazu dienen, die zuvor über das Dictionary angelegten Tabellen zu füllen oder auszulesen. Die drei alternativen Zugriffsmechanismen, namentlich Entity Beans, SQLJ und JDO, werden aus den dafür vorbereiteten Methoden der Session Bean aufgerufen. Dadurch ist die Verbindung zwischen Session Bean und Datenbank hergestellt.

Am Ende des Kapitels wird das Abstraktionskonzept beschrieben, welches der Persistenzschicht des Netweaver zugrunde liegt. In Abb. 12.1 ist es in dem Block namens Open JDBC angesiedelt.

12.1 Das Java Dictionary

SAP hat das Konzept des ABAP Dictionary aus dem R/3 ohne Veränderungen in die Java-Welt übernommen. Wenn Sie das ABAP Dictionary kennen oder die Kapitel 3 und 4 gelesen haben, werden Sie sich sofort in der Java-Dictionary-Perspektive des Netweaver Developer Studios zurechtfinden.

 Die Funktion des Java Dictionarys ist nahezu identisch mit der des ABAP Dictionarys.

Hier sind noch einmal die Leitgedanken des Dictionary-Konzepts stichpunktartig aufgeführt und für die Java-Ausprägung des Dictionarys kommentiert:

- Das Dictionary erlaubt es, Datentypen und Datenbanktabellen zu definieren.
- Die Typen werden sprachunabhängig im XML-Format abgelegt. Sie können über die unterschiedlichen Schichten einer Applikation hinweg einheitlich verwendet werden, von der Datenbank bis zur Java-Oberfläche.
- Die Typen werden zentral abgelegt. Dadurch wird Mehrfachdefinition und die daraus resultierenden Typunterschiede vermieden.
- Die Typdefinitionen können Wertebereiche, Beschreibungstexte und Ausgabeformate enthalten.
- Im Dictionary definierte Tabellen können automatisch angelegt werden. Änderungen an der Tabellendefinition im Dictionary werden automatisch in der Datenbank nachgezogen.
- Im Dictionary können auch technische Eigenschaften von Tabellen wie Indizes oder Caching eingestellt werden.

- Die Definitionen im Dictionary sind unabhängig von den Eigenheiten des darunterliegenden Datenbankprodukts.
- Sämtliche Tools des Netweaver Developer Studios unterstützen wo sinnvoll die Einbindung von Dictionary-Typen. So erlaubt es die Web-Dynpro-Perspektive, Typprüfungen einzubauen oder dem Benutzer Werte als Dropdown vorzuschlagen.

Kaum ein anderer Hersteller von Entwicklungswerkzeugen bietet eine derart konsequente Unterstützung von Datentypen an. Überdies noch eine, die so stark mit den unterschiedlichen Applikationsschichten bis hinein in die semantische Ebene verwoben ist. Nach Meinung des Autors stiftet dieser relativ konventionelle Teilaspekt der Netweaver-Architektur bereits einen großen Nutzen. Es bleibt nur abzuwarten, wie performant und verlässlich das Java Dictionary in der Praxis ist, beispielsweise bei wiederholten komplexen Änderungen einer Tabellenstruktur.

12.1.1 Beispieltabelle für Terminkalender

Wenden wir uns nun der Tabellendefinition für den Terminkalender zu. Dazu nutzen wir ein eigenständiges Projekt im Developer Studio, und zwar eines vom Typ „Dictionary". Im Navigationspanel auf der linken Seite des Developer Studios hat das neue Projekt die in Abb. 12.2 gezeigte Substruktur. Ganz unten unter „Database Tables" erkennen Sie bereits das Ziel unserer Bemühungen, nämlich die Datenbanktabelle TMP_TERMIN. Auf dem Weg dahin werden wir aber zunächst passende Datentypen definieren. Dies geschieht über eine Typdefinition im Unterordner „Simple Types". Auch dort sind schon die beiden Typen TerminBemerkung und TerminUhrzeit zu erkennen, die angelegt werden sollen.

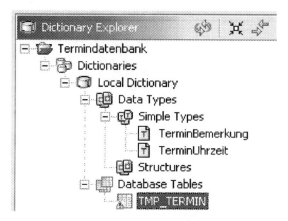

Abb. 12.2. Navigationssicht der Termindatenbank-DC

Im Java Dictionary werden dreierlei Typen verwaltet: vordefinierte Typen, einfache Typen und Strukturen. Die vordefinierten Typen sind elementare Zahl- oder Zeichenkettentypen, die nicht auf einen bestimmten Verwendungszweck angepasst wurden. Daneben kann man selbst einfache Typen definieren. Sie entsprechen einem Eingabe- oder Datenbankfeld. Einem einfachen Typ liegt immer ein vordefinierter Typ zugrunde. Wie auch im ABAP Dictionary definiert der einfache Typ zusätzliche zweckspezifische Eigenschaften wie einen Wertebereich und einen Beschreibungstext. Als drittes kann man selbst auch Strukturen definieren, die sich aus mehreren vordefinierten oder elementaren Typen zusammensetzen. Anders als im ABAP Dictionary kann man Strukturen jedoch nicht zur Definition von Tabellen heranziehen. Sie sind also nur für die Java-Entwicklung sinnvoll.

Doch sehen wir uns die Definition eines einfachen Typs anhand des Bemerkungsfelds für einen Termin an. Die zugehörige Oberfläche ist in Abb. 12.3 dargestellt.

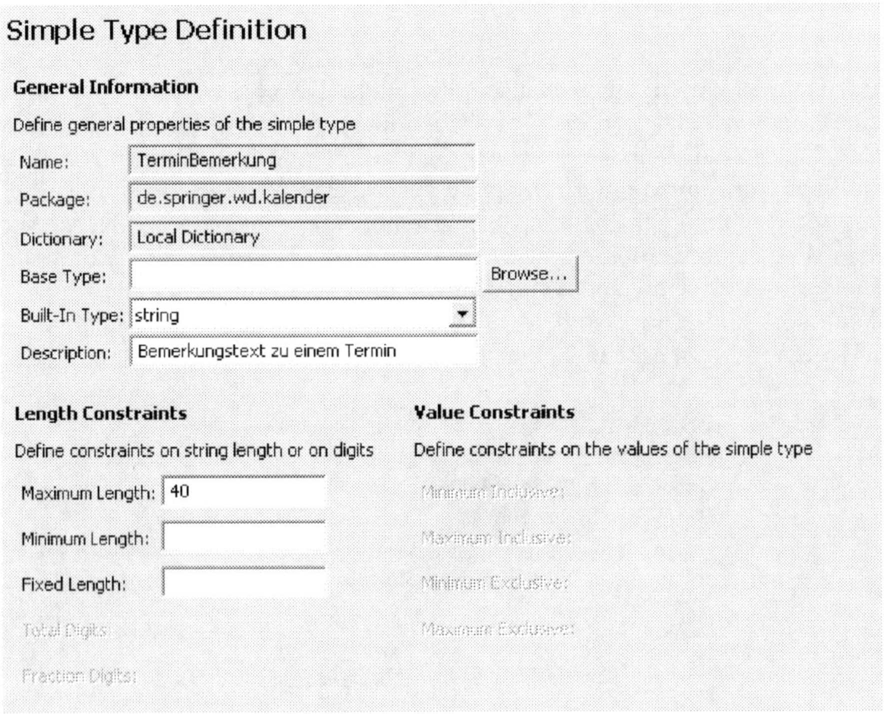

Simple Type Definition

General Information

Define general properties of the simple type

Name:	TerminBemerkung
Package:	de.springer.wd.kalender
Dictionary:	Local Dictionary
Base Type:	[ ] Browse...
Built-In Type:	string
Description:	Bemerkungstext zu einem Termin

Length Constraints

Define constraints on string length or on digits

Maximum Length:	40
Minimum Length:	
Fixed Length:	
Total Digits:	
Fraction Digits:	

Value Constraints

Define constraints on the values of the simple type

Minimum Inclusive:
Maximum Inclusive:
Minimum Exclusive:
Maximum Exclusive:

Abb. 12.3. Definition eines einfachen Typs im Developer Studio, Reiter „Definition"

Der Typ erhält einen Namen und ein Java-Package, in dem er abgelegt wird. Man hat die Wahl, ihn von einem anderen einfachen Typ abzuleiten oder auf einen vordefinierten Typ aufzubauen. Da das Bemerkungsfeld Freitext enthalten kann, nutzen wir den vordefinierten Typ string und beschränken lediglich die Länge auf 40 Zeichen. So ist sichergestellt, dass die Bemerkung später in eine Zeile unserer Oberfläche passt. Dem Typ wird ein Beschreibungstext zugeordnet, der allerdings nur zur Entwicklungszeit relevant ist. Abb. 12.3 zeigt nämlich nur einen von vier Reitern der Oberfläche für einen einfachen Typ, den „Definition"-Reiter.

Im Reiter „Representation" legen Sie die Darstellungseigenschaften des Typs fest. Die bestehen aus eine Reihe von Beschreibungstexten, die in unterschiedlichen Zusammenhängen dem Benutzer Ihrer Applikation angezeigt werden. Außerdem können Sie die Ausgabelänge und einen Ausdruck für das Ausgabeformat angeben.

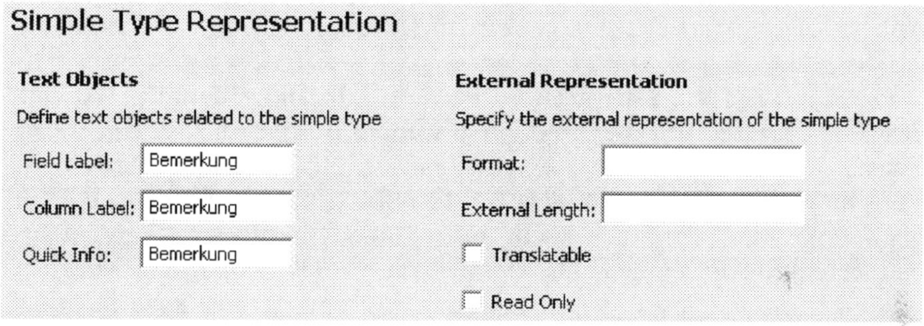

Abb. 12.4. Definition eines einfachen Typs im Developer Studio, Reiter „Representation"

Die Reiter „Definition" und „Representation" enthalten somit zusammen die Informationen, die einer Domäne und einem Datenelement in ABAP entsprechen. Eine Trennung zwischen beiden ist aber nicht gegeben. Sie müssen also zu jeder Definition auch genau eine Representation festlegen. Eine Schichtung ist nur durch die Verwendung eines Basistyps möglich.

> (ABAP) Die Reiter „Definition" und „Representation" entsprechen zusammen der Domäne und dem Datenelement in ABAP.

Eine klarere Entsprechung zur ABAP-Welt ist beim Reiter „Database" gegeben, der in Abb. 12.5 zu sehen ist. Dort wird nämlich die Beziehung zu einem Datenbanktyp hergestellt.

> (ABAP) Der Reiter „Database" entspricht dem Dictionary-Typ in ABAP.

Anhand des vordefinierten Typs, den Sie im ersten Reiter ausgewählt haben, ermittelt das Developer Studio den Typ der passenden Datenbankspalte. Dieser ist natürlich nur dann relevant, wenn Sie vorhaben, den einfachen Typ als Spaltentyp bei der Definition einer Datenbanktabelle zu nutzen. Auch die gewählte Maximallänge ist für die Wahl des Datenbanktyps ausschlaggebend. Wenn Sie unter „Definition" keine Maximallänge festlegen, wird nicht VARCHAR, sondern CLOB für „Character Large Object" als Typ angezeigt.

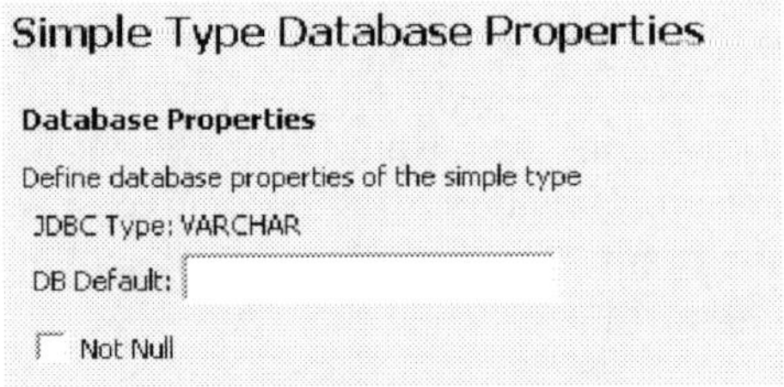

Simple Type Database Properties

Database Properties

Define database properties of the simple type

JDBC Type: VARCHAR

DB Default: |

☐ Not Null

Abb. 12.5. Definition eines einfachen Typs im Developer Studio, Reiter „Database"

Der Typ TerminBemerkung ist nun vollständig definiert. Anhand des Typs TerminUhrzeit soll eine weitere Besonderheit des Java Dictionary gezeigt werden: Sie können einen Typ auf eine vorgegebene Menge von Werten einschränken. Das ist für eine Uhrzeit nicht logisch zwingend und wird hier auch nicht bis an die Oberfläche weitergeführt, betrachten Sie es einfach als Demonstration des Möglichen. Die Einschränkung des Typs TerminUhrzeit auf eine Wertemenge lässt sich wie in Abb. 12.6 gezeigt im Reiter „Enumeration" vornehmen.

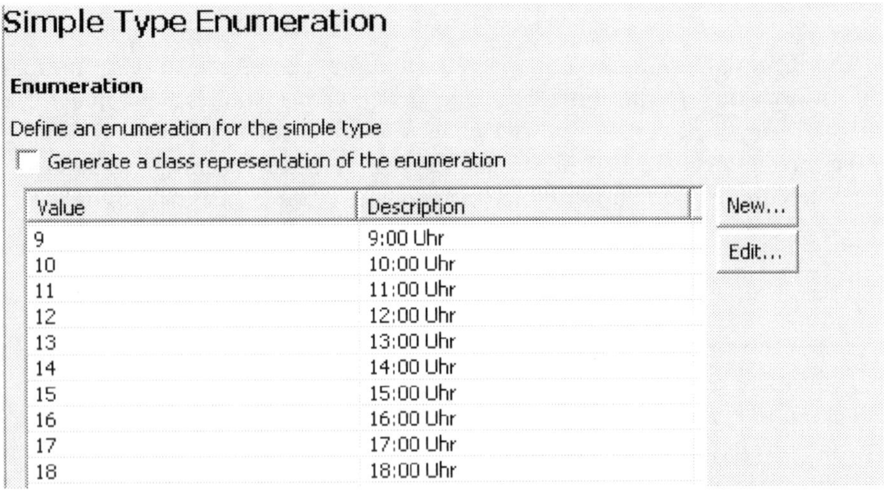

Simple Type Enumeration

Enumeration

Define an enumeration for the simple type

☐ Generate a class representation of the enumeration

Value	Description	
9	9:00 Uhr	New...
10	10:00 Uhr	Edit...
11	11:00 Uhr	
12	12:00 Uhr	
13	13:00 Uhr	
14	14:00 Uhr	
15	15:00 Uhr	
16	16:00 Uhr	
17	17:00 Uhr	
18	18:00 Uhr	

Abb. 12.6. Definition eines einfachen Typs im Developer Studio, Reiter „Enumeration".

Das Feld `TerminUhrzeit` darf nur die Werte 9 bis 18 annehmen. Dem Benutzer werden entsprechend die Werte „9:00 Uhr" bis „18:00 Uhr" angezeigt bzw. zur Auswahl angeboten. Wenn Sie den Reiter „Enumeration" nicht ausfüllen, wird der Wertebereich des Felds nicht eingeschränkt. Die übrigen Reiter des Typs `TerminUhrzeit` enthalten keine weiteren Besonderheiten.

Basierend auf den Definitionen der beiden Typen können Sie nun eine Datenbanktabelle definieren. Dies geschieht über das Kontextmenü von „Database Tables" im Navigationspanel in Abb.12.2. Es öffnet sich die in Abb. 12.7 dargestellte Maske.

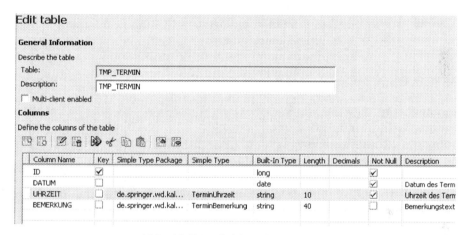

Abb. 12.7. Definition einer Tabelle

Sie geben der Tabelle einen Namen, hier `TMP_TERMIN`. Anschließend fügen Sie die Typen für die einzelnen Spalten in die untenstehende Liste ein. Sie können dazu die selbst definierten einfachen Typen verwenden. Die wurden im Beispiel für die Spalten `UHRZEIT` und `BEMERKUNG` eingesetzt. Sie können aber auch vordefinierte Typen wie `long` und `date` benutzen, denn die sind oft auch ausreichend. So wurde für den Primärschlüssel der Tabelle ein `long`-Feld namens `ID` eingerichtet. Der Primärschlüssel soll durch einen aufsteigend vergebenen Kunstschlüssel befüllt werden. Auch für das Datum des Termins scheint es nicht sinnvoll einen eigenen Typ zu definieren.

Neben der in Abb. 12.7 gezeigten Maske für die Spaltendefinition können Sie in zwei weiteren Masken die technischen Details Ihrer Tabelle festlegen. Im Reiter „Indexes" geben Sie an, für welche Tabellenspalten ein Datenbankindex aufgebaut werden soll und ob die Indizes mit Unique Constraints versehen sein sollen. Im Reiter „Technical Settings" können Sie außerdem festlegen, ob die Tabelle im Server gecached werden soll.

Haben Sie das Design Ihrer Datenbanktabellen abgeschlossen, können Sie sie auf Knopfdruck in der lokalen Datenbank einrichten lassen. Dazu müssen Sie zunächst in der Navigationssicht aus Abb. 12.2 über das Kontextmenü des Termindatenbankprojekts eine Archivdatei anlegen lassen. Dies geschieht über den Menüpunkt „Create Archive". Die Archivdatei heißt in unserem Fall `Termindatenbank.sda`. Anschließend führen Sie in demselben Menü den Punkt „Deploy" aus. Dadurch werden alle im Archiv enthaltenen Tabellen in der Datenbank Ihrer lokalen Entwicklungsumgebung erzeugt.

Die SDA-Datei ist übrigens dieselbe Art von Archiv, die auch verwendet wird, wenn man sein Projekt als Development Component deklariert. Sie wird auch beim Transport auf ein anderes System genutzt und würde dort dieselbe Datenbanktabelle noch einmal anlegen.

12.1.2 Data Source einrichten

Bevor Sie auf eine Datenbank zugreifen können, müssen Sie sie als Data Source für Ihre Applikation bekannt machen. Dies geschieht über ein eigenständiges Werkzeug namens Visual Administrator, in dem Sie der Data Source einen Namen zuweisen. Von Ihrer Applikation aus referenzieren Sie dann diesen Namen, wenn Sie sich auf die entsprechende Datenbank beziehen wollen. Durch Verwendung eines abstrakten Namens kann die Data Source ohne erneutes Deployment der Applikation ausgetauscht werden.

Da das Einrichten der Data Source über den Visual Administrator ein wenig knifflig ist, wird das Netweaver-Paket mit einer vorkonfigurierten Default-Datenbank ausgeliefert. Wenn Sie diese verwenden wollen, müssen Sie den Visual Administrator nicht bemühen. Aus Gründen der Einheitlichkeit weist man auch der Default Data Source einen abstrakten Namen zu. Paradoxerweise muss man aber in einer Konfigurationsdatei der eigenen Applikation kundtun, dass sich der Name auf die Default Data Source bezieht.

Für unsere Beispiele soll die Data Source den Namen `TERMIN_-SOURCE` tragen. Wobei es prinzipiell gleichgültig ist, ob es sich um die Default Data Source handelt oder um eine Data Source, die für ein fremdes Datenbankprodukt steht.

Wie Sie den Namen für die Default Data Source Ihrer Applikation bekannt machen, erfahren Sie weiter unten im Zusammenhang mit dem Deployment der Entity Bean. Wenn Sie eine fremde Datenbank als Data Source einrichten wollen, müssen Sie den Visual Administrator über die Kommandozeile aufrufen. In der Netweaver-Installation, die für dieses Buch verwendet wurde, ließ er sich über den Pfad

```
C:\usr\sap\J2E\JC00\j2ee\admin\go.bat
```

starten.

12.2 Datenbankzugriff

Beim Implementieren des Datenbankzugriffs lässt Ihnen das Netweaver Developer Studio wesentlich mehr Freiheiten, als es die ABAP-Workbench tut. Sie haben die Wahl zwischen den drei unterschiedlichen Java-Persistenztechniken Entity Beans, SQLJ und JDO.

Wir werden in dieser Reihenfolge eine nach der anderen besprechen und dabei den notwendigen Code für einen Zugriff auf die Termintabelle skizzieren. Jede der genannten Zugriffstechniken ist ausreichend komplex, um ein eigenes Kapitel oder sogar Buch zu füllen. Daher gehen die Erläuterungen hier nur so weit, dass Sie einen fundierten Eindruck bekommen, anhand dessen Sie Architekturentscheidungen fällen können. Schließlich handelt es sich um allgemeine Java-Standards, die nicht speziell für Netweaver entwickelt wurden. Nichtsdestoweniger werden die entscheidenden Zusammenhänge einer jeden Technik erklärt und anhand von Codeausschnitten näher beleuchtet.

12.2.1 Einbindung in eine Applikation

Als Ergebnis von Abschnitt 12.1 verfügen wir über eine Datenbanktabelle, in der Termine abgelegt werden können. Auf der anderen Seite haben wir eine Session Bean, die eine noch leere Methode `getTermineNachWoche` besitzt. Diese soll nun um den Code für den Zugriff auf die Termintabelle ergänzt werden. Um das zu tun sollten wir uns einige Designrichtlinien vergegenwärtigen.

Der Zweck der Session Bean ist im Allgemeinen der, die Geschäftslogik zu kapseln, so dass sie auch in anderem Zusammenhang genutzt werden kann. Außerdem bildet sie eine Abstraktionsschicht für den Backend-Zugriff, damit auch sie sich durch eine modifizierte oder gänzlich andere Implementierung ersetzen lässt.

Wenn man eine Session Bean speziell für den Datenbankzugriff einsetzt, kommen zwei weitere Kriterien hinzu. Die Session Bean ist der Ort, an dem sich am besten mehrere unterschiedliche Datenbankzugriffe bündeln lassen, bevor das Ergebnis zum Frontend zurückgelangt. Daher übernehmen Session Beans oft die Verwaltung von Datenbanktransaktion, deren Länge die Länge der elementaren Transaktionen überschreitet, welche von der Persistenzschicht vorgegeben werden. Des Weiteren hat die Session Bean direkten Kontakt mit der Implementierung der Datenbankzugriffsschicht. Sie wird daher typischerweise Klassen verwenden, die für die Zugriffsschicht spezifisch sind, unter anderem auch aus dem Package `java.sql.*`. Um die zuvor postulierte Abstraktionsbarriere nicht zu durchbrechen, sollten Sie darauf achten, dass die Parameter, die die Session Bean nach außen gibt, von allgemein zugänglichem Typ sind. Sie sollte weder Typen aus der Zugriffschicht oder aus `java.sql.*` als Parameter verwenden. In Kapitel 11 haben wir für diese Zwecke exemplarisch die Klasse `de.springer.-javasap.ejb.helper.Termin` definiert.

Im Folgenden wird neben der generellen Diskussion der drei konkurrierenden Persistenzansätze immer auch der Code gezeigt, der in die Session Bean gehört. Je nach Art und Zweck des Zugriffs müssen Sie dazu die Session um weitere Methoden neben `getTermineNachWoche` erweitern. Dabei werden die erläuterten Designkriterien eine Hilfe sein.

Alternativ zu dem hier beschriebenen Vorgehen, das sich einer Session Bean bedient, könnten Sie den Zugriffscode für die Datenbank auch direkt in den Controller Ihres Web Dynpro schreiben. Dieser Ansatz wird allerdings wie zuvor schon angemerkt nicht von Wizards unterstützt und erschwert die Wiederverwendung der Geschäftslogik.

12.2.2 Persistenzvariante I: Entity Beans

Entity Beans sind spezielle Enterprise Java Beans (EJB). Sie bilden die meistverbreitete aber auch schwergewichtigste unter den genannten Persistenztechniken. Schwergewichtig soll bedeuten, dass für EJBs viel Code generiert wird und dass EJB-Server den Ruf haben, langsam hochzufahren.

Im Gegensatz zu Session Beans, die Benutzersitzungen verwalten, sind Entity Beans diejenigen EJB-Objekte, die die eigentliche Persistenz bewerkstelligen. Sie zeichnen sich durch die folgenden Eigenschaften aus:

- Vereinfacht gesagt ist eine Entity Bean ein Java-Objekt, das einem einzelnen Datensatz entspricht, eventuell angereichert um Detailfelder aus anderen Tabellen.
- Entity Beans spiegeln die Datenbankwelt in die objektorientierte Java-Welt. Sie fungieren wie ein Cache, der bei richtiger Verwendung jederzeit den aktuellen Datenbankinhalt wiedergibt.
- Eine wichtige Aufgabe von Entity Beans ist die, falls notwendig an längeren Transaktionen teilzunehmen, die auch mehrere Datenbanken umfassen können.
- Die Inhalte einer Entity Bean lassen sich über `get`-Methoden abfragen und über `set`-Methoden setzen. Letztere bewirken, dass der Inhalt sofort bzw. am Transaktionsende in die Datenbank geschrieben wird.
- Zu jedem Typ von Entity Bean existiert eine statische Factory-Klasse, das so genannte Home-Interface. Dieses enthält `ejbFind`-Methoden zum Auffinden von einer oder mehreren existierenden Beans und eine `ejbCreate`-Methode zum Erzeugen einer neuen Bean.

- Eine Entity Bean wird in Java durch eine Handvoll Klassen und Interfaces implementiert. Daher erstellt man Entity Beans fast ausschließlich mit Hilfe einer mächtigen Entwicklungsumgebung.
- Entity Beans sind nicht selbstständig lauffähig. Sie benötigen zum Ausführen einen EJB-Container, also einen speziellen Application Server.
- Den Datenbankzugriff der Entity Beans können Sie entweder generieren lassen, oder aber Sie implementieren ihn selbst, indem Sie die vorgegebenen Methodenrümpfe füllen. Das erste Vorgehen wird als Container Managed Persistence (CMP) bezeichnet, das zweite als Bean Managed Persistence (BMP).

Anlegen einer Entity Bean

Das Netweaver Developer Studio macht Ihnen das Anlegen von Entity Beans leicht. Sie erzeugen ein neues Projekt vom Typ „J2EE / EJB Module Project" namens `TerminEntityEJB`. Über das Kontextmenü des Projekts und „New / EJB..." gelangen Sie zu einem Wizard, der Sie durch die Erzeugung einer neuen EJB führt.

Zuerst werden Sie nach dem Namen der Bean, dem Typ (Entity Bean) und dem Java-Package gefragt, in dem sie liegen soll. Entity Beans werden oft nach der zugehörigen Datenbanktabelle benannt, daher geben wir unserer Entity Bean den Namen `TerminBean`. Nun werden Ihnen bereits die Klassen angezeigt, die generiert werden sollen. Als nächstes legen Sie die persistenten Attribute Ihrer Bean fest. Dazu müssen Sie wissen, dass jedes Datenbankfeld mit einem Java-Attribut der Bean korrespondiert. In Abb. 12.8 ist ein Ausschnitt der entsprechenden Maske zu sehen. Legen Sie dort als Bean-Persistenztyp „Container Managed Persistence" fest, also

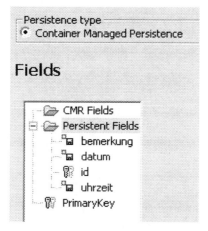

Abb. 12.8. Persistente Bean-Attribute im EJB-Wizard

die automatisch generierte Persistenz. Für jede Spalte der zu nutzenden Datenbanktabelle definieren Sie dann ein Bean-Attribut und dessen Java-Typ. Auch das Attribut, das dem Primärschlüssel entspricht, müssen Sie hier als solches kennzeichnen.

Der letzte Schritt im EJB-Wizard legt die Methoden der Bean und des Home-Interfaces fest. Die zugehörige Maske ist in Abb. 12.9 erkennbar. In der Regel müssen Sie die Bean nur um wenige Methoden erweitern. Ihre Attribute sind ohnehin über get- und set-Methoden erreichbar. Auch die parameterlose ejbCreate-Methode wird leer generiert, und Geschäfts-logik sollten Sie auf keinen Fall in der Entity Bean ablegen. Sie ist ein reines Persistenzobjekt. Je nachdem, wie viele Felder der darunter liegen-den Tabelle mit einem NOT NULL-Constraint versehen sind, bietet es sich an, eine weitere ejbCreate-Methode zu implementieren. Sie sollte zu-mindest die Minimalmenge der verpflichtenden Feldbelegungen als Para-meter entgegennehmen.

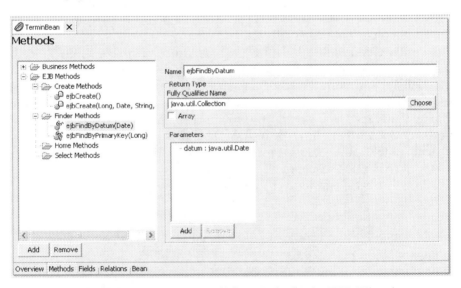

Abb. 12.9. Definition zusätzlicher Methoden im EJB-Wizard

Auf jeden Fall ist es meist hilfreich, ein paar ejbFind-Methoden zur Verfügung zu stellen. Deren Parameter und Namen sollten sich dabei an den Kriterien orientieren, anhand derer Sie den Datenbankeintrag am ehes-ten suchen werden.

In unserem Fall wird dies sicherlich über das Datum geschehen. Daher haben wir eine Methode ejbFindByDatum hinzugefügt, die als Parame-ter ein Datum bekommt und später alle Termine für diesen Tag zurücklie-fern soll. An dieser Stelle werden allerdings nur die Methodensignaturen festgelegt. Die eigentliche Implementierung folgt später. Da mehr als ein Termin zu dem Datum existieren kann, ist es wichtig, dass Sie als Rückgabetyp `java.util.Collection` einstellen.

Konfigurieren der Entity Bean

Mit der Definition der Bean-Methoden ist die Arbeit mit dem Wizard beendet. In der Navigationssicht auf der linken Seite bietet sich dieses Bild (Abb. 12.10). Die Substruktur des Bean-Projekts beginnt mit drei XML-Dateien, weiter unten folgen nicht abgebildet die erzeugten Java-Packages. Mit diesen XML-Dateien können Sie weitere Eigenschaften der Bean festlegen.

Abb. 12.10. Neu angelegte Bean in der Navigationssicht

Am wichtigsten ist `persistent.xml`, denn darin bilden Sie die Attribute der Bean auf die passenden Datenbankfelder ab. Nach einem Doppelklick auf den Dateinamen können Sie auf der rechten Seite im Reiter „General" den Namen der verwendeten Data Source angeben, also `TERMIN_SOURCE`. In Abb. 12.11 sehen Sie den nächsten Reiter „Entity Beans", der für die Zuordnung auf Feldebene genutzt wird. Sie erhalten sofort eine Rückmeldung, ob das angegebene Feld im Java Dictionary gefunden wurde. Das erspart Ihnen langes Herumprobieren und Suchen nach der richtigen Schreibung. An dieser Stelle schließt sich der Bogen zwischen der Tabellendefinition, die wir im Java Dictionary vorgenommen haben, und der Entity Bean, die darauf zugreifen soll.

Die Datei `ejb-jar.xml` enthält die Einstellungen, die Sie bei der Benutzung der EJB-Wizards gemacht haben. Sie können sie dort noch nachträglich korrigieren. Auf jeden Fall müssen Sie aber in `ejb-jar.xml` noch ein paar zusätzliche Festlegungen vornehmen, bevor Sie die Bean benutzen können.

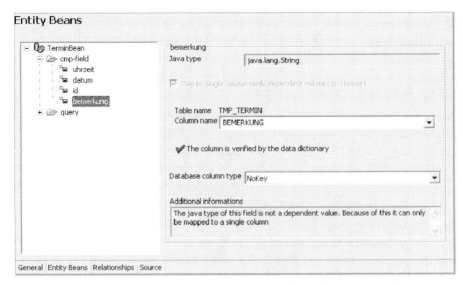

Abb. 12.11. Objekt-Relationale Zuordnung im Reiter „Entity Beans" von persistent.xml

Die find-Methoden müssen erfahren, wonach sie überhaupt suchen sollen. Der Name findByDatum suggeriert ja bereits ein Suchkriterium, der notwendige Parameter steht zur Verfügung. Nun fehlt das passende SQL-Statement, das die Suche durchführt. Da Sie Container Managed Persistence verwenden, brauchen Sie keine JDBC-Abfrage selbst zu implementieren. Stattdessen formulieren Sie den Query-String in der extra dafür vorgesehenen Sprache EJB Query Language. Die EJB QL ist stark an SQL angelehnt. Sie erlaubt einen gezielten Bezug auf die Parameter der find-Methode, den Namen der Bean und indirekt auch auf den Rückgabetyp. Außerdem verbirgt sie die Spezifika des Datenbankherstellers vor dem Benutzer. Der EJB-Container generiert aus der EJB QL eine passende SQL-Abfrage. Für das Beispiel der Methode findByDatum sieht das EJB QL-Statement so aus:

```
select object(b) from TerminBean b where b.datum = ?1
```

Sie geben dies im Reiter „Enterprise Beans" unter dem Namen der entsprechenden find-Methode ein.

Als nächstes müssen Sie ebenfalls in ejb-jar.xml die von der Bean zu nutzenden Transaktionseinstellungen vornehmen. Wir beschränken uns hier auf eine Einstellung, die im Normalfall ausreichen sollte. Klicken Sie dazu im Reiter „Assembly" auf „container-transaction / Add / TerminBean" und setzen Sie das Feld „Transaction attribute" unten rechts auf „Required".

Weiterhin können Sie in der `ejb-jar.xml` Sicherheitseinstellungen vornehmen und so die Zugriffsberechtigungen bis auf Ebene der EJB-Methoden einstellen.

In `ejb-j2ee-engine.xml` können Sie ergänzende Sicherheitsein-stellungen vornehmen. Sie können dort auch die Isolationsebenen für die verwendeten Datenbanktransaktionen einstellen. Und schließlich vergeben Sie bei Bedarf in dieser Datei einen JNDI-Namen, durch den die Bean systemweit auffindbar wird. Wir wollen diesen Weg nicht beschreiten und stattdessen eine lokale Referenz nutzen, wie weiter unten im Zusammen-hang mit dem Aufruf der Entity Bean aus der Session Bean erläutert wird.

In Abb. 12.10 sehen Sie unterhalb des Knotens `ejb-jar.xml` einen weiteren Knoten namens `TerminBean`. Wenn Sie diesen öffnen und auf den „Bean"-Reiter wechseln, gelangen Sie zum Code der Bean. Da durch den Generationsmechanismus große Teile der Bean fest vorgegeben sind, sollten Sie dort nur innerhalb von Methodenrümpfen Änderungen vorneh-men. Wenn Sie beim Anlegen der Bean eine `ejbCreate`-Methode mit voller Parametrisierung eingefügt haben, sieht der daraus erzeugte Code so aus:

```
public Long ejbCreate(
   Long id, Date datum, String uhrzeit, String bemerkung)
   throws CreateException {
   setId(id);
   setDatum(datum);
   setUhrzeit(uhrzeit);
   setBemerkung(bemerkung);
   return null;
}
```

Er belegt alle Attribute der Bean mit den übergebenen Werten. Im Laufe der Entwicklung sollten Sie diese Implementierung durch eine ersetzen, die den Primärschlüssel durch einen Automatismus mit einem Kunst-schlüssel befüllt. Für erste Tests können Sie den Code aber auch so belas-sen, wie er ist.

Aufruf der Entity Bean aus der Session Bean

Der folgende Codeausschnitt zeigt, wie Sie mit Hilfe der Entity Bean einen neuen Termin in der Datenbank anlegen. Er könnte mit kleinen Änderun-gen innerhalb der `TerminSessionEJB` in eine neue Methode mit der Signatur `createTermin(Termin t)` eingefügt werden.

```
try {
   Context c = new InitialContext();
   TerminLocalHome localHome = (TerminLocalHome)c.lookup(
     "java:comp/env/ejb/TerminBean");
   TerminLocal termin = (TerminLocal)localHome.create(
```

```
        new Long(123),new Date("1.4.05"),"09",
        "Werkstatt: Sommerreifen");
} catch (CreateException e) {
    e.printStackTrace();
} catch (NamingException e) {
    e.printStackTrace();
}
```

Sie besorgen sich über den InitialContext eine Referenz auf das TerminLocalHome-Interface. Voraussetzung dafür ist ein Eintrag in der Datei ejb-jar.xml innerhalb des Session-Bean-Projekts, das wir in Kapitel 11 angelegt haben. Dort müssen Sie über den Enterprise-Beans-Reiter und „session beans / TerminSessionEJBBean / ejb-local-ref / Add" die zu referenzierende TerminBean auswählen. Sie weisen ihr den hier verwendeten Namen ejb/TerminBean zu, und zwar ohne das Präfix java:comp/env. Zweck dieser Einstellungen ist es, der Session Bean bekannt zu machen, dass unter besagtem Namen auf demselben Server die zu verwendende Entity Bean bereitsteht. Das ermöglicht einen effizienten Zugriff auf die Entity Bean, die Sie nun allerdings zusammen mit der Session Bean deployen müssen.

Unter diesen Voraussetzungen können Sie das Ergebnis des Lookups auf das lokale Interface TerminLocalHome casten. Anschließend rufen Sie die create-Methode des Home-Interfaces auf. Dadurch wird in der Datenbank ein Eintrag in die Termintabelle vorgenommen, wobei implizit die von Ihnen implementierte ejbCreate-Methode ausgeführt wird. Außerdem gibt die create-Methode eine Termin-Instanz zurück, die Sie stellvertretend für die Bean auf dem Server modifizieren können.

Es empfiehlt sich sehr, Entity Beans von Session Beans aus nur wie hier gezeigt über das Local Interface anzusprechen und sie deswegen gemeinsam zu deployen. Der alternativ mögliche Aufruf über das so genannte Remote Interface ist wesentlich weniger performant, da er für einen Zugriff auf einen anderen Server gedacht ist. Beim Anlegen der Bean im NWDS werden allerdings beide Arten von Interfaces automatisch generiert.

Eine Suche nach bestehenden Beans mit einem bestimmten Datum, wie Sie sie für die Methode getTermineNachWoche benötigen, können Sie mit dem nächsten Codeausschnitt durchführen. Wir gehen hier davon aus, dass Sie bereits eine TerminLocalHome-Referenz in Händen halten. Auf dieser führen Sie den Aufruf von findByDatum durch. Die Ergebnisliste enthält wahrscheinlich mehrere Einträge. Für jeden einzelnen davon können Sie über die get-Methoden die Attribute auswerten. Im Beispielcode werden deren Werte über println ausgegeben.

```
try {
  Date datum = new Date("1.4.05");
  Collection termine =
    localHome.findByDatum(datum);
  Iterator termineIt = termine.iterator();
  System.out.println("Termine am "+datum);
  while (termineIt.hasNext()) {
    TerminBeanLocal termin =
      (TerminBeanLocal) termineIt.next();
    System.out.println(termin.getUhrzeit()+" "+
      termin.getBemerkung());
  }
} catch (FinderException e) {
  e.printStackTrace();
}
```

Um getTermineNachWoche vollständig zu implementieren, müssen Sie die Umrechnung von der Kalenderwoche des aktuellen Jahrs zur Liste der darin enthaltenen Tagesdaten hinzufügen. In einer Schleife führen Sie für jeden der resultierenden sieben Tage den gezeigten Zugriff durch.

Deployment der beiden Beans

Wenn Sie alle notwendigen Einstellungen getätigt und alle Methodenrümpfe ausgefüllt haben, bündeln Sie das Ganze zu einem Jar-File. Dies geschieht über das Kontextmenü des EJB-Projekts. Das Ergebnis ist die Datei TerminEJB.jar. Sie wird erst durch das Deployment auf den Server ausführbar. Dazu bedarf es allerdings wie bereits beim Deployment der Session Bean eines umgebenden EAR-Files. Da Sie innerhalb der Session Bean mit dem Local Interface der Entity Bean arbeiten, müssen Sie beide in derselben Java-VM laufen lassen. Das erreichen Sie, indem Sie beide in demselben EAR-File deployen. Dazu wählen Sie links im Navigationspanel den Knoten TerminSessionEAR aus und öffnen dessen Kontextmenü. Über „Add Modules" öffnen Sie ein Auswahlfenster der verfügbaren Inhalte und wählen dort TerminEntityEJB aus. Über das Kontextmenü des EAR-Projekts können Sie wiederum die davon referenzierten Beans in die EAR-Datei verpacken. Abschließend deployen Sie die beiden Beans über das Kontextmenü des EAR-Files im EAR-Projekt.

Für die Persistenzvarianten SQLJ- und JDO funktioniert das Deployment analog. Anstelle von TerminEJB.jar fügen Sie deren Inhalte zum EAR-Projekt hinzu.

Wenn Sie für Ihre Bean die Default Data Source des Netweaver verwenden wollen, müssen Sie diese vor dem Packen des EAR-Files im EAR-Projekt bekannt machen. Dazu öffnen Sie das Kontextmenü von TerminSessionEAR und wählen „New / META-INF/data-source-aliases.xml". Dadurch wird die Datei data-source-aliases.xml angelegt, in deren General-Reiter Sie als Alias-Namen TERMIN_SOURCE eingeben.

12.2.3 Persistenzvariante II: SQLJ

SQLJ, die zweite von Netweaver unterstützte Persistenztechnik, erfreut sich in der IT-Welt nicht derselben Verbreitung wie Entity Beans. Dennoch ist SQLJ ein seit langem etablierter Industriestandard, der ein relationales Persistenz-API für Java beschreibt.

Vereinfacht gesagt ist SQLJ ein typsicheres, weil vorkompiliertes JDBC. Die folgende Liste fasst die wichtigsten Eigenschaften von SQLJ zusammen.

- SQLJ wird als Mischung aus Java- und SQL-Ausdrücken notiert. Dabei werden SQL-nahe Statements mit `#sql` eingeleitet. SQL-Anweisungen werden nicht in Anführungszeichen geklammert.
- SQLJ-Code wird in Dateien mit der Endung `.sqlj` geschrieben. Durch einen Präprozessor werden diese in gleichnamige `.java`-Dateien übersetzt, die keine `#sql`-Statements mehr enthalten.
- SQLJ prüft zur Übersetzungszeit die SQL-Statements gegen die Strukturdefinitionen aus dem Java Dictionary. Dadurch wird die Typkonsistenz zwischen Datenbank und Java-Code und die Existenz der referenzierten Tabellen und Spalten sichergestellt. Die resultierenden Fehler, die bei JDBC erst zur Laufzeit aufträten, werden im Voraus ausgeschlossen.
- In SQLJ sind keine dynamisch erzeugten Statements möglich. Sie können also den Select-String nicht zur Laufzeit in Abhängigkeit von Bedingungen aus Einzelteilen zusammensetzen.
- SQLJ bettet Datenbankzugriffe auf relationale Weise in Java ein. Es gibt somit keine nahtlose aber potentiell aufwändige automatische Abbildung von Tabellenzeilen auf Objekte.

Anlegen einer SQLJ-Klasse

- Um im Netweaver Developer Studio eine SQLJ-Klasse zu schreiben, müssen Sie sich in einem Projekt vom Typ „Java" befinden. Wir haben zu Demonstrationszwecken das Java-Projekt `TerminSQLJ` angelegt. Eine SQLJ-Datei legen Sie genau so an, wie Sie eine Java-Klasse anlegen: über das Kontextmenü des Projekts und „New". Anstelle von „Class" wählen Sie dann aber „Other / Persistence / SQLJ Source". Dadurch öffnet sich ein Editor, in dem Sie den SQLJ-Code schreiben können.

In Abb. 12.12 sehen Sie die Navigationssicht auf das kleine Projekt `TerminSQLJ`. Es enthält die SQLJ-Klassen `TerminContext`, `TerminReader` und `TerminWriter`. Erstere beschreibt die Verbindung zur Datenbank, letztere führen je einen einfachen lesenden bzw. schreibenden Zugriff auf die Termintabelle durch. Zu allen dreien existiert ein Pendant mit der Endung `.java`. Dies sind die vom Präprozessor generierten Java-Klassen. Sie werden automatisch erzeugt, sobald Sie die zugehörige SQLJ-Datei abspeichern. Die generierten reinen Java-Implementierungen nutzen JDBC mit Prepared Statements, um die von SQLJ spezifizierte Funktionalität zu gewährleisten. Sie sollten sie auf keinen Fall direkt editieren.

In der Abbildung sehen Sie außerdem noch die Hilfsklasse `Termin`, die eine Zeile der Termintabelle fasst.

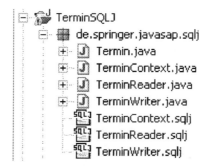

Abb. 12.12. SQLJ-Dateien und die daraus generierten Java-Klassen

SQLJ-Programmierung

- Wenden wir uns nun dem eigentlichen SQLJ-Code zu. In der Datei `TerminContext.sqlj` geben Sie mit der folgenden Schreibweise die weiter oben eingerichtete Data Source an, zu der die Verbindung aufgebaut werden soll.

```
package de.springer.javasap.sqlj;
#sql public context TerminContext with (
   dataSource = "java:comp/env/TERMIN_SOURCE");
```

Damit der SQLJ-Präprozessor Ihre Select-Statements tatsächlich gegen die Strukturdefinitionen im Java Dictionary prüfen kann, müssen Sie `Termindatenbank` in den Projekteigenschaften von `TerminSQLJ` als verwendetes Projekt eintragen.

Mit Hilfe der Verbindungsklasse `TerminContext` wird nun in `TerminReader.sqlj` eine einfache Datenbankabfrage formuliert. Die Datei ist wie eine Java-Klasse aufgebaut.

```
package de.springer.javasap.sqlj;
import java.sql.*;
public class TerminReader {
   public Termin findTerminByDatumUhrzeit(
```

```
       Date datum, String uhrzeit)
       throws SQLException {

       TerminContext context = new TerminContext();
       try {
         Termin termin = new Termin();
         termin.id = -1;
         #sql [context] {select ID, DATUM, UHRZEIT, BEMERKUNG
           into :(termin.id), :(termin.datum),
             :(termin.uhrzeit), :(termin.bemerkung)
           from TMP_TERMIN
           where DATUM = :datum and UHRZEIT = :uhrzeit };
         return (termin.id == -1) ? null : termin;
       } finally {
         if (context != null) {
           context.close();
         }
       }

     }
}
```

Im Rumpf der Methode `findTerminByDatumUhrzeit` findet sich
jedoch ein Abschnitt, der mit `#sql [context] { ... };` geklammert ist. Innerhalb dieses Abschnitts ist nicht die Java-, sondern die SQLJ-
Syntax gültig. Das bedeutet, dass Sie SQL-Statements formulieren, die bei
Bedarf auf Java-Variablen Bezug nehmen. Dies geschieht jeweils über
einen vorangestellten Doppelpunkt. Die runden Klammern im Beispiel
sind nur notwendig, um dem Präprozessor mitzuteilen, dass etwa `ter-
min.datum` eine einzelne Java-Variable ist.

Die Methode `findTerminByDatumUhrzeit` führt also eine Abfrage nach demjenigen Termin durch, der mit dem übergebenen Datum und
der übergebenen Uhrzeit übereinstimmt.

Analog dazu fügt `TerminWriter` einen Datensatz in die Termintabelle ein.

```
package de.springer.javasap.sqlj;
import java.sql.*;
public class TerminWriter {
  public void insert(Termin termin)
    throws SQLException {
    TerminContext context = new TerminContext();
    try {
      #sql [context] { insert into TMP_TERMIN
        (ID, DATUM, UHRZEIT, BEMERKUNG)
        values (:(termin.id), :(termin.datum),
          :(termin.uhrzeit), :(termin.bemerkung))};
    } finally {
      if (context != null) {
        context.close();
      }
    }
  }
}
```

Aufruf des SQLJ-Codes aus der Session Bean

- Die Session Bean, die den Datenbankzugriff kapselt, kann die Zugriffs-klassen auf diese Weise zum Anlegen eines neuen Termins nutzen:

```
TerminWriter writer = new TerminWriter();
Termin t1 = new Termin();
t1.bemerkung = "Mittagessen mit Guido";
...
try {
  writer.insert(t1);
} catch (SQLException e) {
  e.printStackTrace();
}
```

Das Auslesen eines Termins sieht so aus:

```
TerminReader reader = new TerminReader();
try {
  Termin t2 = reader.findTerminByDatumUhrzeit(
    new Date(2003,5,23),"17");
  if (t2 != null) {
    System.out.println(
      t2.datum+" "+t2.uhrzeit+" Uhr "+t2.bemerkung);
  }
} catch (SQLException e) {
  e.printStackTrace();
}
```

Das homogene Miteinander von Java- und SQL-Ausdrücken in SQLJ lässt deutlich werden, warum SAP diese etwas in Vergessenheit geratene Technologie so ins Herz geschlossen hat. Die Ähnlichkeit zu Open SQL ist unverkennbar. Auch dort werden SQL- und ABAP-Elemente miteinander gemischt, ohne dass Anführungszeichen die beiden semantischen Ebenen trennten. Und auch Open SQL führt eine frühzeitige Typprüfung unter Verwendung des ABAP Dictionary durch. In diesem Persistenzansatz werden sich ABAP-Entwickler am ehesten wiederfinden, und die Akzeptanz bei den Entwicklern ist sicherlich schlachtentscheidend für das Net-weaver-Gesamtpaket.

 Die Einbettung von SQLJ-Code in Java ähnelt sehr der Einbettung von Open-SQL-Code in ABAP.

12.2.4 Persistenzvariante III: JDO

Die dritte Persistenzvariante, JDO, ist ein relativ moderner und eleganter Ansatz. JDO steht für Java Data Objects und stellt einen bewussten Gegenentwurf zu Entity Beans dar, der ebenfalls objektorientiert ist. Vielen

Entwicklern sind Entity Beans zu schwergewichtig und komplex geworden. JDO verspricht in dieser Hinsicht Abhilfe.

Der Grundgedanke von JDO ist der, dass Sie für den Zugriff auf eine
Tabelle nur eine einzige Klasse implementieren sollten. Die Klasse enthält
keine Methoden und ihre Attribute stimmen mit den Tabellenfeldern über-
ein. Um die Persistierung zu erreichen, stoßen Sie einen Postcompiler an,
der den Bytecode der Klasse entsprechend abändert.

In dieser Liste sind die wichtigsten Eigenschaften der JDO-Technologie
zusammengefasst.

- JDO-Objekte können im Gegensatz zu Entity Beans zeitweise nicht
  persistent sein. Dadurch sind sie wesentlich handlicher.
- Sie können Ihre Applikation mit JDO-Objekten gänzlich ohne Daten-
  bank testen und den Datenbankzugriff erst später dazukompilieren.
- Die Abbildung von Java-Attributen auf Datenbankfelder wird wie bei
  Entity Beans über eine XML-Datei festgelegt.
- Sie müssen keine Unmengen von Klassen und Interfaces generieren wie
  für Entity Beans. Pro Tabelle reichen zwei Klassen: eine entspricht einer
  Tabellenzeile, die andere dem Primärschlüssel der Tabelle.
- Sie können die generierte Persistenzschicht nicht gut debuggen, da Sie
  den Code nicht sehen.

Leider bietet das Netweaver Developer Studio noch keinen JDO-Wizard
an. Daher müssen Sie die Java-Klassen und die XML-Datei für die Daten-
bankabbildung manuell erstellen. Den Postcompiler, auch Enhancer ge-
nant, stoßen Sie über ein Ant-Skript an, das den Aufruf von com.sap.-
jdo.enhancer.Main steuert.

Aufruf des JDO-Codes aus der Session Bean

Damit Sie ein Gefühl für die Funktionsweise und Aufrufsyntax von JDO
bekommen, wollen wir kurz einen schreibenden und einen lesenden Zugriff
skizzieren, wie sie in der Session Bean Platz finden könnten. Wir gehen
davon aus, dass Sie die JDO-konforme Klasse Termin für einen Datensatz
implementiert haben. Die Klasse Termin soll außerdem eine innere Klasse
Termin.Id enthalten, die dem Primärschlüssel der Termintabelle entspricht. Um die Datenquelle bekannt zu machen, führen Sie einen JNDI-
Lookup auf die PersistenceManagerFactory durch. Der von dieser
Factory erzeugte PersistenceManager stellt für Sie das API dar, mit
dem Sie die Persistierung und das Transaktionshandling steuern.

```
Context ctx = new InitialContext();
PersistenceManagerFactory pmf = (PersistenceManagerFactory)
  ctx.lookup ("java:comp/env/jdo/...");
PersistenceManager pm = pmf.getPersistenceManager();
```

Den genauen Namen des Persistence Managers, den Sie im Argument von `ctx.lookup` angeben, müssen Sie vor dem Deployment der Applikation in eine Konfigurationsdatei eintragen und so an die Data Source koppeln. Zum jetzigen Zeitpunkt unterstützt Netweaver allerdings nur die mitgelieferte Default-Datenbank.

Mit Hilfe des Persistence Managers können Sie einen neuen Datensatz auf die folgende Art und Weise anlegen:

```
Termin termin = new Termin();
termin.setBemerkung("Zahnarzt (nur Kontrolltermin)");
...
Transaction tx = pm.currentTransaction();
tx.begin();
pm.makePersistent(termin);
tx.commit();
```

Bemerkenswert ist daran, dass der Datensatz erst ab dem Aufruf von `makePersistent` zum persistenten Objekt wird. Zuvor ist er transient, also an keine Datenbank gebunden. In einem realen Szenario müssen Sie natürlich noch die auftretenden Exceptions behandeln und in deren `catch`-Block `tx.rollback()` aufrufen. An dieser Stelle zeigt sich auch, dass normalerweise die Session Bean die Kontrolle über die Datenbanktransaktionen ausübt, da bei ihr die dazu nötigen Fäden zusammenlaufen.

Um einen bestehenden Datensatz über seinen Primärschlüssel zu ermitteln, genügt ein Aufruf dieser Gestalt:

```
Termin =
    (Termin)pm.getObjectById(new Termin.Id(123), false);
```

Hier sehen Sie auch die Klasse für den Primärschlüssel in Aktion.

12.3 Schichtung der Netweaver-Persistenz

Sicherlich ist Ihnen aufgefallen, dass JDBC für vielerlei Erklärungen herangezogen wurde, nicht aber als eigene Zugriffstechnik beschrieben wurde. JDBC ist das am weitesten verbreitete API für Java-basierte Datenbankzugriffe. Es definiert eine vereinheitlichte Art und Weise, um Zugriffe auf die Datenbank eines beliebigen Herstellers durchzuführen. Die meisten anderen Datenbank-APIs basieren auf JDBC, auch SQLJ, EJB und JDO. Warum sollte JDBC selbst nicht ganz oben im Ansehen der Netweaver-Datenbankler rangieren?

Die Crux liegt in den Anführungszeichen. Bei genauem Hinsehen werden Sie feststellen, dass JDBC lediglich für das Herstellen einer Datenbankverbindung und das Absetzten von Statements eine eindeutige Schnittstelle bildet. Die Statements selbst sind keinerlei Kontrolle unterworfen. Sie stehen ja in besagten Anführungszeichen, die sie der Überprüfung durch den Compiler entziehen.

```
ResultSet rs =
    stmt.executeQuery("SELECT * FROM TMP_TERMIN");
```

Sie können im Statement Aggregatfunktionen verwenden, die nur Microsofts SQL Server versteht. Sie können Hints hinzufügen, die nur einer Oracle-Datenbank erklären, wie die Query am schnellsten auszuführen ist. Netweaver hat aber den Anspruch, genau wie das SAP R/3-Basissystem Transparenz gegenüber der eingesetzten Infrastruktur zu gewährleisten. Das betrifft in erster Linie das Betriebssystem und die Datenbank. Nur so ist sicherzustellen, dass Ihr Netweaver-Code auch in fünf Jahren in einer geringfügig anderen Umgebung verlässlich läuft.

Die Open-SQL-Spezifikation, die SAP im R/3 nutzt, um herstellerunabhängige Datenbankabfragen zu gewährleisten, wurde daher auch auf Netweaver ausgedehnt. An dieser Stelle ist größte Sorgfalt angebracht, um die Begrifflichkeiten nicht durcheinander zu bringen. Open SQL ist in Netweaver eine Teilmenge von SQL, die einen gemeinsamen Nenner für unterschiedliche SQL-Dialekte darstellt. Open SQL wird hier nicht als Erweiterung der Programmiersprache Java verstanden, wie es bei Open SQL für ABAP der Fall ist. Wenn Sie Open SQL im Netweaver verwenden wollen, müssen Sie zweierlei tun:

- Die Datenquelle als Open-JDBC-Quelle markieren.
- Sicherstellen, dass die auf diese Verbindung angewendeten Statements auf den Open-SQL-Wortschatz beschränkt sind.

Ersteres bewerkstelligen Sie mit dem Visual Administrator, der zum Einrichten der Data Source verwendet wurde. Sie können damit der Data Source eine der Zugriffsarten „Open JDBC", „Native JDBC" oder „Vendor JDBC" zuweisen.

Letzteres können Sie einmal dadurch erreichen, dass Sie Ihre SQL-Statements sorgfältig auf das eingesetzte Vokabular überprüfen. Wenn Sie aber eine der Zugriffstechniken aus den vorhergehenden Kapiteln einsetzten, wird Ihnen diese Prüfung größtenteils abgenommen. In SQLJ wird nie ein SQL-Statement in Anführungszeichen übergeben. Stattdessen nutzt man dort die #sql-Notation, die sofort beim Übersetzen überprüft wird. SQLJ lässt bereits zu diesem Zeitpunkt ausschließlich Open SQL-Befehle zu, weswegen es von SAP auch als Open SQLJ bezeichnet wird. In Entity Beans formulieren Sie die find-Methoden in EJB QL und verwenden Container Managed Persistence. Auch so stellen Sie sicher, dass Sie nicht aus dem vorgegebenen Wortschatz ausbrechen. Ähnliches gilt für JDO, wo Sie ohnehin nicht in die Verlegenheit kommen, Ihre SQL-Statements selbst zu formulieren.

Das erklärt, weshalb das so beliebte JDBC in der herstellerunabhängigen Netweaver-Welt nur toleriert wird. Falls Sie wirklich auf eine Datenbank zugreifen müssen, für die SAP keine Open-SQL-Implementierung vorgesehen hat, oder falls Sie auf einer großen Tabelle ein mittels Hint frisiertes Statement absetzen müssen, dann können Sie immer noch die Zugriffsart auf Vendor JDBC zurücksetzen und über JDBC direkt zugreifen. Diese Einstellung gilt aber für die gesamte Data Source. Das bedeutet, dass Sie über diese Data Source keine Zugriffe mit Typprüfung durchführen können und daher durchgehend JDBC verwenden müssen.

13 Exchange Infrastructure

Unter der Bezeichnung Exchange Infrastructure (XI) bietet SAP ein Produkt an, das die Datenströme in heterogenen Systemlandschaften in geregelte Bahnen lenken soll. Es erhebt den Anspruch auf die Rolle eines zentralen Knotenpunkts zwischen Softwaresystemen unterschiedlichster Hersteller. Gleichzeitig ist die XI ein wichtiger Bestandteil von SAPs Bestrebungen, die Softwarewelt zu einem einzigen Geflecht aus Web Services zu wandeln.

13.1 Grundprinzip

Bei diesem Thema gestaltet sich die Trennung von technischem Konzept und Produktbezeichnungen besonders schwierig. Das liegt unter anderem daran, dass die XI eine Integrationstechnologie ist und daher an entsprechend viele unterschiedliche andere Technologien angrenzt. Aber auch die XI-eigene Terminologie trägt nicht unbedingt zum Verständnis bei.

Zum Einstieg sollen daher die technischen Grundprinzipien mit neutralen Bezeichnungen erläutert werden. Auch wenn die Ausführungen zunächst sehr allgemeingültig und etwas theoretisch wirken, führen sie direkt zur XI-Architektur hin. Sie füllen sich rasch mit Leben, sobald die Beziehung zu konkreten Protokoll- und Produktnamen hergestellt wird.

13.1.1 Ein Architekturvergleich

Als Gegenstand unserer Betrachtung dient die IT-Landschaft in einem großen Unternehmen, die aus einer Reihe unterschiedlicher Systeme besteht. Beim Entwickeln eines neuen Systems bemerkt man oft, dass eine bestimmte Art von Daten – beispielsweise Kundenadressen – bereits in einem anderen System gespeichert wird. Da man die Adressdaten nicht doppelt pflegen möchte, greift man von dem ersten auf das zweite System zu. Der legitime Wunsch nach dem Zugriff auf ein anderes System kann genauso gut bei der Weiterentwicklung eines Altsystems entstehen. Potentiell ist also jedes System mit jedem anderen zu vernetzen. In Abb. 13.1 ist diese Konstellation schematisch dargestellt.

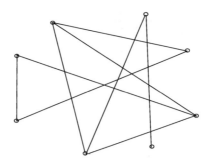

Abb. 13.1. Gewachsene Vernetzung mehrerer EDV-Systeme

Wenn Sie Ihre Systemtopologie in dieser Form gestalten, wächst die Anzahl der Verbindungen quadratisch mit der Anzahl der beteiligten Systeme. Auch wenn es sicher in der Praxis keine volle Vernetzung aller Systeme geben wird, muss einen die Größenordnung $O(n^2)$ aufschrecken. Wo immer möglich sollte man Komplexitäten dieser Größenordnung durch niedrigere ersetzen.

Und bereits der Aufwand, um eine einzige Verbindung herzustellen, ist nicht zu unterschätzen. Beide Seiten können für unterschiedliche Kommunikationsprotokolle konzipiert sein. Vielleicht verwendet die eine Seite HTTP, die andere versteht nur das RFC-Protokoll. Außerdem ist es wahrscheinlich, dass beide Seiten unterschiedliche Datenformate erwarten. Das ist bei Zahldarstellungen oder Datumswerten fast unausweichlich.

Die Komplexität des gesamten Systems lässt sich nennenswert reduzieren, wenn man statt des ersten Ansatzes eine Nabe-Speiche-Architektur einsetzt. Abb. 13.2 zeigt einen solchen Aufbau. Jedes beteiligte System ist wie die Speiche eines Rades nur mit einer einzigen zentralen Stelle verbunden. Diese hat wie die Nabe des Rades Verbindungen zu jedem anderen System. Die Gesamtzahl der benötigten Verbindungen steht somit in einem linearen Zusammenhang zur Anzahl der beteiligten Systeme.

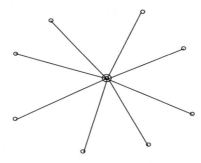

Abb. 13.2. Vernetzung derselben Systemlandschaft nach dem Nabe-Speiche-Prinzip

Damit dieser vielversprechende Aufbau wirklich funktioniert, müssen zwei Prämissen erfüllt sein. Die zentrale Stelle muss sämtliche beteiligten Kommunikationsprotokolle ineinander überführen können. Außerdem muss sie alle notwendigen Arten von Wandlungen zwischen Datenformaten beherrschen.

Zum Verinnerlichen der beiden Punkte müssen Sie sich klarmachen, dass eine Schnittstelle in der Nabe-Speiche-Architektur ihre Gegenseite nicht kennt. Die Gegenseite der beispielhaft erwähnten Adressverwaltung kann ja aus einer Vielzahl anderer Systeme bestehen, die auf die Adressdaten zugreifen möchten. Eventuell präferiert jedes davon ein eigenes Protokoll und benötigt ein spezifisches Datenformat. Da dem Ausgangssystem das Zielprotokoll und -format nicht bekannt ist, kann die Wandlung nur an zentraler Stelle geschehen.

Es bietet sich an, dass sämtliche Nachrichten in ein neutrales Protokoll gewandelt werden, bevor sie die Nabe erreichen. Die Nabe selbst versteht nur dieses eine Protokoll und führt auf den empfangenen Inhalten Formatwandlungen durch. Anschließend wird die aufbereitete Nachricht in das spezifische Kommunikationsprotokoll des Zielsystems gebracht und an dieses weitergeleitet.

Die beschriebene Architektur bringt eine Reihe von Vorteilen mit sich. Wenn eines der beteiligten Systeme durch ein Nachfolgesystem ersetzt wird, kann man es an einer zentralen Stelle austauschen. Man kann sämtliche Kommunikationsströme einer Firma an zentraler Stelle protokollieren. Man kann die Folgen eines Systemausfalls schnell überblicken. Man kann Sicherheitsmaßnahmen wie Portsperrungen und -freigaben an zentraler Stelle vornehmen. Die Liste ließe sich noch lange fortsetzen.

Ein Nachteil besteht dagegen in den Kosten für die Umstellung auf einen zentralisierten Kommunikationsansatz. Dies wird realistischerweise in Schritten geschehen, wann immer eine bestehende Verbindung geändert oder eine neue hinzugefügt werden soll. Als weiterer Nachteil handelt man sich durch die XI einen Single Point of Failure ein, also eine zentrale Komponente, deren Ausfall eine Vielzahl anderer Systeme lahm legt. Durch entsprechend redundante Auslegung des XI-Servers sollte dieses Problem allerdings in den Griff zu kriegen sein.

13.1.2 Interfaces und Mappings

Die Rolle der bisher nicht näher bezeichneten zentralen Stelle wird in einem Neteweaver-Umfeld durch den XI-Server eingenommen, wobei die angeschlossenen Systeme keineswegs SAP-Systeme sein müssen.

Aus den abstrakten Vorüberlegungen lassen sich bereits die beiden wichtigsten Objekte ableiten, mit denen die XI operiert. Es sind Schnittstellen und Abbildungsvorschriften oder englisch Interfaces und Mappings. Abb. 13.3 zeigt noch einmal den Weg, den eine einzelne Nachricht nehmen kann. Sie geht von System A aus, wobei sie Protokoll X nutzt, wird am Rande der XI in das neutrale Protokoll gewandelt. Innerhalb der XI durchläuft sie ein Mapping, um dann am anderen Rand der XI in Protokoll B gewandelt zu werden und das Zielsystem zu erreichen. Das erste beteiligte Interface ist die Schnittstelle zwischen System A und XI, das zweite liegt zwischen XI und System B. Das beteiligte Mapping bildet von Schnittstelle 1 auf Schnittstelle 2 ab.

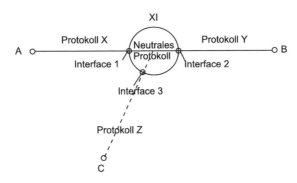

Abb. 13.3. Kommunikation dreier Systeme über XI

In der Praxis erhalten Nachrichten in der Regel auch eine Antwort, so dass System A als Client und System B als Server fungiert. Aber das macht die Betrachtung im Moment nur unnötig kompliziert und fügt keine neuen Gesichtspunkte hinzu.

Nicht nur System A kann auf System B zugreifen, sondern auch System C. Es geht dazu den Weg über Protokoll Z und Interface 3 zur XI und weiter über Interface 2 und Protokoll Y nach B. Hierbei kommt ein Mapping zum Einsatz, das von Interface 3 auf Interface 2 abbildet.

13.1.3 Proxies und Adapter

Bewusst vage wurde im vorherigen Abschnitt der Ort der Wandlung zwischen unterschiedlichen Protokollen als „am Rande der XI" umschrieben. Für das Gesamtkonzept spielt es keine Rolle, ob die Wandlung zwischen schnittstellenspezifischem Protokoll und neutralem Protokoll innerhalb oder außerhalb der XI geschieht. Man unterscheidet dennoch zwei Ansätze für Protokollwandlung. Das liegt daran, dass Sie die XI in der Regel zu einem Zeitpunkt einführen, zu dem die eine oder andere Schnittstelle mitsamt dahinter liegendem System bereits existiert.

Solche Schnittstellen werden mit Hilfe eines so genannten Adapters in das neutrale Format gewandelt. Für eine ganze Reihe von weit verbreiteten Protokollen gehören die entsprechenden Adapter zum Lieferumfang der XI. Es gibt einen HTTP-Adapter, einen SOAP-Adapter, einen RFC-Adapter, etc. Mit Hilfe einer konkreten Schnittstellendefinition wandelt der Adapter eingehende Nachrichten des speziellen Formats in Nachrichten im neutralen Format und umgekehrt. Bei dem neutralen Format handelt es sich übrigens um einen für die XI maßgeschneiderten SOAP-Dialekt. Da dieser nicht ohne weiteres von einem SOAP-fähigen Fremdsystem generiert werden kann, wird das neutrale Protokoll im Weiteren einfach als „XI-Protokoll" bezeichnet.

Alternativ können Sie neue Schnittstellen auch innerhalb der XI definieren und sich den Zugriffscode dafür generieren lassen. Auf diese Weise lässt sich das Endsystem direkt im XI-Protokoll anbinden. Dadurch entfällt ein Wandlungsvorgang. Aufgrund der Eigenheiten des XI-Protokolls ist das allerdings nur dann möglich, wenn es sich bei dem Endsystem um ein SAP-System handelt. Nur für R/3- und Netweaver-Systeme liefert SAP die dafür notwendigen Proxy Runtimes aus, die im XI-Protokoll kommunizieren können. Sie sind sowohl für ABAP als auch für Java verfügbar.

In Abb. 13.4 sind die beiden Anbindungsvarianten gegenübergestellt. System A nutzt einen Adapter, um von seinem spezifischen Protokoll X an die XI mit ihrem internen XI-Protokoll anzudocken. System B verwendet einen Proxy und kann daher von Anfang an das XI-Protokoll verwenden.

Wie auch immer Sie eine XI-Anbindung vornehmen, ob als Proxy oder als Adapter, am Ende liegt Ihnen auf dem XI-Server eine Definition der Schnittstelle vor.

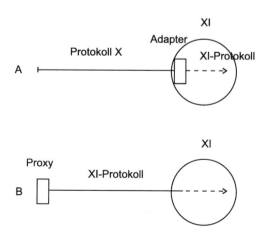

Abb. 13.4. Anbindung eines Endsystems über Proxy bzw. Adapter

13.1.4 Mappings

Mappings sind ein mächtiges Instrument um Datenströme aufzubereiten. Als Nutznießer der Vorarbeit, die Adapter oder Proxy leisten, operieren Mappings ausschließlich auf Nachrichten im XI-Protokoll, also auf XML-Strukturen. Und XML-Strukturen lassen sich vorzüglich manipulieren.

Das folgende Beispiel soll einen Eindruck davon vermitteln, welche Art von Transformation das Mapping übernehmen kann. Die eingehende Nachricht besteht aus einer Produktliste. Jedes einzelne Produkt enthält einen Produktnamen und eine Produktkategorie.

```
...
<produkt>
  <name>Linse</name><kategorie>B</kategorie>
</produkt>
<produkt>
  <name>Stativ</name><kategorie>B</kategorie>
</produkt>
<produkt>
  <name>Tapete</name><kategorie>D</kategorie>
</produkt>
...
```

Das Zielsystem benötigt dieselben Informationen in einer anderen Anordnung. Dort werden die Produkte gebündelt nach Kategorien erwartet. Die Kennung der Produktkategorie wird nicht mehr in einem eigenen Element kategorie abgelegt, sondern im typ-Attribut des produktkategorie-Elements. Die einzelnen Produkte bestehen nur noch aus ihrem Namen.

```
...
<produktkategorie typ="B">
  <produkt>Linse</produkt>
  <produkt>Stativ</produkt>
</produktkategorie>
<produktkategorie typ="D">
  <produkt>Tapete</produkt>
</produktkategorie>
...
```

Mit Hilfe von Mappings können Sie nicht nur Inhalte von Nachrichten umordnen, Sie können auch Teile der eingehenden Nachricht wegfallen lassen, wenn sie für das Empfängersystem nicht interessant sind. Oder Sie können Inhalte wie etwa Default-Werte hinzufügen, um die Formatvorgaben des Zielsystems zu erfüllen. Es empfiehlt sich allerdings nicht, Geschäftslogik auf die XI zu verlagern. Programme, die dies tun, büßen erheblich an Wartbarkeit ein.

Neben strukturellen Mappings, die das Format eines ganzen Dokuments umwandeln, gibt es auch typspezifische Mappings. Wenn Felder von einem bestimmten Typ mehrfach auf dieselbe Art und Weise zu wandeln sind, sollten Sie sich dieses Mechanismus bedienen. Datumsfelder sind häufig gut für Typ-Mappings geeignet. Wenn zwischen zwei Systemen mehrere Schnittstellen bestehen und die Datumsdarstellung jeweils systemweit einheitlich, aber unterschiedlich zum Gegensystem ist, ersparen Sie sich mit ihnen viel Arbeit. Sie definieren ein Mapping, das Datumsfelder von dieser Darstellung

```
<xdatum>1.3.2004</xdatum>
```

in diese Darstellung transformiert.

```
<ydatum>2004-03-01</ydatum>
```

In dem übergeordneten strukturellen Mapping verweisen Sie, wo immer es nötig ist, auf dieses Typ-Mapping.

Damit sind die wichtigsten Mechanismen von XI-Mappings beschrieben. Jedem Paar von Interfaces, das miteinander kommunizieren soll, ordnen Sie ein Mapping zu. Es gibt auch die Möglichkeit, ganze Hierarchien von Mappings zu definieren, die nacheinander ausgeführt werden, oder bedingte Mappings festzulegen. Die unterschiedlichen Techniken, mit denen man die Abbildungsvorschriften eines Mappings festlegen kann, werden weiter unten im folgenden Teilkapitel erläutert.

13.2 Das Produkt XI

Die Betrachtungen des Konzepts, das der XI zugrunde liegt, haben sich nun so weit verdichtet, dass wir uns dem eigentlichen Produkt zuwenden können.

13.2.1 Bestandteile des XI-Servers

Das Kernstück des XI-Servers bildet die so genannte Integration Engine. Sie nimmt eingehende Nachrichten entgegen, entscheidet, an welches Zielsystem sie weitergeleitet werden sollen und führt das dazu notwendige Mapping durch. Allerdings versteht die Integration Engine ausschließlich das XI-Protokoll. Sie kann also nur mit denjenigen Endsystemen direkt kommunizieren, die über eine Proxy Runtime verfügen. Je nach Sichtweise wird gelegentlich auch die Proxy Runtime als Teil der Integration Engine bezeichnet.

Endsysteme, die über den Adapter-Ansatz mit der XI verbunden sind, nehmen mit der Adapter Engine Kontakt auf und nicht mit der Integration Engine. Für jedes eingehende Protokoll verfügt die Adapter Engine über einen dedizierten Adapter, der die Wandlung in das XI-Protokoll durchführt. Ist das Format einer Nachricht einmal gewandelt, gibt die Adapter Engine sie an die Integration Engine weiter. Diese nimmt wiederum das Routing und Mapping vor. SAP selbst liefert eine Reihe von Adaptern aus,

die entweder recht allgemein einsetzbar sind wie der SOAP-Adapter, oder
aber einen strategischen Zweck erfüllen wie der IDoc-Adapter. Es hat sich
außerdem ein Markt von Fremdanbietern entwickelt, die für die unterschiedlichsten Protokolle Adapter anbieten.

Die Business Process Engine ermöglicht es, Kommunikationsvorgänge
zu definieren, die mehr als einen einzigen Request umfassen. So können Sie
beispielsweise das Weiterleiten einer Nachricht so lange verzögern, bis
weitere zu ihrer Verarbeitung benötigte Informationen in Form von anderen
Nachrichten eingetroffen sind. Solche zustandsbehafteten Verarbeitungs-
szenarien lassen sich anhand einfacher Zustandsautomaten definieren.

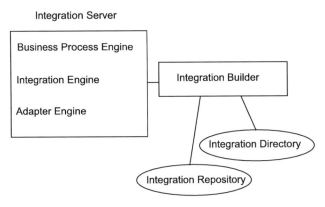

Abb. 13.5. Schematische Darstellung von XI-Server und Entwicklungsumgebung

Die drei Bausteine Integration Engine, Adapter Engine und Business
Process Engine werden zusammen als Integration Server bezeichnet. Der
Integration Server ist allerdings nur eine ausführende Einheit und kann die
von ihm genutzten Objekte wie Mappings, etc. weder selbst speichern
noch unterstützt er Sie bei deren Entwicklung.

Die Entwicklungs- und Verwaltungsumgebung für sämtliche XI-relevan-
ten Definitionen nennt sich Integration Builder. Der Integration Builder
stellt eine Reihe von Bedienoberflächen zum Bearbeiten von XI-Objekten
zur Verfügung. Außerdem ermöglicht er die Archivierung der erstellten
Objekte, wobei streng unterschieden wird zwischen Design- und Konfigu-
rationsobjekten.

Die Zweiteilung ist darauf zurückzuführen, dass die Entwicklung sämt-
licher XI-Objekte in zwei separaten Phasen geschieht. Zunächst entwirft
man ein abstraktes System, das auf Basis von Interfaces und Mappings die
Systemlogik abbildet, aber noch keinen Bezug zu real existierenden Systemen hat. Dies wird als Design-Phase bezeichnet. Sämtliche Design-
Objekte werden im Integration Repository abgelegt. Erst in einem zweiten
Schritt werden die logischen Objekte realen, physikalisch vorhandenen

Systemen anhand von Hostnamen und Ports zugeordnet. Diese zweite Phase wird Konfigurationsphase genannt. Die Konfigurationsobjekte werden im Integration Directory abgelegt.

Um das bunte Miteinander abzurunden kommt schließlich noch das System Landscape Directory ins Spiel, das Sie bereits aus Kapitel 9 über die JDI kennen. Im SLD werden ja Versionsinformationen über sämtliche in der IT-Landschaft Ihrer Firma vorhandenen SAP-Produkte abgelegt, und zwar sowohl für erworbene als auch für selbst entwickelte. Diese Information wird wieder herangezogen, wenn Sie Ihre Systeme mittels XI vernetzen. Zum einen sind die von Ihnen für die XI entwickelten Designobjekte im Integration Repository der Versionierung durch das SLD unterworfen. Zum anderen sind auch die miteinander zu verknüpfenden Endsysteme im SLD verzeichnet – soweit es sich um SAP-Produkte handelt. So ergeben sich vielfältige Berührungspunkte zwischen SLD und den Bestandteilen der XI.

13.2.2 Definition von Mappings

Der Integration Builder unterstützt mehrere unterschiedliche Ansätze zum Definieren von Mappings.

Technisch am nächstliegenden ist der Ansatz über die zu XML gehörige Transformationstechnologie XSLT. XSLT steht für Extensible Stylesheet Language Transformation und ist ein Industriestandard für die Transformation von XML-Dokumenten, dessen Abbildungsvorschriften wiederum in XML notiert werden. Da XSLT keine SAP-spezifische Technik und zudem gut in der Literatur dokumentiert ist, gehen wir hier nicht weiter darauf ein.

Viel interessanter für Java-Entwickler ist das Java-Mapping. Es bietet Ihnen die Freiheit, die Abbildungsvorschrift nach Ihren Bedürfnissen in Java-Code zu gießen. Dazu müssen Sie eine Klasse schreiben, die StreamTransformation implementiert. Eine minimale Implementierung hat diese Gestalt:

```
import java.io.*;
import java.util.*;
import com.sap.aii.mapping.api.*;

public class MeinMapping implements StreamTransformation {
    public void execute(InputStream in, OutputStream out) {
        ...
    }
    public void setParameter (Map param) {
        ...
    }
}
```

Die Methode execute führt die Abbildung durch. Sie überträgt die Daten von einem InputStream auf einen OutputStream. Typischerweise verwendet `execute` einen XML-Parser, um die Eingaben zu deuten und dann zu Ausgaben zu machen. Sie können aber auch eine ganz andere Implementierung vornehmen, die zum Ziel führt, etwa wenn Sie die Performance optimieren wollen und Ihnen ein allgemeiner Parser zu langsam ist.

Die Methode `setParameter` nimmt beim Instanzieren der Mapping-Klasse Umgebungsparameter entgegen. Sie wird also vor `execute` ausgeführt. Die Klasse `StreamTransformationConstants` enthält eine Reihe von Konstanten mit den Namen der Parameter, die Sie in `setParameter` übergeben bekommen.

Die dritte Mapping-Technik, das graphische Mapping, ist ebenfalls eine Eigenentwicklung von SAP. Ein spezieller Editor stellt baumartige Darstellungen der beiden aufeinander abzubildenden Interfaces einander gegenüber. Er ist in Abb. 13.6 zu sehen.

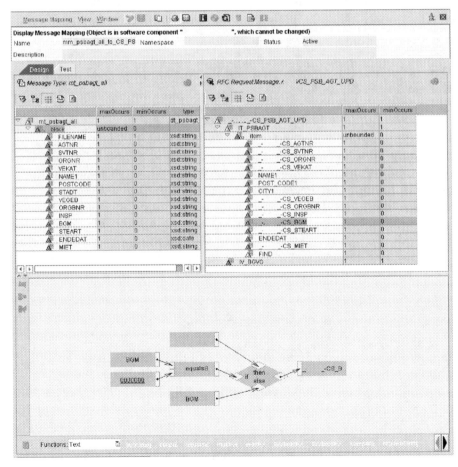

Abb. 13.6. graphisches Mapping

Die beiden in der oberen Bildhälfte nebeneinander stehenden Bäume sind die DOM-Bäume der ineinander zu überführenden Strukutren. Jedes XML-Element in der ein- bzw. ausgehenden Nachrichtenstruktur wird dabei durch eine eigene Zeile dargestellt.

Sie können Verbindungen zwischen zwei aufeinander abzubildenden Elementen mit Hilfe der Maus herstellen. Zusätzlich können Sie in einer speziellen graphischen Notation, die in der unteren Bildhälfte zu sehen ist, einer solchen elementweisen Abbildung eine logische Vorschrift zuordnen. Dadurch lassen sich Regeln definieren wie etwa „Kopiere nur dann das Betragsfeld in die Zielstruktur, wenn auch das Währungsfeld gefüllt ist."

14 Netweaver – Resumee

Sie haben nun einen Überblick über die Bestandteile des Netweaver-Pakets erhalten. Sie können Web Dynpro, die dazugehörige Systemarchitektur und den Entwicklungsprozess einschätzen. Aber ist das Ganze nun umwerfend neu? Bietet es so viele Vorteile, dass der Einsatz lohnt? Sollte man unbedingt sofort auf eine Netweaver-Architektur umsteigen? Lassen wir zunächst die kritischen Stimmen zu Wort kommen.

Die Messe JavaOne in San Francisco gilt als eines der kompetentesten Foren, die das Fortschreiten der Java-Technologie bewerten. Die dort stattfindenden Diskussionen sind im Internet einsehbar. Aus ihnen geht hervor, dass sich die Java-Community enttäuscht darüber zeigt, dass SAP mit dem Netweaver-Paket in vielen Bereichen Sonderwege einschlägt. So ist der Kern des Web AS zwar J2EE-konform, die Web Dynpro-Technologie stellt aber einen Gegenentwurf zum Java-Standard Java Server Faces (JSF) dar. Der iView-Ansatz steht in Konkurrenz zu den standardisierten Portlets.

Die Liste ließe sich fortsetzen, für Sie reduziert sich das Problem allerdings auf die Fragestellung: Was nützt mir die Standardkonformität im Alltag? Im Idealfall haben standardisierte Softwareprodukte für Sie den Vorteil, dass Sie sie bei Bedarf durch gleichwertige Konkurrenzprodukte ersetzen können. Dadurch bleiben Sie unabhängig gegenüber den Herstellern. Nach Erfahrung des Autors ist es in der Praxis trotz Standards jedoch nur schwer möglich, so komplexe Produkte wie einen Application Server durch einen anderen zu ersetzen. Dennoch müssen Sie sich klar machen, dass Sie sich durch eine Entscheidung für Web Dynpro und auch den JDI-Prozess auf proprietäres SAP-Terrain begeben.

Ein anderes Problem ist zum gegenwärtigen Zeitpunkt noch der Reifegrad der Netweaver-Produkte. In den Java-One-Protokollen ist nachzulesen, dass die Java-Community über den Ressourcenhunger des XI-Servers besorgt ist. Das Enterprise Portal ist nach SAPs eigenen Schulungsunterlagen nur mit einer ganz speziellen Version eines bestimmten Betriebssystems nutzbar. Bei der täglichen Arbeit mit dem XI-Server ist der Java-Decompiler ein notwendiges Hilfsmittel, um Fehler und Features in den ausgelieferten Bibliotheken zu suchen.

Wenn man mit Kollegen spricht, die die Frühzeit von R/3 miterlebt haben, wissen diese ebenfalls von unangenehmen Kinderkrankheiten zu berichten. Dennoch ist R/3 heute ein anerkannt stabiles System. Die Stabilität ist definitiv kein Ausschlusskriterium für den Netweaver-Einsatz. Die von SAP zum produktiven Einsatz ausgelieferte Software ist tatsächlich produktiv einsetzbar. Sie müssen im Augenblick allerdings noch einen gewissen Aufwand in die Inbetriebnahme investieren.

Wichtig ist in erster Linie, dass das Konzept der Architektur erfolgversprechend ist, und damit kommen wir zu den positiven Aspekten.

Beim Entwurf des JDI-Entwicklungsprozesses hat SAP sich langjährige Erfahrungen aus der R/3-Welt zunutze gemacht. Dadurch ist ein Konzept entstanden, das in seiner Vollständigkeit in der Java-Welt seinesgleichen sucht. Die meisten Konzerne haben mangels fertiger Produkte ein JDI-Pendant selbst erfinden müssen. Doch angesichts der Komplexität dieses Unterfangens dürfte es für sie verlockend sein, die Verantwortung dafür an einen Komplettanbieter zu delegieren.

Die Web-Dynpro-Technologie, die konsequente Fokussierung auf Web Services und das Portal sind allesamt Ansätze auf der Höhe der Zeit, revolutionär sind sie indes nicht. Den großen Nutzen wird die Netweaver-Suite eher durch ihren hohen Integrationsgrad entfalten und durch die Breite des abgedeckten Spektrums. In Unternehmen, die sich umfassend aus dem Angebot der SAP mit Software ausstatten, wird die Homogenität ihrer gesamten IT-Landschaft einen Mehrwert schaffen. Besonders dann, wenn sie ohnehin schon R/3 im Einsatz haben.

In wirtschaftlicher Hinsicht werden dreierlei Gruppen von der Netweaver-Technologie profitieren. Zum einen die Konzerne, die ihre Projekte zukünftig mit Mitarbeitern aus dem großen Pool der Java-Entwickler besetzen können, statt nach ABAP-Spezialisten fahnden zu müssen. Dann diejenigen unter den Java-Entwicklern, die sich die Mühe machen, sich mit dem Netweaver-Konzept auseinander zu setzen – das sind Sie.

Die dritte Gruppe von Profiteuren dürften kleine Unternehmen sein, die Nischenlösungen für betriebswirtschaftliche Problemstellungen anbieten. Diese werden sich von nun an nahtlos in ein SAP-dominiertes IT-Umfeld eingliedern lassen. Die offene Netweaver-Architektur lädt gerade dazu ein, die SAP-eigenen großen Lösungen durch eine Vielzahl kleiner maßgeschneiderter iViews zu ergänzen und alle über den Portalrahmen zu verbinden. Die daraus entstehende Marktdynamik wird letztlich allen Beteiligten zugute kommen.

Anhang

An dieser Stelle ist der Code derjenigen Klassen abgedruckt, die in Kapitel 7 als Basis für die IDoc-Anbindung herangezogen wurden. Wenn Sie sich das Abtippen ersparen wollen, können Sie ihn auch von http://www.nw-stammtisch.de herunterladen.

Datei IDocObject.java

```java
package de.springer.javasap.idoc;
import java.io.*;
import java.util.*;
/**
 * Diese Klasse enhält die Daten eines IDoc-Dokuments
 * bestehend aus Header und mehreren Segmenten. Sie
 * stellt Zugriffs- und Manipulationsmethoden für die
 * einzelnen Anteile zur Verfügung und erlaubt die Wandlung
 * von und zur Binärdarstellung derselben Struktur.
 */
public class IDocObject {
  private IDocHeaderRecord header;
  private List segments;
  /** Konstruktor. */
  public IDocObject() {
    header = null;
    segments = new ArrayList();
  }
  /** Konstruktor. Der Header wird als Parameter
   *  übergeben.
   */
  public IDocObject( byte[] pHeaderArray ) {
    this();
    setHeader(pHeaderArray);
  }
  /** Fügt ein Segment zur Nachricht hinzu. */
  public void addSegment( byte[] pSegmentArray ) {
    segments.add( new IDocSegmentRecord( pSegmentArray ) );
  }
  /** Gibt den Inhalt des IDocs zu Debugging-Zwecken
   *  aus.
   */
  public void dump( String pIndent ) {
    header.dump( pIndent, null );
    String indentSub = pIndent + "  ";
    List listSub = Arrays.asList( new String[] { "SDATA" }
);
    Iterator iter = segments.iterator();
```

```java
    while( iter.hasNext() ) {
      IDocSegmentRecord segment =
        (IDocSegmentRecord)iter.next();
      segment.dump( indentSub, listSub );
    }
  }
  /** Liefert die gesamte IDoc-Struktur als Bytearray
   *  zurück.
   */
  public byte[] getByteArray() {
    int resultLength = header.getLength();
    Iterator iter1 = segments.iterator();
    while( iter1.hasNext() ) {
      IDocSegmentRecord segment =
        (IDocSegmentRecord)iter1.next();
      resultLength += segment.getLength();
    }
    int resultOffset = 0;
    byte[] resultArray = new byte[resultLength];
    header.fillByteArray( resultArray, resultOffset,
      header.getLength());
    resultOffset += header.getLength();
    Iterator iter2 = segments.iterator();
    while( iter2.hasNext() ) {
      IDocSegmentRecord segment =
        (IDocSegmentRecord)iter2.next();
      segment.fillByteArray( resultArray, resultOffset,
        segment.getLength());
      resultOffset += segment.getLength();
    }
    return resultArray;
  }
  /** Liefert den Header zurück. */
  public IDocHeaderRecord getHeader() {
    return new IDocHeaderRecord( header.getByteArray() );
  }
  /** Extrahiert alle IDocs aus dem übergebenen
      Byte-Array. */
  public static Vector getIdocs(byte[] bytes)
    throws Exception {
    IntHolder offset = new IntHolder(0);
    Vector idocs = new Vector();
    while( offset.value < bytes.length ) {
      IDocObject idoc =
        IDocObject.getNextIdoc(bytes, offset);
      if(idoc != null) {
        idocs.add(idoc);
      } else {
        return idocs;
      }
    }
    return idocs;
  }
  /** Liefert die Liste aller Segmente zurück. */
  public Iterator getSegments() {
    return segments.iterator();
  }
  /** Setzt den Header. */
  public void setHeader( byte[] pHeaderArray ) {
```

```java
      header = new IDocHeaderRecord( pHeaderArray );
    }
    private static IDocObject getNextIdoc(byte[] bytes,
      IntHolder offset) throws IOException {
      if( (bytes.length - offset.value) <
        IDocHeaderRecord.LENGTH ) {
        return null;
      }
      byte[] header = new byte[ IDocHeaderRecord.LENGTH ];
      System.arraycopy(bytes, offset.value, header, 0,
        IDocHeaderRecord.LENGTH);
      offset.value += IDocHeaderRecord.LENGTH;
      byte[] checkArray =
        new byte[ IDocHeaderRecord.CHECK_LENGTH ];
      System.arraycopy( header,
        IDocHeaderRecord.CHECK_OFFSET, checkArray, 0,
        IDocHeaderRecord.CHECK_LENGTH );
      String checkString = new String( checkArray,
        "ISO-8859-1" );
      if( !IDocHeaderRecord.CHECK_STRING.equals(
        checkString ) ) {
        return null;
      }
      IDocObject idoc = new IDocObject( header );
      byte[] segmentCheckArray = new byte[
        IDocSegmentRecord.CHECK_LENGTH ];
      System.arraycopy( header,
        IDocHeaderRecord.SEGMENT_CHECK_OFFSET,
        segmentCheckArray,
        0, IDocSegmentRecord.CHECK_LENGTH );
      while( (bytes.length - offset.value) >=
        IDocSegmentRecord.LENGTH ) {
        byte[] segmentArray = new byte[
          IDocSegmentRecord.LENGTH ];
        System.arraycopy(bytes, offset.value,
          segmentArray, 0, IDocSegmentRecord.LENGTH);
        offset.value += IDocSegmentRecord.LENGTH;
        checkArray = new byte[
          IDocSegmentRecord.CHECK_LENGTH ];
        System.arraycopy( segmentArray,
          IDocSegmentRecord.CHECK_OFFSET, checkArray, 0,
          IDocSegmentRecord.CHECK_LENGTH );
        if( !java.util.Arrays.equals( segmentCheckArray,
          checkArray ) ) {
          break;
        }
        idoc.addSegment( segmentArray );
      }
      return idoc;
    }
    private static class IntHolder {
      IntHolder(int pValue) {
        value = pValue;
      }
      int value;
    }
  }
}
```

Datei IDocHeaderRecord.java

```java
package de.springer.javasap.idoc;
import java.util.*;
/**
 * Diese Klasse enthält die Daten eines IDoc-Headers
 * und erlaubt die Wandlung von und zur Binärdarstellung
 * derselben Struktur.
 */
public class IDocHeaderRecord extends BaseRecord {
  public static final String NAME = "IDocHeaderRecord";
  public static final int LENGTH = 524;
  public static final int CHECK_OFFSET = 0;
  public static final int CHECK_LENGTH = 10;
  static final String CHECK_STRING = "EDI_DC40  ";
  static final int SEGMENT_CHECK_OFFSET = 13;
  private static Attribute[] attrs =
    new Attribute[] {
      new Attribute("TABNAM", 10,true,false,
        "EDI_DC40  ",null ),
      new Attribute("MANDT",  3,true,false,"",null ),
      new Attribute("DOCNUM",16,true,false,"",null ),
      new Attribute("DOCREL", 4,true,false,"",null ),
      new Attribute("STATUS", 2,true,false,"",null ),
      new Attribute("DIRECT", 1,true,false,"",null ),
      new Attribute("OUTMOD", 1,true,false,"",null ),
      new Attribute("EXPRSS", 1,true,false,"",null ),
      new Attribute("TEST",   1,true,false,"",null ),
      new Attribute("IDOCTYP",30,true,false,"",null ),
      new Attribute("CIMTYP",30,true,false,"",null ),
      new Attribute("MESTYP",30,true,false,"",null ),
      new Attribute("MESCOD", 3,true,false,"",null ),
      new Attribute("MESFCT", 3,true,false,"",null ),
      new Attribute("STD",1,true,false,"",null ),
      new Attribute("STDVRS", 6,true,false,"",null ),
      new Attribute("STDMES", 6,true,false,"",null ),
      new Attribute("SNDPOR",10,true,false,"",null ),
      new Attribute("SNDPRT", 2,true,false,"",null ),
      new Attribute("SNDPFC", 2,true,false,"",null ),
      new Attribute("SNDPRN",10,true,false,"",null ),
      new Attribute("SNDSAD",21,true,false,"",null ),
      new Attribute("SNDLAD",70,true,false,"",null ),
      new Attribute("RCVPOR",10,true,false,"",null ),
      new Attribute("RCVPRT", 2,true,false,"",null ),
      new Attribute("RCVPFC", 2,true,false,"",null ),
      new Attribute("RCVPRN",10,true,false,"",null ),
      new Attribute("RCVSAD",21,true,false,"",null ),
      new Attribute("RCVLAD",70,true,false,"",null ),
      new Attribute("CREDAT", 8,true,false,"",null ),
      new Attribute("CRETIM", 6,true,false,"",null ),
      new Attribute("REFINT",14,true,false,"",null ),
      new Attribute("REFGRP",14,true,false,"",null ),
      new Attribute("REFMES",14,true,false,"",null ),
      new Attribute("ARCKEY",70,true,false,"",null ),
      new Attribute("SERIAL",20,true,false,"",null )
    };
```

```
  private static Map mapAttrs = new HashMap();
  static {
    BaseRecord.init( attrs, mapAttrs, LENGTH );
  }
  /** Konstruktor. */
  public IDocHeaderRecord() {
    super( NAME, LENGTH, attrs, mapAttrs, (byte)0x20 );
  }
  /** Konstruktor. Bekommt den Headerinhalt als Bytearray
   * übergeben. */
  public IDocHeaderRecord(byte[] pInput) {
    super( NAME, LENGTH, attrs, mapAttrs, (byte)0x20,
      pInput );
  }
}
```

Datei IDocSegmentRecord.java

```
package de.springer.javasap.idoc;
import java.util.*;
/**
 * Diese Klassen enthält die Daten eines IDoc-Segments
 * inklusive Segment-Header und erlaubt die Wandlung von
 * und zur Binärdarstellung derselben Struktur.
 */
public class IDocSegmentRecord extends BaseRecord {
  static final String NAME = "IDocSegmentRecord";
  static final int LENGTH = 1063;
  static final int CHECK_OFFSET = 33;
  static final int CHECK_LENGTH = 16;
  private static Attribute[] attrs = new
    Attribute[] {
      new Attribute("SEGNAM",30,true, false,"",null ),
      new Attribute("MANDT",  3,true, false,"",null ),
      new Attribute("DOCNUM",16,true, false,"",null ),
      new Attribute("SEGNUM", 6,true, false,"",null ),
      new Attribute("PSGNUM", 6,true, false,"",null ),
      new Attribute("HLEVEL", 2,true, false,"",null ),
      new Attribute("W"SDATA",1000,true ,false,"",null )
    };
  private static Map mapAttrs = new HashMap();
  static {
    BaseRecord.init( attrs, mapAttrs, LENGTH );
  }
  /** Konstruktor. */
  public IDocSegmentRecord() {
    super( NAME, LENGTH, attrs, mapAttrs, (byte)0x20 );
  }
  /** Konstruktor. Bekommt den Segmentinhalt als Parameter
   * übergeben. */
  public IDocSegmentRecord( byte[] pInput ) {
    super( NAME, LENGTH, attrs, mapAttrs, (byte)0x20,
      pInput );
  }
}
```

Datei Attribute.java

```
package de.springer.javasap.idoc;
/**
 * Diese Klasse beschreibt eine Zeile (ein Feld)
 * einer IDoc-Struktur.
 */
public class Attribute {
  String attrName;
  int length;
  boolean encodedAsString;
  boolean stringAlignedRight;
  int calculatedStartPos;
  String defaultValueString;
  byte[] defaultValueByteArray;
  /**
   * Konstruktor.
   * @param pAttrName Name des Feldes
   * @param pLength Feldlänge
   * @param pEncodedAsString true, falls String,
   *         sonst Byte.
   * @param pStringAlignedRight true, falls rechtsbündig
   * @param pDefaultValueString Default-Wert für Strings
   * @param pDefaultValue Default-Wert für Bytearrays.
   */
  public Attribute(
    String pAttrName, int pLength,
    boolean pEncodedAsString,
    boolean pStringAlignedRight,
    String pDefaultValueString,
    byte[] pDefaultValueByteArray
  ) {
    attrName = pAttrName;
    length = pLength;
    encodedAsString = pEncodedAsString;
    stringAlignedRight = pStringAlignedRight;
    if( pEncodedAsString ) {
      defaultValueString = pDefaultValueString;
      if( defaultValueString == null )
        defaultValueString = "";
    } else {
      defaultValueByteArray = pDefaultValueByteArray;
      if( defaultValueByteArray == null )
        defaultValueByteArray = new byte[0];
    }
    calculatedStartPos = 0;
  }
}
```

Datei BaseRecord.java

```
package de.springer.javasap.idoc;
import java.io.*;
import java.util.*;
/**
 * Basisklasse für IDoc-Teilstrukturen, anschaulich:
```

```
  * eine Liste von Feldbeschreibungsobjekten (Attribute).
  */
public class BaseRecord {
  public static final String ENCODING = "ISO-8859-1";
  private final static String FILL_HELPER_NULL  =
    "000000..viele Nullen..000";
  private final static String FILL_HELPER_SPACE =
    "   viele Leerzeichen";
  private String name;
  private int length;
  private byte[] input;
  private Attribute[] attrs;
  private Map mapAttrs;
  private byte initByte;
  /**
   * Setzt ein Attribute als Binärarray.
   * @param pAttrName Name des Attributs
   * @param pValue zu setzender Wert
   */
  public final void setAttrAsByteArray(
    String pAttrName, byte[] pValue ) {
    Attribute info =
      (Attribute) mapAttrs.get(pAttrName);
    if (info == null ) {
      throw new IllegalArgumentException();
    }
    if( pValue != null ) {
      System.arraycopy(pValue, 0, input,
        info.calculatedStartPos, Math.min( pValue.length,
        info.length) );
    }
  }
  /**
   * Setzt ein String-Attribut.
   * @param pAttrName Name des Attributs
   * @param pValue zu setzender Wert
   */
  public final void setAttrAsString(
    String pAttrName, String pValue ) {
    Attribute info =
      (Attribute) mapAttrs.get(pAttrName);
    if (info == null ) {
      throw new IllegalArgumentException();
    }
    if( pValue == null ) pValue = "";
    String dummy = StringFormatter.format(
      pValue, info.length, info.stringAlignedRight );
    byte[] dummyArray = new byte[ info.length ];
    try {
      dummyArray = dummy.getBytes( ENCODING );
    } catch (UnsupportedEncodingException e) {
      throw new IllegalArgumentException();
    }
    if( dummyArray == null ) {
      throw new IllegalArgumentException();
    }
    System.arraycopy(dummyArray, 0, input,
      info.calculatedStartPos, Math.min( dummyArray.length,
      info.length) );
```

```
}
/**
 * Setzt ein Attribut und füllt das Feld auf die
 * benötigte Länge.
 * @param attrName Name des Attributs
 * @param attrVal zusetzender Wert
 * @param numeric true bedeutet rechtsbündig und
 *          mit Nullen
 * augefüllt, false bedeutet linksbündig und mit
 * Leerzeichen gefüllt.
 */
public final void setAttrAsTrimmedString(
  String attrName, String attrVal, boolean numeric) {
  setAttrAsString(attrName, fill(attrName, attrVal,
    numeric));
}
/**
 * Initialisiert eine Strukturdefinition.
 * @param attrs Struktur als Feldbeschreibungsarray
 *    (gefüllt)
 * @param mapAttrs Struktur als Map (Wird hier gefüllt.)
 * @param length Maximallänge der Struktur
 */
public static void init(
  Attribute[] attrs, Map mapAttrs, int length) {
  for (int i = 1; i < attrs.length; i++) {
    attrs[i].calculatedStartPos =
      attrs[i - 1].calculatedStartPos +
      attrs[i - 1].length;
  }
  for (int i = 0; i < attrs.length; i++) {
    mapAttrs.put(attrs[i].attrName, attrs[i]);
  }
  if (attrs[attrs.length - 1].calculatedStartPos
    + attrs[attrs.length - 1].length > length) {
    throw new Error("BaseRecord.<clinit>:
      attrs[attrs.length-1].calculatedStartPos +
      attrs[attrs.length-1].length >= length");
  }
}
/**
 * Liefert ein Attribut als Binärarray zurück.
 * @param pAttrName Name des Attributs
 * @return das Attribut als Binärarray
 */
public final byte[] getAttrAsByteArray(
  String pAttrName ) {
  Attribute info = (Attribute)
    mapAttrs.get(pAttrName);
  if (info == null) {
    throw new IllegalArgumentException();
  }
  byte[] result = new byte[info.length];
  System.arraycopy(input, info.calculatedStartPos,
    result, 0, info.length);
  return result;
}
/**
 * Liefert ein Attribut als String zurück.
```

```
 * @param pAttrName Name des Attributs
 * @return das Attribut als String
 */
public final String getAttrAsString( String pAttrName ) {
  Attribute info = (Attribute)
  mapAttrs.get(pAttrName);
  if (info == null) {
    throw new IllegalArgumentException();
  }
  try {
    return new String(input,info.calculatedStartPos,
      info.length,ENCODING );
  } catch (UnsupportedEncodingException e) {
    throw new IllegalArgumentException();
  }
}
/** Erzeugt ein Duplikat dieses Objekts. */
public final Object clone()
  throws CloneNotSupportedException {
  BaseRecord cloneObject = (BaseRecord) super.clone();
  cloneObject.name = name;
  cloneObject.length = length;
  cloneObject.attrs = attrs;
  cloneObject.mapAttrs = mapAttrs;
  cloneObject.input = new byte[length];
  System.arraycopy(input, 0, cloneObject.input, 0,
    length);
  return cloneObject;
}
public final Attribute getAttrInfo( String pAttrName )
{
  Attribute info = (Attribute)
    mapAttrs.get(pAttrName);
  if (info == null) {
    throw new IllegalArgumentException();
  }
  return info;
}
public final byte[] getByteArray() {
  byte[] byteArray = new byte[ length ];
  System.arraycopy( input, 0, byteArray, 0, length );
  return byteArray;
}
/** Liefert die Länge dieser Struktur in Bytes zurück. */
public final int getLength() {
  return length;
}
/**
 * Gibt die Struktur zu Debugging-Zwecken aus.
 * @param pIndent Einrückung
 * @param pIgnoreArgsList Liste von auszublendenden
 *   Feldern
 */
public void dump(String pIndent, List pIgnoreArgsList) {
  if (pIgnoreArgsList == null)
    pIgnoreArgsList = new ArrayList();
  System.out.println(pIndent + name);
  System.out.println(pIndent + "----------");
  for (int i = 0; i < attrs.length; i++) {
```

```
        if (!pIgnoreArgsList.contains(attrs[i].attrName)) {
          System.out.print(
            pIndent + attrs[i].attrName + ": ");
          System.out.print( "offset='" +
            attrs[i].calculatedStartPos + "', length='" +
            attrs[i].length + "': '");
          if (attrs[i].encodedAsString) {
            try {
              System.out.println(
                new String(
                  input,
                  attrs[i].calculatedStartPos,
                  attrs[i].length,
                  ENCODING) + "'");
            } catch (UnsupportedEncodingException e) {
              System.out.println("<internalError>");
            }
          } else {
            System.out.println(dumpByteArray(
              input,attrs[i].calculatedStartPos,
              attrs[i].length));
          }
        }

    }
    System.out.println(pIndent + "----------");
  }
  /** Gibt zu Debuggingzwecken ein Bytearray im Hexformat
   * aus.
   */
  public static String dumpByteArray(byte[] pBuffer) {
    if (pBuffer == null) {
      return "";
    } else {
      return dumpByteArray(pBuffer, 0, pBuffer.length);
    }
  }
  /**
   *Füllt diese Struktur durch Kopieren des übergebenen
   *Bytearrays.
   * @param pByteArray Quelle für Kopie
   * @param pOffset Kopie ab diesem Offset
   * @param pLength Kopie mit dieser Länge
   */
  public final void fillByteArray(byte[] pByteArray, int
    pOffset, int pLength) {
    if( pByteArray == null || pByteArray.length <
      (pOffset + pLength ) || pLength != length ) {
      throw new IllegalArgumentException();
    }
    System.arraycopy(
      input, 0, pByteArray, pOffset, pLength );
  }
  private void fillData( byte[] pInput ) {
    if (pInput == null || pInput.length != length) {
      throw new IllegalArgumentException(
        name + ".<init>: pInput == null ||
        pInput.length != length");
    }
    input = new byte[length];
```

```
      Arrays.fill( input, initByte );
      System.arraycopy(pInput, 0, input, 0, length);
   }
   static String dumpByteArray(
      byte[] pBuffer, int pOffset, int pLength) {
      if (pBuffer == null) {
        return "";
      }
      StringBuffer stringBuffer = new StringBuffer();
      for (int i = pOffset;
        i < Math.min(pBuffer.length, pOffset + pLength);
        i++) {
        int value = pBuffer[i];
        if (value < 0)
          value += 256;
        String hex =
          Integer.toHexString(value).toUpperCase();
        if (hex.length() == 1) {
          hex = "0" + hex;
        } else {
          if (hex.length() > 2) {
            hex = hex.substring(hex.length() - 2);
          }
        }
        stringBuffer.append(hex);
        stringBuffer.append(" ");
      }
      return stringBuffer.toString();
   }
   private static class StringFormatter {
      private static String spaces = " ";
      static String format(String string, int length,
        boolean right) {
        int pfixlen = length - string.length();
        while( pfixlen > spaces.length() ) {
          spaces = spaces + spaces;
        }
        String pfix = (pfixlen>0 ?
          spaces.substring(0,pfixlen) : "");
        return right?pfix+string:string+pfix;
      }
      static String format(String string, int length,
        boolean right, char fillChar) {
        int pfixlen = length - string.length();
        while( pfixlen > spaces.length() ) {
          spaces = spaces + spaces;
        }
        String pfix = spaces.substring(0,pfixlen).replace(
          ' ',fillChar);
        return right ? (pfix + string) : (string + pfix);
      }
   }
   protected BaseRecord(
      String pName, int pLength, Attribute[] pAttrs,
      Map pMapAttrs, byte pInitByte) {
      init( pName, pLength, pAttrs, pMapAttrs, pInitByte );
      fillDefaults();
   }
   protected BaseRecord(
```

```
        String pName,
        int pLength,
        Attribute[] pAttrs,
        Map pMapAttrs,
        byte pInitByte,
        byte[] pInput
    ) {
        init( pName, pLength, pAttrs, pMapAttrs, pInitByte );
        fillData( pInput );
    }
    private void fillDefaults() {
        input = new byte[ length ];
        Arrays.fill( input, initByte );
        for( int i = 0; i < attrs.length; i++ ) {
            Attribute info = attrs[i];
            if( info.encodedAsString ) {
                setAttrAsString( info.attrName,
                    info.defaultValueString );
            } else {
                setAttrAsByteArray(
                    info.attrName, info.defaultValueByteArray );
            }
        }
    }
    private void init(
        String pName,
        int pLength,
        Attribute[] pAttrs,
        Map pMapAttrs,
        byte pInitByte
    ) {
        if (pName == null) {
            throw new IllegalArgumentException(
                pName + "BaseRecord.<init>: pName == null");
        }
        if (pLength <= 0) {
            throw new IllegalArgumentException(pName +
                ".<init>: pLength <= 0");
        }
        if (pAttrs == null || pAttrs.length <= 0) {
            throw new IllegalArgumentException(
                pName + ".<init>: pAttrs == null || "
                    + "pAttrs.length <= 0");
        }
        if (pMapAttrs == null ||
            pMapAttrs.size() != pAttrs.length) {
            throw new IllegalArgumentException(
                pName
                    + ".<init>: pMapAttrs == null || "
                    + "pMapAttrs.size() != pAttrs.length");
        }
        name = pName;
        length = pLength;
        attrs = pAttrs;
        mapAttrs = pMapAttrs;
        initByte = pInitByte;
    }
    private String fill(String attrName, String attrVal,
        boolean numeric) {
```

```
      if (numeric) {
        return FILL_HELPER_NULL.substring(0,
          getAttrInfo(attrName).length-attrVal.length())
          +attrVal;
      } else {
        return attrVal+FILL_HELPER_SPACE.substring(
          0, getAttrInfo(attrName).length);
      }
    }
  }
}
```

Sachverzeichnis